# THÉORIE PHYSIOLOGIQUE

### DES

# PASSIONS HUMAINES.

---

## LEÇONS

TIRÉES DU COURS DE PHYSIOLOGIE MÉDICALE

FAIT A MONTPELLIER DANS L'ANNÉE 1850-51,

PAR

**M. le Professeur JORDAT.**

---

MONTPELLIER,
IMPRIMERIE DE RICARD FRÈRES, PLAN D'ENCIVADE, 3.

1853.

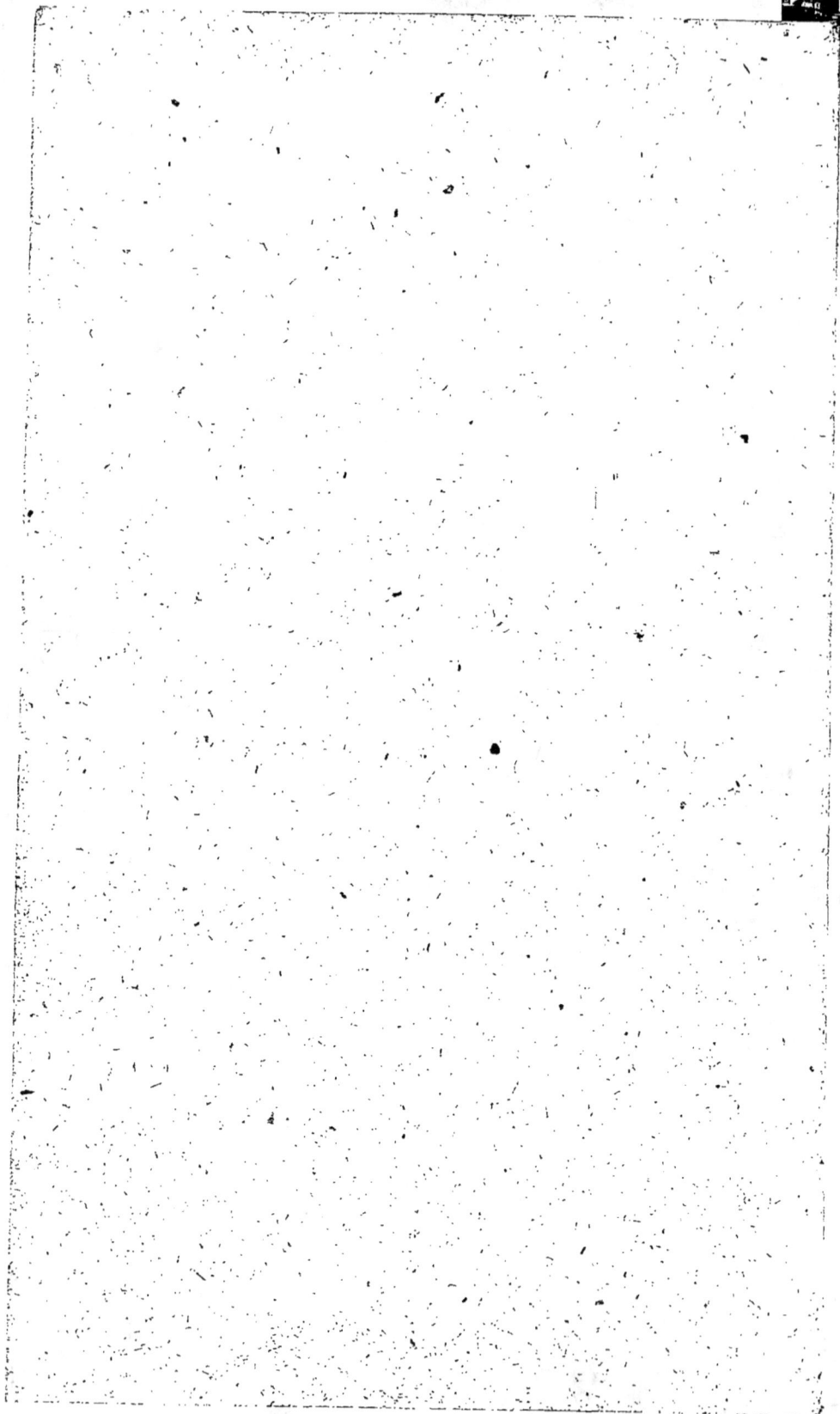

T 19 153.

# DOCTRINE DE L'ALLIANCE

ENTRE

## LES DEUX PUISSANCES DU DYNAMISME HUMAIN,

### PARTIE DE L'ANTHROPOLOGIE MÉDICALE

#### DE MONTPELLIER.

# THÉORIE PHYSIOLOGIQUE

DES

# PASSIONS HUMAINES.

---

## LEÇONS

TIRÉES DU COURS DE PHYSIOLOGIE MÉDICALE

FAIT A MONTPELLIER DANS L'ANNÉE 1850-51 ;

PAR

**M. le Professeur LORDAT.**

MONTPELLIER ,

IMPRIMERIE DE RICARD FRÈRES , PLAN D'ENCIVADE, 3.

1853.

Extrait de la GAZETTE MÉDICALE DE MONTPELLIER, rédigée par
M. le Docteur CHRESTIEN.

THÉORIE PHYSIOLOGIQUE

DES

# PASSIONS HUMAINES.

## 1ʳᵉ LEÇON.

QUE L'ÉTUDE DES PASSIONS HUMAINES NE POURRA ÊTRE RÉELLE-
MENT MÉDICALE, QU'EN TANT QU'ELLE SERA UNE PARTIE
INTÉGRANTE DE LA DOCTRINE DE L'ALLIANCE DES PUIS-
SANCES DYNAMIQUES DE L'HOMME.

MESSIEURS,

Mon intention, dans le Cours que je commence, est de
continuer, et, s'il se peut, de compléter la *Doctrine de
l'Alliance qui existe entre les Deux Puissances du Dynamisme
Humain.* Ce langage inconnu et peut-être inintelligible
dans les autres Écoles, est très-bien compris dans cette
ville essentiellement médicale, dont tous les Lettrés ont
appris en même temps l'Alphabet Hellénique et l'idée
fondamentale Hippocratique.

Non, personne n'ignore ici que notre corps n'exécute
la vie humaine que lorsqu'elle est mise en action par Deux
Puissances qui l'animent, et dont l'une est l'Intelligence,

et l'autre la Force Vitale. Cette Dualité du Dynamisme de l'Homme est un axiome équivalent à la distinction des latins en *Animus* et *Anima*.

Ces Deux Puissances, si différentes par le mode de leur existence, par leurs fonctions, par leur nature, ...... ont néanmoins une telle convenance réciproque, qu'elles s'associent pour remplir la multitude d'opérations qui distinguent la vie humaine d'avec la vie bestiale. Cette association étudiée soigneusement et dans leurs coopérations normales, et dans leurs fautes, et dans leurs omissions, nous fait perdre de vue ce qui se passe dans l'usage que nous faisons des machines dirigées par nous ; elle nous fait apercevoir dans sa durée les variations, la contingence, les négligences qui se voient dans les conventions des contrats sociaux. De là est venue la pensée de considérer les rapports réciproques de ces deux pouvoirs, comme une *Alliance* dans laquelle on doit reconnaître d'abord la règle, ensuite les manquements, les infractions, les contraventions, qui ne peuvent être ni conçus, ni exprimés par des idées, ni par des termes propres à la Physique.

L'étude de cette *Alliance*, de ses lois, de leurs infractions, compose la Doctrine que je m'applique à vous faire connaître depuis quelques années, avec d'autant plus de soin qu'elle doit passer pour un Roman dans les Écoles qui ignorent ou rejettent la Dualité du Dynamisme Humain, et qu'elle est encore inaperçue dans un grand nombre de lieux où l'Hippocratisme est néanmoins professé.

Entre les phénomènes de la vie humaine qui s'exercent par la coopération des Deux Puissances, et que je dois vous faire étudier cette année, je mets en première ligne les *Passions*. Elles forment les épisodes les plus remarquables de la vie intellectuelle, et les péripéties les plus communes dans la santé de l'homme civilisé.

Il y a peu de faits anthropiques qui aient été aussi longuement traités que la *Passion*, mais il n'en est point où l'on ait autant embrouillé la matière. J'en connais la raison. D'abord le phénomène est complexe, et chaque élément a été l'occasion de rapports excessifs : de là, point de caractère de classification.

D'une autre part, peu de Physiologistes ont eu des notions assez exactes de la constitution de l'homme : de là, des définitions ou fausses, ou abortives. Un coup d'œil suffira pour autoriser ces reproches.

Puisqu'il faut aller sérieusement à la recherche de faits aussi importants, il faut commencer par bien préciser le sujet de notre travail, en embrasser l'étendue, et en déterminer les limites.

Le mot *Passion* exprime étymologiquement un état de souffrance, puisqu'il dérive de *pati*. Aussi, avant que notre langue fût arrivée au degré où elle est parvenue dans ce moment, *Passion* a pu signifier toute douleur. Les maladies douloureuses ont été appelées des *Passions*, dans une partie du moyen âge ; quelques archaïsmes de ce genre sont employés parfois, quoiqu'ils vieillissent de jour en jour. *Passion iliaque*, *Passion hystérique*, se trouvent dans les dictionnaires modernes.

Les auteurs qui s'obstinent à repousser le dogme de la dualité du Dynamisme Humain, veulent compter sous la dénomination de *Passions* toutes les douleurs ; mais je ne pense pas que le public éclairé accepte aujourd'hui cette définition, et qu'il dise qu'un homme est *passionné* quand il se plaint d'une attaque de goutte, ou de la douleur causée par l'opération chirurgicale qu'il subit.

D'une autre part, des auteurs ayant porté exclusivement leur attention sur l'élément mental de la passion,
n'ont voulu la voir que comme un *sentiment* affectif, sans
égard pour la nécessité d'une *sensation* topiquement organique. Feu le Professeur ALIBERT est tombé dans ce défaut.

La Passion est assez souvent désignée par l'expression
composée de *Passion de l'Ame*. Ce surcroît de signe a paru
nécessaire dans le temps du passage de l'époque où *Passion*
signifiait douleur, à l'époque où *Passion* se rapportait surtout à un sentiment pénible produit par la présence d'une
idée absorbante. Il me semble que chaque jour cette addition devient moins utile, et que le mot *Passion* emporte
avec elle la notion de l'état insolite de l'Ame. J'espère
que bientôt elle sera un vrai pléonasme.

Avertis des inconvénients dus à l'oubli de l'ensemble
des symptômes internes, et à la préoccupation d'un seul,
nous devons faire en sorte de nous en garantir. Visons à
une bonne définition; mais, avant de l'énoncer, faisons
en sorte que celui qui l'écoute connaisse préalablement
la valeur de tous les mots employés.

En étudiant les deux puissances du Dynamisme Humain,
nous avons constaté les différences qui nous montrent combien leurs natures sont diverses. Mais comme elles sont
des agents coopérateurs de certaines fonctions, il faut
bien qu'il existe en elles des points analogiques capables
d'entrer dans cette collaboration.

Ces points analogiques doivent être différemment dé-
nommés dans les deux puissances, eu égard à la variété
de leurs natures; mais ceux qui n'ont pas voulu distinguer ces deux puissances, ont mieux aimé regarder les
mots représentatifs des deux éléments collaborateurs d'un
phénomène, comme des synonymes d'un même fait. Ainsi,

plaisir et volupté; douleur et peine; excitation et vivacité; appétit et désir; instinct et volonté, sont employés par eux indifféremment. — Pour nous, nous avons senti la nécessité de distinguer par des noms différents la part que chacune des deux puissances a dans l'exécution d'un phénomène mixte, et cette distinction nous a été imposée par le plus puissant moyen de certitude, par la *conscience* qui ne peut pas nous tromper. Il y a de la jouissance à revoir un ami depuis long-temps absent et désiré; il y en a aussi à flairer une rose. Mais pouvons-nous désigner raisonnablement par un même nom la jouissance intellectuelle de l'amitié, et la jouissance localement organique provenant des impressions produites sur la membrane olfactive? Quand nous avons appelé *volupté* cette dernière jouissance, nous avons pensé que le mot *plaisir* exprimerait seulement la jouissance dont l'initiative est mentale.

Ce sont des sensations bien ingrates que celle de voir mourir un père, un frère, un fils, ..... et celle d'éprouver l'arrachement d'une dent : mais puisque cette dernière s'appelle *douleur*, réservons le mot de *peine* pour désigner la première. — Je ne prétends pas, Messieurs, introduire des changements dans la langue commune, et je ne veux pas censurer les expressions d'une Lettre de faire part où l'on m'apprend la *douleur* d'une famille à l'occasion de la perte d'un de ses membres; mais si, dans un Mémoire à consulter, dans l'Histoire d'un fait médical, vous êtes obligé de me faire connaître les sensations ingrates qu'un individu a éprouvées, et qui ont pu contribuer à la production d'une maladie dont il s'agit, je risque de ne pas vous comprendre, ou de me tromper gravement quand je ne sais pas si les sensations ont été des *douleurs* ou des *peines*.

Toute la secte organicienne qui ne veut reconnaître dans les êtres vivants d'autre Dynamisme qu'une instrumentation, et qui ne voit dans la vie humaine que le jeu d'une machine très-compliquée, ne supporte pas que l'on distingue un instinct d'avec une propension motivée, et elle donne le seul nom d'*instinct* à toutes les impulsions déterminantes. On a beau dire aux adeptes que la puissance qui a porté le nouveau-né à respirer, à emboucher un mamelon, à opérer la succion, à faire la déglutition, .... devait être bien différente de celle qui l'a déterminé, vingt ans après, à faire des études, des exercices, des apprentissages laborieux, pour se procurer l'espérance d'une considération, d'une distinction, d'une supériorité, d'une dignité qui ne font rien à la constitution anatomique de son corps : ils s'aheurtent à l'idée d'un Matérialisme dont la croyance est mille fois plus contraire au sens commun que la foi aux contes des Fées.

D'après notre analyse et les réflexions subséquentes, je crois que nous sommes en état de formuler une définition de la Passion, et de caractériser ce phénomène de manière à ce que les termes en fixent toute l'étendue, et qu'ils en excluent ou en embrassent légitimement les faits équivoques.

Pour nous :

*Une Passion est un mode insolite et temporaire du Dynamisme Humain, compliqué de deux éléments dont l'un est une idée affective qui préoccupe l'Ame pensante, et l'autre une sensation ingrate locale ; mode qui a pris naissance ou dans l'entendement d'où il a passé à la Force Vitale ;.. ou dans l'instinct d'où il s'est étendu à l'Ame ;... et qui altère plus ou moins les fonctions intellectuelles et les fonctions naturelles.*

Cette définition vous paraîtra longue ; mais je n'ai pas pu en retrancher une idée sans la rendre insuffisante, incapable de répondre à l'Histoire des Passions, à leur pathogénésie, à une théorie telle que la demandent la Médecine pratique, la Législation, la Morale, l'Æsthétique. Je n'ai voulu vous donner une idée générale de la *Passion* qu'autant qu'elle pourrait satisfaire aux besoins de la science et de la société.

Ma définition diffère de toutes celles que j'ai lues, en ce que je la fonde explicitement, textuellement sur la connaissance de la dualité du Dynamisme Humain, et des lois observées ou transgressées de l'Alliance des deux puissances. Cette considération étant à mes yeux la seule base admissible de la théorie des Passions, vous devinez, d'après cela, l'intérêt que je mets aux définitions ordinaires.

· L'Académie Française s'est dispensée d'une définition proprement dite, puisqu'elle se contente de parler de l'état de l'Ame par des tropes assez vagues, et de nous faire comprendre ce qu'est une *Passion* en en désignant quelques exemples. « Passion. Mouvement de l'Ame, agitation » qu'elle éprouve, comme l'amour, la haine, l'espérance, » le désir, etc. » — *Mouvement, agitation*, sont des expressions trop peu significatives.... La souffrance exprimée par le nom n'est nullement rappelée dans cette définition, d'autant que l'amour, la haine, l'espérance, le désir, susceptibles de divers degrés, peuvent porter leurs noms respectifs, quoiqu'ils soient de simples sentiments moraux, bien au-dessous de l'intensité qui est nécessaire pour leur mériter le titre de *Passion*.

. Dans le Dictionnaire de Trévoux, « Passion se dit des » mouvements et des différentes agitations de l'Ame, selon » les divers objets qui se présentent aux sens. » *Mou-*

*vements* et *agitation* de l'Ame ne sont pas des mots propres à la Science Psychologique. Ensuite, les objets des passions humaines ne sont pas tous du ressort des sens : si les péchés capitaux sont fréquemment des causes de passions malheureuses, ces passions ne sourdent pas toutes de la même origine. L'auteur semble n'avoir pensé qu'aux suites de la luxure et de la gourmandise; mais l'orgueil, l'envie, sont-ce des sensations immédiates de nos sens?

La définition proposée par le Père SENAULT mérite notre attention. Elle est trop contractée, mais elle est plus analytique que les précédentes. L'auteur a beaucoup réfléchi sur le sujet actuel, dans son livre *De l'Usage des Passions*. Son langage en Anthropologie n'est pas le nôtre; mais en y regardant de près, on voit que, dans le Dynamisme Humain, il a entrevu le principe de la dualité. Veuillez écouter sa définition du phénomène dont il s'agit ;

« La Passion n'est autre chose qu'un mouvement de » l'appétit sensitif, causé par l'imagination d'un bien » ou d'un mal apparent ou véritable, qui change le corps » contre les lois de la nature (1). » Un langage aussi concis serait au moins obscur si l'on ne s'appliquait pas à le bien considérer. Mais en disséquant la phrase, il est possible d'y reconnaître deux causes différentes de l'ordre métaphysique; dont l'une reçoit une modification de la part de l'autre, et finit par opérer sur le corps un changement que les lois physiques n'ont pas pu produire. Suivant l'auteur, pour qu'une Passion existe, il faut que l'imagination, faculté de l'Ame pensante, communique un mouvement à l'*appétit sensitif*, qui ne peut être qu'une puissance instinctive, seule capable de *changer le corps*

---

(1) De l'Usage des Passions, 1re partie, 1er traité, 2me Discours.

dans un moment où *ce corps devait* PHYSIQUEMENT *rester en repos.*

Prenons acte de cette définition qui nous rappelle notre principe de la dualité. Mais cette idée, imparfaitement formulée, ne suffit pas pour donner une notion importante de la Passion, puisqu'il n'y a rien qui fasse allusion aux deux initiatives d'où ce phénomène peut provenir.

CUREAU DE LA CHAMBRE, Médecin de LOUIS XIII, contemporain de SENAULT, a donné une définition à peu près semblable. En convenant des qualités que nous y soupçonnons, elle est trop incomplète et énigmatique.

Je suis fâché que les Médecins de notre temps qui se sont occupés de ce sujet, n'y aient pas aperçu le dogme d'Anthropologie d'où est née la Doctrine de l'Alliance. Examinons quelques définitions fournies par nos Confrères. Commençons par celle de FODÉRÉ.

« J'appelle Passions, les mouvements communiqués au » cerveau, par l'intermède du système nerveux, et pro- » venant de l'action augmentée du cœur, des poumons, » de l'estomac, du foie, de la rate, des organes géné- » rateurs des deux sexes, etc. (1) » — Il est étonnant qu'un homme de mérite ait imaginé qu'il suffit de quelques *mouvements* des *nerfs* partant des viscères, et prolongés jusqu'au cerveau, pour produire les Passions, c'est-à-dire les phénomènes qui, après la raison pure, sont les événements les plus dignes de nos études dans l'histoire de l'esprit humain. Au reste, cette théorie ne vaut pas la peine d'une discussion.

Je n'en dirai pas autant de celle de M. MAGENDIE, qu'il faudra connaître et éplucher avec attention. « En général,

---

(1) Physiologie positive, T. III, p. 410.

» dit-il, on entend par *Passion* un sentiment *instinctif* de-
» venu extrême et exclusif. L'homme passionné ne voit,
» n'entend, n'existe que par le sentiment qui le presse ; et
» comme la violence de ce sentiment est telle qu'il est
» pénible et même douloureux, on le nomme *Passion* ou
» *souffrance*. Les Passions ont le même but que l'instinct ;
» comme lui, elles portent les animaux à agir selon les
» lois générales de la nature vivante (1). »

Je suis charmé que M. MAGENDIE n'attache pas, comme
l'ont fait tant d'autres, la notion de la Passion à des hypothèses concrètes qui n'ont ni probabilité, ni agrément,
ni poésie ingénieuse. Il porte mon attention sur des faits
qu'il ne prétend pas faire entrer dans l'ordre physique.
Il les exprime en des termes assez abstraits pour que les
noms des causes ne soient pas incommensurables avec
celles des effets. Dans cette région, nous pouvons nous
entendre et disputer ensemble.

Toute Passion est-elle un sentiment *instinctif* ? Celui qui
parle ainsi confond les propensions vitales avec les propensions mentales ; c'est un *monothélite* médical bien décidé. Cette définition a le tort de mettre dans le même
rang la faim excessive et l'amour de la gloire. Dans une
Passion, il y a autant d'affection dans l'Esprit que dans
la Force Vitale. Et comme chacune des puissances a le
droit de l'initiative, dans chaque cas particulier, le devoir
du Praticien, soit Médecin, soit Moraliste, est de déterminer quelle est la puissance d'où la passion est primitivement partie.

Un dissentiment notable entre nos Confrères de Paris
et nous, consiste en ce que nous ne voulons jamais mé-

---

(2) Précis élémentaire de Physiologie; Paris, 1816 ; T. I, p. 183.

connaître la Dualité de notre Dynamisme dans l'exercice des fonctions animales, et qu'ils affectent de n'y voir qu'un seul Principe d'action. Il en arrive qu'en Morale et en Médecine légale, nous soutenons que, hors l'état de Délire, de Somnambulisme et de quelques autres maladies, l'Intelligence peut rendre raison de toutes les actions volontaires, et que, par conséquent, l'Homme est toujours responsable, tandis que nos Antagonistes nient la responsabilité dans les Passions.

Peut-on accepter comme une proposition doctrinale cette assertion : « L'homme passionné ne voit, n'entend, n'existe » que par le sentiment qui le presse ? » M. MAGENDIE a pris à la lettre le vers *Impedit ira animum ne possit cernere verum.* Cette hyperbole, qui est une protestation contre nous, est admissible en Poésie, dans l'Art oratoire, dans la conversation où certaines exagérations élégantes sont réduites à leur valeur par l'usage ; mais elle ne peut être inscrite ni dans la Science, ni dans le Code, parce qu'elle n'est pas rigoureusement vraie. Une Passion ne nous empêche pas de remplir un grand nombre de devoirs, soit naturels, soit sociaux ; elle ne nous empêche pas de raisonner juste sur les objets étrangers au sujet de cette même Passion ; et tout honnête homme sent très-bien qu'il est toujours obligé de demander grâce pour ses incongruités échappées dans la violence d'une affection morale.

J'insiste pour nier la proposition de M. MAGENDIE, parce qu'elle est liée à d'autres préjugés que je ne cesse de combattre. Elle favorise l'opinion de l'identité du Dynamisme Humain et du Dynamisme Bestial. Les partisans de cette croyance sont intéressés à dire que la Passion humaine est un phénomène pareil à l'Instinct excessif des animaux, à l'acharnement d'un chien enragé, à l'emporte-

ment des chevaux qui ont pris le mors aux dents, à l'amour
des dromadaires qui, doux de leur naturel, deviennent
furieux dans les 40 jours de leur rut, « mordent les
» hommes, se ruent sur eux, les écrasent sous leurs
» pieds....., et ne mangent presque rien (1). » Des faits
pareils n'entrent pas dans l'Histoire de l'Homme civilisé,
chez qui la raison est toujours présente. Non-seulement
nous punissons un homme qui a attenté aux droits naturels de ses semblables, quelle qu'ait été la légitimité de
leur indignation, mais encore l'opinion générale condamne
les simples inconvenances auxquelles il s'abandonne, et
la censure est en proportion avec l'éducation qu'il a
reçue.

DAVID, pour peindre son remords, dit bien qu'il a
oublié de prendre des aliments : *Oblitus sum comedere panem
meum* (2). Mais il ne dit pas qu'il ait négligé ses devoirs
de la royauté ; il convient plus tard qu'il ne savourait pas
ses aliments, et qu'il mêlait ses larmes avec sa boisson :
preuve qu'il cédait aux besoins naturels. *Quia cinerem
tanquam panem manducabam, et potum meum cum fletu
miscebam.* D'ailleurs, il se couchait la nuit dans son lit, ce
qui suppose qu'il se levait chaque jour, puisque c'est dans
la nuit qu'il arrosait sa couche de ses larmes : *Laboravi
in gemitu meo, lavabo per singulas noctes lectum meum,
lacrymis meis stratum meum rigabo* (3). Il importe de ne
pas lier ensemble le style de la Rhétorique avec celui des
Sciences naturelles.

Un mot encore, rancune tenante.

---

(1) Voir la *Ménagerie du Muséum d'Histoire Naturelle.*
(2) Ps. CI.
(3) Ps. VI.

« *Les Passions ont le même but que l'Instinct ; comme*
» *lui*, *elles portent les animaux à agir selon les Lois*
» *générales de la nature vivante.* » — Quoi ! un Instinct
Humain n'est-il pas compliqué d'éléments que la *Nature*
*vivante* ne présente jamais dans les animaux ? Dans l'Humanité, l'Amour sexuel emporte tout ce qu'il y a de plus
grand et de plus redoutable ; la tendresse, le dévouement,
la vertu, l'héroïsme, peuvent aller jusqu'au sublime, et le
crime jusqu'à l'atrocité : trouvez-vous de pareilles Passions
dans les bêtes ? Vous voulez que l'Amour passionné de
l'Homme soit comparé au rut du Dromadaire...! Voulez-vous
sincèrement faire le parallèle de ce dernier instinct avec
les amours de Tarquin, de Don Juan ou de Lovelace ? —
La proposition est aussi antiphysiologique que scandaleuse. En comparant les Amours sexuels dans le Règne
humain, voyez de bonne foi si l'Amour *instinctif* peut être
mis dans le même rang que les Amours qui sont réellement
*passionnés*, et qui font époque dans la Vie Humaine.
Rappelez-vous la Passion de cette adorable Didon, qui a tant
fait pleurer le Poëte Delile, et dont le type est certainement
dans le monde.....; et souvenez-vous ensuite des fureurs
nymphomaniaques de la troisième épouse de l'Empereur
Claude, femme dont le nom est devenu une obscénité...!
   Je m'attendais à trouver un auxiliaire de notre Anthropologie dans l'ouvrage de M. Descuret, intitulé *La Méde-*
*cine des Passions*, ou *les Passions considérées dans leurs*
*rapports avec les Maladies, les Lois et la Religion.* — Je sais
que la Religion est un des plus puissants moyens contre
les Passions. Mais quel est le fondement de cette médication ?
Vous le savez : il consiste à faire en sorte que l'Ame pensante, éclairée, et pénétrée de tous ses devoirs, prenne
le plus grand ascendant possible sur la Nature vivante de

l'Homme. La Raison et la Grâce divine doivent s'unir pour diriger convenablement, et s'il le faut pour comprimer tant les propensions injustes de la philautie, que les appétits pervers de l'Instinct......... Hors des cas de miracle, je ne conçois pas une autre Hygiène et une autre Thérapeutique religieuses pour la Médecine pratique des Passions.

Or, ce mode de Médecine des Passions n'implique-t-il pas une Dualité de Puissances de l'Ordre Métaphysique, entre lesquelles il y a toujours présence et action réciproque, tantôt conspiration, tantôt conflit, tantôt correction, tantôt compression ? J'étais donc fondé à croire que je trouverais dans ce livre un nouveau Chapitre intéressant sur la Doctrine de l'Alliance.

C'était une erreur de ma part. Dans le livre dont je parle, plusieurs des assertions fondamentales sont en opposition avec les axiomes de notre Enseignement, et je doute que l'ensemble contracté des idées doctrinales de l'Auteur puisse jamais s'accorder avec celui des nôtres. Je vais citer trois passages comme exemples de protestation contre nous.

1º La définition des Passions formulée par M. Descuret, et reproduite assez souvent pour penser qu'il y tient beaucoup, est ainsi exprimée : *Les Passions sont la tyrannie des besoins.* — Cette proposition me désoriente : je ne sais plus ce qu'est une Passion. Quoi ? nous donnerions ce nom aux suggestions impérieuses de nos besoins naturels, à la faim, à la soif, au prurit, à l'instinct qui nous force d'expulser de notre corps les matières excrémentitielles ? D'un autre côté, puis-je appeler une basse envie, une ambition dévorante de considération ou de places, un chagrin pour la mort d'un ami, une exaltation délirante de joie à l'occasion d'une fortune inattendue ,.... *une tyrannie de besoin?* Y a-t-il une relation entre ces affections morales, et un ténesme rectal ou vésical , pour les comprendre dans une même formule nominale?

Des choses dont nous usons dans la vie sociale, les Philosophes ont fait une distinction qui me paraît avoir été acceptée par tout le monde : c'est celle des *besoins de première nécessité* , et des *besoins d'opinion.* La Morale et la Religion ont pour objet de nous accoutumer à voir avec indifférence les choses vantées par l'opinion : mais personne ne vous a recommandé de vous abstenir des choses de première nécessité...! Vous pensez bien que le Sage de l'antiquité, qui s'écriait : *Quantis non egeo...* ! ne comprenait pas dans cette liste ce qui était nécessaire pour la conservation de sa vie, et pour l'exemption de la souffrance.

Les besoins de l'opinion, assez puissants pour causer de la souffrance, sont des Passions : mais le public donne-t-il le même nom à la faim , à la soif , à la colique ? Le sens commun s'y oppose.

2° Ce qui a séduit l'auteur, ça été le plaisir de placer dans une même catégorie , et sous une seule cause, des phénomènes disparates que le bon sens attribue à des Puissances de natures diverses. On serait même tenté de croire qu'il a voulu expressément nous contredire. Cette disposition mentale semble être manifeste dans ce passage qui se rapporte à la Classification des Passions (page 16) : « On a voulu faire admettre, — dit-il — : 1° des instincts, » comme expression de désirs matériels et organiques; 2° » des Passions proprement dites, correspondant à des désirs » moraux indépendants de la volonté: ... division aussi » erronée en Physiologie qu'en Morale, puisque toutes » nos fonctions sont essentiellement solidaires, et qu'elles

2

» ne s'exercent que pour l'ensemble d'un être créé libre
» et intelligent. »

MESSIEURS, cette *Physiologie erronée* est la nôtre.... !
Pour apprécier cette manière de la juger, je m'en rapporte
à votre sens intime., et à l'observation de celui d'autrui. —
Est-ce de votre *être créé libre et intelligent* que part votre
aversion pour le melon, dont tous vos commensaux se
régalent, et votre prédilection pour le fromage, dont
aucun des autres ne mange jamais? — Quant à la distinction
blâmée entre le désir et la volonté, je m'en rapporte aux
Chrétiens fidèles qui disent, à une certaine époque de
l'année, combien il leur tarde d'arriver à Pâques, afin
d'être délivrés du combat entre le *désir* des aliments
défendus, et la *volonté* d'obéir à la règle. — Il n'y a pas
un Médecin qui ignore le tourment des hydrophobes :
ils ne peuvent plus aspirer à d'autre jouissance que celle
de mordre un individu humain, et néanmoins ils recom-
mandent aux assistants de ne pas s'approcher d'eux.
Tout le monde connaît la Passion de CHIMÈNE dans la
Tragédie du CID; et si vous ne voulez pas tenir compte
d'exemples tirés du Théâtre ou des Romans, vous ne
pouvez pas repousser ce qu'il y a de plus authentique
dans l'Histoire. Or, vous savez la fin d'ÉLISABETH, Reine
d'Angleterre : elle mourut de cette opposition, que l'on
nie, entre le *désir* et la *volonté;* elle cessa de vivre parce
qu'elle ne *put* pas vaincre un amour enraciné pour un
illustre coupable, et qu'elle ne *voulut* pas user d'une
prérogative royale qu'elle croyait contraire à la justice. — ·
Et en quoi la Morale est-elle compromise dans notre
Physiologie?

3° A la place de nôtre Physiologie en tant que nous
concevons la Constitution de l'Homme, voici une autre

assertion de M. Descuret ( p. 19): « Dire que les besoins
» de l'homme sont très-nombreux, c'est en même temps
» reconnaître qu'il n'est qu'un composé de Passions. Il y
» en a, en effet, dans tout son être; il y en a, en quelque
» sorte, dans tous les replis de son âme comme dans le
» moindre de ses organes, parce que, en vertu de l'union
» mystérieuse de l'âme et du corps, l'homme est tout
» entier dans chacune de ses facultés, aussi bien que
» dans chaque partie de lui-même. Permis à notre pauvre
» raison de le décomposer pour le mieux étudier; mais
» reconnaissons bien. qu'il reste toujours essentielle-
» ment un. »

  Ces idées *spinosiennes* sont inintelligibles pour moi,
d'autant qu'elles sont en opposition avec tout ce que je
sens et tout ce que je vois. La persuasion d'une *unité
absolue*, *tout entière dans chaque partie du système*, est in-
compatible avec tout ce que nous savons en Médecine, en
Morale, en Religion, en Législation : il s'agit toujours de
changer profondément une partie du tout en conservant
l'intégrité naturelle de l'autre. Les pratiques médicales s'appliquent à réformer la partie vitale malade du système, en
ménageant, autant que cela est possible, la partie intellectuelle; et les pratiques morales et politiques ne cessent
de travailler au bouleversement des âmes perverses, en
permettant avec une attention scrupuleuse à la nature de
favoriser la prospérité des santés individuelles.

  Je désirerais bien que l'auteur voulût me faire comprendre
comment l'idée de l'*unité absolue* de l'homme s'arrange dans
son esprit, avec sa définition des Passions, qu'il dit être *la
tyrannie des besoins*. Pour qu'il y ait une tyrannie, il faut
bien deux sujets, un tyran qui est agent, et un tyrannisé
qui est patient. Comment peut-il y avoir tyrannie dans un

être tout-à-fait un? Je sais qu'il y a des individus chez qui
l'instinct tyrannise l'âme, et d'autres chez qui le corps
vivant est la victime de la volonté ; mais, dans tous ces
cas, il est évident que le Dynamisme n'est pas simple
et unitaire.

J'ai cru m'apercevoir que les apologistes des Passions,
depuis Épicure jusqu'à présent, se sont appliqués à insérer
dans la Science des idées singulières et ingénieuses,
capables de la dédommager par l'agrément des vérités
qu'ils lui enlèvent. — Il y a fort long-temps que l'on a
comparé les Passions de l'homme aux vents qui font
voguer les navires. Un Sénateur de l'empire, M. VERNIER,
dans son *Caractère des Passions au Physique et au Moral*, a
rappelé cette similitude : « on les compare, —dit-il—, aux
» vents qui enflent les voiles d'un vaisseau, le submer-
» gent quelquefois, mais sans lesquels il ne pourrait
» voguer (1). »

M. VERNIER n'a rien dit contre cette comparaison : elle
n'est pourtant pas à l'abri de toute critique. Pour comparer les actions du Dynamisme humain aux vents que
nous désirons pour nos voyages maritimes, il ne faut
pas que ces actions soient des Passions, mais bien des
actions normales : il faut donc changer la valeur des mots,
ou la similitude est une idée fausse. Si nos Passions ont
un rapport avec les vents, c'est avec les tempêtes. Or,
les tempêtes sont-elles si désirables? S'il en existe quelquefois qui hâtent notre route, il y en a infiniment plus
qui nous font faire naufrage, et il n'en est point où il
n'y ait eu désastres et avaries. Convenons que la vapeur
d'un bateau, dirigée par l'instruction et l'intelligence, est

(1) Paris, 1807, page 59.

préférable, non-seulement aux tempêtes, mais même aux
zéphirs alisés.

D'après ces réflexions, et les arguments que je dois
vous présenter dans la suite, j'ose espérer que toute
théorie des Passions contraire à la Dualité du Dynamisme
humain, vous paraîtra ou vide, ou fausse en Logique, et
nulle ou inapplicable en pratique. Comme dans mon enseignement je dois aspirer sans cesse à ce que les théories
à vous offertes soient, — ainsi que le voulait BACON — ,
aussi *lumineuses* et *fructueuses* qu'il est possible, je m'ap-
pliquerai à vous exposer celle des Passions telle que je
la conçois d'après la connaissance de la Constitution de
l'Homme qui vous est enseignée dans cette École.

Le temps ne me permettra pas de multiplier ici les
applications pratiques; mais il en est trois qui suffiront
pour exemples, savoir : par rapport à la haute Littérature,
j'essaierai de l'employer à la théorie générale de l'Æsthétique, ou à la Philosophie des Arts libéraux; .... par
rapport à la Morale, nous éclaircirons quelques abus du
Mysticisme; .... par rapport à la Médecine pratique, nous
l'emploierons à l'explication des Maladies mentales.

La première de ces applications peut être le sujet au
moins d'une surprise. Mais l'étonnement cessera si l'on
réfléchit sur cette question : Que sont les Arts libéraux,
si ce ne sont des moyens de produire dans notre âme
des sentiments affectifs et des diminutifs de Passions ar-
tificielles, accompagnées d'une sensation voluptueuse?

C'en est assez, je pense, pour que vous aperceviez la
susceptibilité de l'application que je projette. Il me reste
à vous en montrer une utilité qui m'est suggérée par ma
sollicitude pour les intérêts de notre enseignement, et
qui va être le sujet de mon exhortation.

MESSIEURS ET TRÈS-CHERS ÉLÈVES,

Dans mon dernier Cours, je vous ai dit combien l'Anthropologie médicale serait intéressée à s'approcher de la haute Littérature, pour y puiser l'art de formuler les propositions doctrinales abstraites, de leur donner une clarté garantissant leur vérité, de les transmettre et de les propager, en leur procurant tout l'agrément possible sans les altérer. — Je vous ai avertis que ces avantages, pris dans cette source, étaient d'autant plus précieux que cet Art si important n'est point compris dans le système de l'Enseignement Médical public.

Aujourd'hui, je ne me contente pas de vous exhorter à cultiver la haute Littérature dans les livres; je souhaite ardemment que vous cherchiez à hanter les hommes qui la perfectionnent et l'agrandissent. Je désire que vous travailliez à obtenir d'eux un sentiment paternel, propre à établir entre eux et vous une noble familiarité, également compatible avec leur dignité et avec votre respect, et qui vous fournisse l'occasion d'un échange d'idées évidemment fructueux pour vous, sans être stérile pour eux.

Ce souhait ne peut pas vous étonner : pourriez-vous croire que l'Humaniste et l'Anthropologue sont étrangers l'un à l'autre, vous, Bacheliers ès-lettres, qui connaissez l'étymologie de leurs noms? Tous deux ont pour but d'étudier l'homme : il est vrai que leurs points de vue ne sont pas identiques, mais ils doivent souvent se rencontrer dans une partie essentielle : .... DANS LA CONTEMPLATION DE SON DYNAMISME.

Le rendez-vous le plus naturel, ou plutôt le plus obligé,

de leurs études communes, c'est celui que les Rhéteurs appellent *des Mœurs et des Passions*, ἤθυς καὶ πάθος. Dans la Rhétorique, c'est un des chapitres les plus étendus, les plus soignés, et par conséquent réputés les plus importants. Pour cette étude, l'Humaniste et le Médecin sont obligés de se livrer aux mêmes recherches. Ne nous persuadons pas que le premier puisse se contenter de l'observation des faits, sans se mettre en peine de leurs causes intimes : non, quand la Société distingue, honore, élève la haute Littérature, ce n'est pas pour favoriser simplement des Arts descriptifs ; elle veut que la Poésie, l'Éloquence et les Arts d'imitation, concourent au perfectionnement des mœurs, et à la correction des Passions. Pour tendre à ce but, les humanistes doivent participer à nos travaux au point de vue du Dynamisme humain ; puisque la théorie des Mœurs et des Passions est aussi nécessaire pour la pratique des Arts libéraux que pour celle de la Médecine.

Si le principe de la Dualité humaine est connu et franchement accepté des Littérateurs, sa fortune est faite dans le monde, puisqu'ils seront les messagers entre notre Monastère anthropologique lointain, et les Salons ou le Cénacle de la Capitale. Nos Confrères n'oseront plus mettre ce dogme en question, et ils achèveront d'en comprendre le sens dans la *Doctrine de l'Alliance*.

Mais où trouver cette haute Littérature collective et vivante dont je vous recommande la fréquentation ? — Vous le devinez ; dans le Corps de cette Faculté des Lettres dont les Membres ont semblé surgir de points très-éloignés, dans la France, pour satisfaire aux besoins que je signale. Vous les connaissez, puisque la plupart d'entre vous êtes leurs disciples. Réfléchissez sur leurs travaux, sur leurs écrits, sur les tendances de leur enseignement, et vous verrez combien sont nombreux les points de notre science sur lesquels il serait du plus grand intérêt que nous pussions marcher de concert.

Un jour peut-être je pourrai vous aider dans cette méditation, et vous faire comprendre toute l'utilité de mon conseil. L'approche des hommes distingués dont je parle n'est pas seulement profitable, mais encore extrêmement douce. Croyez-en à mon expérience : quand je les ai recherchés, ils n'ont repoussé ni ma personne ni mes idées. Je vous dirai même, avec autant de reconnaissance que d'orgueil, que j'ai obtenu leur bienveillance. J'ai considéré leur accueil comme une sorte de droit d'hospitalité tacite, dont vous pourrez vous prévaloir, si votre excessive modestie vous intimide.

Quand vous aurez atteint ce but, je n'aurai qu'un vœu à former : c'est que vous établissiez entre eux et moi un moyen de communication dont vous seriez le lien, et qui puisse me dédommager des privations auxquelles une retraite sénile me condamne. Ce commerce lointain serait pour moi plein de charmes, non moins par les envois, par les provenances, par les consommations de part et d'autre, que par mes relations, tous les jours plus intimes, avec les industrieux intermédiaires qui se seraient chargés de cet honorable négoce.

# 2ᵐᵉ LEÇON.

THÉORIE ANTHROPOLOGIQUE DES PASSIONS. — DÉFINITION DE
LA PASSION EN PHYSIOLOGIE HUMAINE.— COMMENTAIRE SUR
CETTE DÉFINITION : 1º MODE INSOLITE ET TEMPORAIRE
DU DYNAMISME HUMAIN ; 2º IDÉE PATHÉTIQUE DANS L'AME
PENSANTE; 3º. ÉTAT PATHÉTIQUE, ET PAR CONSÉQUENT IN-
GRAT, DE LA FORCE VITALE, EXPRIMÉ OU DANS L'UNITÉ
INSTINCTIVE , OU DANS LA FONCTION SENSORIALE D'UN
ORGANE.

MESSIEURS,

Le premier des objets qui doivent m'occuper dans le
présent semestre, c'est la théorie des Passions humaines.

Il importe que nous soyons d'accord sur le sujet dont
il s'agit, sur les êtres vivants où il se passe, sur l'étendue
et les limites de ce phénomène.

Dans la langue commune, le mot *Passion* est employé,
non-seulement dans l'acception que je vais indiquer, et
qui exprime un fait incontestable, mais encore dans des
sens plus ou moins différents. Je ne m'oppose nullement

3

à ce que l'on s'en serve suivant les divers usages. Mais, dans les Leçons que je dois faire sur cette matière, il sera employé uniquement d'après une définition que j'ai eu plusieurs fois l'occasion de prononcer en votre présence. Le phénomène ne se produit que dans l'espèce humaine; les fonctions qui porteraient le nom de Passions, dans les animaux, ne seraient jamais assimilées à celles qui sont ainsi désignées en Anthropologie. Redisons la formule des caractères du fait qui va nous occuper, afin qu'en Médecine son nom soit exact, précis, et ne nous expose pas aux acceptions vagues que cette dénomination présente dans la langue vulgaire.

*Une Passion*, — vous disais-je —, *est un mode insolite et temporaire du Dynamisme Humain, compliqué de deux éléments, dont l'un est une idée affective, pathétique, qui préoccupe l'âme pensante, et l'autre une sensation ingrate locale; mode qui a pris naissance ou dans l'entendement, d'où il a passé à la Force Vitale, ou dans l'instinct, d'où il s'est étendu à l'Ame...; et qui altère plus ou moins les fonctions intellectuelles et les fonctions naturelles.*

Je ne veux donc pas vous occuper des goûts vifs que nous pouvons avoir pour certains objets, et sur lesquels on dit que nous les aimons *avec passion*;... ni de ce penchant que peuvent avoir certains hommes pour l'acception ou des personnes, ou des choses, et qui fait dire d'eux, que, quand ils jugent, ils *agissent par Passion et non par raison*. La chose qui fixe mon attention dans un état insolite présumé passionné, est la recherche d'une idée absorbante, avec complication de sensations locales incommodes; d'un changement inaccoutumé dans l'exercice des fonctions intellectuelles et des fonctions naturelles; de l'origine de ces phénomènes dans l'une ou l'autre des puissances dynamiques, ou de la simultanéité de ces initiatives dans ces deux puissances.

Analysons toutes les idées qui constituent ce signalement, si ce n'est pas ma *définition*. Ne vous prévenez pas contre mon Commentaire : il est indispensable pour que nous ayons des idées nettes et distinctes sur le phénomène que nous voulons étudier.

1° *Mode insolite et temporaire du Dynamisme.* — Ce caractère est en opposition avec l'assertion de M. DESCURET, qui dit que tous les actes de la Vie Humaine sont des Passions. Souvenez-vous du passage où il est dit que *l'Homme n'est qu'un composé de Passions.* Cela revient à dire que la Vie Humaine entière n'est qu'une Passion continue, ou que la Passion n'est qu'un point de vue de la Vie. Un langage pareil n'est bon qu'à faire rentrer dans le chaos les idées qu'il est si nécessaire de distinguer pour les ériger en Science.

La Passion Humaine n'est pas un mode nécessaire de la Vie : elle en est simplement un accident, comme le sont les maladies de la Force Vitale. — Ce que j'affirme n'est point une assertion arbitraire : c'est le résultat d'observations journalières. Il est très-certain qu'il y a des hommes doués de toutes les facultés intellectuelles, et qui ne paraissent point aptes à une Passion. Ils apprécient les choses suivant les règles de la raison générale ; ils les jugent sainement, les approuvent, les désapprouvent, les louent, les blâment, les recherchent, les évitent, les admirent, les détestent suivant l'affectibilité commune de l'Ame Humaine,... sans que ces sentiments moraux aient causé en eux ce mode sensorial pénible et *altérateur*, qui est un caractère indispensable pour constituer le phénomène dont il s'agit.

Il ne serait pas difficile de citer des individus qui, dans ce sens, peuvent être appelés Apathiques, et dont la Vie a été spécialement remarquable par cette circonstance. On raconte l'histoire d'un célibataire dont l'humeur était si paisible et si égale, qu'il était le sujet d'une étude, et presque l'objet d'une sorte d'envie. Des amis, qui l'observaient, l'examinaient dans toutes les circonstances publiques et privées qui auraient dû ébranler son Ame : ce calme était à l'épreuve de tous les événements. Après tant d'observations, ils voulurent tenter des expériences. Une gouvernante qui le servait depuis long-temps, se joignit à eux pour travailler à des *tentatives d'irritation* sur une Ame si tranquille. Il lui était aisé de connaître les goûts du célibataire, ses habitudes, ses besoins, et, de concert avec les conjurés, elle s'appliqua à le contrarier avec constance. Le maître ne se plaignit nullement, et il resta toujours le même. L'expérience ayant été sans succès, la gouvernante y renonce, et reprend ses anciens errements de service. Le maître remarque cette nouveauté, et tout le résultat de la tentative fut cette déclaration qu'il fit à la maligne ménagère : *vous avez trouvé à propos de tout changer dans votre administration, et à présent vous retournez à vos anciennes habitudes. Si c'est pour moi, ne vous gênez pas : je m'étais fait à vos dernières manières.*

La vie de LE NAIN DE TILLEMONT nous offre un exemple de cette inaptitude à la Passion. Ce savant très-distingué, Historien ecclésiastique consommé, auteur de plusieurs ouvrages que les érudits considèrent comme des fondements de bibliothèque, s'est toujours montré calme depuis son enfance jusqu'à sa mort. Son intelligence paraît avoir été inaccessible aux suggestions de l'instinct. Elle a même bravé les propensions de l'enfance. A l'âge de 10 ans, il étonnait

les solitaires de Port-Royal parmi lesquels il était élevé.
La pénétration et la facilité de son esprit lui permirent de
se livrer toute sa vie à des études continuelles : « il fut
» même toujours éloigné de ces petites malices qu'on ap-
» pelle innocentes, et sans lesquelles on ne croirait pas
» qu'un enfant eût de l'esprit (1). » L'inscription gravée
au bas de son portrait, confirme ce que je dis de lui : le
tableau nous présente l'auteur et ses travaux :

> « Exempt de passion dès sa plus tendre enfance,
> » Modeste, doux, égal, ami de l'équité,
> » Amassant dans une humble et sainte obscurité
> » Les trésors de savoir qu'avec tant de largesse
> » Il offre à la postérité.
> » Il eut DIEU pour objet ; pour guide, la Sagesse,
> » Et pour flambeau la vérité. »

NEWTON est un exemple du même genre. Ses Biographes
n'ont pas pu trouver, dans les diverses circonstances de
sa Vie, un seul fait d'après lequel on pût présumer que
son calme avait été un instant altéré. Sa raison fut toujours parfaite, et sa conduite fut toujours un modèle de
sagesse. On n'ose pas taxer d'exagération l'Épitaphe que
POPE a faite pour la tombe de ce grand homme, quoique
ce Poëte en ait fait un DIEU, par l'intelligence, les per-
fections morales et l'étendue de son Génie, et qu'il n'ait
rien vu d'humain en lui que le trépas :

> « Pour second Créateur tout l'Univers le nomme.
> » Interrogez le ciel, la Nature, le temps ;
> » C'est un DIEU, diront-ils, il ne craint rien des ans...
> » Hélas ! ce marbre seul atteste qu'il fut homme. »

---

(1) L'Abbé TRONCHAI, Chanoine de Laval, Vie de LE NAIN DE
TILLEMONT.

Les Grecs avaient sans doute remarqué assez souvent
des personnes exemptes de colère, puisqu'ils ont inventé
un mot pour désigner les individus qui jouissent de cette
immunité : ce mot est ἀνοργοι. — Ne citons pas ici ceux
qui, par une éducation spéciale, se sont appliqués à comprimer les élans de la colère, tels qu'ont été les Philosophes
stoïques; mais il est permis de faire mention de ceux qui,
par leur nature, n'ont jamais été vus que calmes et sereins.
Je ne sais que penser de ce que dit La Mothe le Vayer,
touchant Socrate : « Xantippe, tout inique qu'elle était
» envers son mari, rendoit ce témoignage favorable de lui,
» qu'elle avoit toujours vu retourner Socrate en sa maison
» avec le même visage qu'il avoit en partant (1). » — Je
ne sais que penser encore de ce que dit Marc-Aurèle au
sujet de Sextus, Philosophe qui avait gouverné la Maison
de cet Empereur, et que M. et Mᵐᵉ Dacier croient différent
du Philosophe Sextus-Empiricus : « Il n'a jamais donné la
» moindre marque de colère, ni d'aucune autre Passion :
» cependant, au milieu de cette espèce d'insensibilité qu'il
» avoit contractée, il ne laissoit pas d'être capable d'une
» véritable amitié (2). » Tous ces personnages étaient des
maîtres en morale, et toujours en scène.

Mais Hufeland nous présente un exemple plus probant :
« En 1792, mourut, dans le Holstein, à l'âge de 103 ans,
» un certain Stender, *paysan très-laborieux*. Il n'avoit
» presque vécu que de gruau et de lait, n'avoit jamais mangé
» que de la viande très-salée, encore très-rarement. Il n'avoit
» presque jamais soif et buvoit très-peu. Il aimoit à fumer.

---

(1) Dial. d'Oratius Tub. t. II, p. 130.
(2) Réflex. Morale, liv. I, § IX.

» Ce ne fut que dans sa vieillesse qu'il commença à prendre
» du thé et quelquefois du café. Il avoit perdu ses dents
, » de bonne heure, et n'avoit jamais été malade. *Il ne pou-*
» *voit se fâcher,* c'est-à-dire qu'il étoit impossible physique-
» ment que la bile, chez lui, passât dans le sang (1). »

L'explication de la colère, par le passage de la bile de
la vésicule biliaire dans le sang, est une hypothèse trop
hasardée et trop surannée pour qu'elle puisse entrer dans
notre théorie. Le fait est la seule chose qui doive nous
occuper dans ce moment, et la seule dont je veuille me
prévaloir.

Ainsi, la Passion est un phénomène accidentel du Dynamisme Humain; cet accident éventuel ne tient pas nécessairement à notre système : il peut ne pas exister en
vertu d'une disposition primitive individuelle, ou en vertu
des précautions intellectuelles que la volonté a pu prendre
pour que l'individu en fût préservé. Donc, pour n'avoir
pas des Passions, on n'en est pas moins homme.

2° *Dans l'Ame pensante, une idée affective, pathétique.*
— Ne perdez pas de vue que l'idée n'est pas une sensation :
elle en est un résultat ou immédiat, ou médiat, obtenu par
la force de conception qui a exploité cette sensation. — Une
sensation seule ne suffirait pas pour donner la forme mentale de la Passion; il faut qu'elle ait été *idéalisée*, comme
on dit en Allemagne.

L'idée *indifférente* n'entrerait pas comme élément dans
la formation de la Passion : il faut qu'elle soit *affective*,
accompagnée de peine ou de plaisir. En général, il faut
encore qu'elle soit ingrate ou pathétique, quoique nous

---

(1) Art de prolonger la vie.

ne rejetions pas une exception très-rare qui vous sera indiquée, et dans laquelle un excès de plaisir peut produire des effets pareils à un excès de peine.

Le titre du Traité des Passions d'Alibert me parut, dès le commencement, susceptible d'un reproche : *Physiologie des Passions, ou Nouvelle Doctrine des sentiments moraux.* Cela veut dire que les sentiments moraux sont tous des passions, et que sentiments moraux et passions sont des expressions synonymes. Vous sentez bien qu'il y a des sentiments moraux qui ne sont nullement ingrats ; qu'il en est même beaucoup qui sont agréables, et dont les sentiments sont en opposition avec le nom qui exprime quelque souffrance. — Si l'Auteur avait intitulé son livre : *Nouvelle Doctrine des sentiments moraux, et en particulier Physiologie des Passions,* je n'aurais rien eu à dire par rapport au titre.

Je n'ose pas donner le nom de pathétiques ou de passionnels à des sentiments moraux qui n'incommodent point l'individu, qui peuvent même contribuer à son bonheur, tels que l'amitié, la piété filiale. Les sentiments moraux ne pourraient pas prendre ce titre lors même qu'ils seraient des défauts dont l'individu aurait un jour à souffrir moralement. Citons pour exemples la *Vanité* et la *Fatuité*, rangées par Alibert parmi les Passions.

Alibert a raison de les blâmer en Morale ; mais si nous restons dans les limites de la Médecine Pratique, nous ne pouvons pas dire qu'un acte de vanité ou de fatuité soit un accès de Passion que nous soyons chargés de réprimer. Si j'entendais deux personnes se félicitant de leurs qualités, de leurs avantages, comme faisaient les deux marquis du *Misanthrope* de Molière, je n'aurais pas le courage de les détromper, parce que *leur intrépidité de bonne opinion*

pourrait être le moyen le plus salutaire de leur santé et de
leur bien-être.

Souvenez-vous du monologue de CÉLIANTE du *Philosophe
Marié*. Après avoir eu avec DAMON, son futur, une conversation assez piquante, dans laquelle ils se sont dit
quelques vérités, elle réfléchit sur les défauts dont il l'a
taxée, et se justifie ainsi :

« Pour coquette, voyons, le suis-je ? Franchement,
» Ce qu'il dit là-dessus n'est pas sans fondement,
» Je le sens; mais, au fond, est-ce un reproche à faire?
» Quoi, peut-on être femme, et ne pas vouloir plaire?
» Toute femme est coquette, ou par raffinement,
» Ou par ambition, ou par tempérament.
» J'ai de l'orgueil? Hé bien! suis-je si criminelle?
» Peut-on n'être pas fière, et savoir qu'on est belle?
» Je suis indiscrète? Oui, quelque chose à peu près :
» Mais mon sexe est-il fait pour garder des secrets?
» Enfin, je suis bizarre, et d'un caprice extrême..!
» Rien n'est plus ennuyeux qu'être toujours la même.
» Ainsi, Monsieur DAMON, tout pesé comme il faut,
» Vous êtes un menteur, et je n'ai nul défaut. »

Pourriez-vous vous résoudre à traiter cela de *Passion*, d'*état
pathétique*, ou de souffrance, et à chercher une Thérapeutique contre un sentiment qui exprime tant de bonheur?

Les idées *affectives* sont susceptibles d'un grand nombre
de modes distincts. M. MÜLLER croit pouvoir les réduire
toutes à trois : au *plaisir*, à la *peine*, au *désir* (1). Nous
ne pouvons pas nous contenter d'un si petit nombre de
divisions. Cet Auteur ne reconnaît pas textuellement les
deux puissances du Dynamisme Humain, et, en consé-

(1) Physiologie, t. II, p. 513.

quence, il ne nous suit pas dans notre analyse. Si je ne le cite guère sur cette matière, ne croyez pas que j'aie négligé de voir ses pensées sur les Passions ; mais c'est lui-même qui n'est pas au courant de l'état de notre enseignement tel qu'il est depuis vingt ans.

Les idées *pathétiques* qui sont exprimées dans le catalogue des Passions Humaines, vous font voir combien sont différentes les nuances de l'affectibilité mentale : amour, haine, désir, fuite, espérance, désespoir, audace, crainte, colère, affliction, commisération, ressentiment, repentir, etc. — Que gagne-t-on à réduire tant de modes de l'Ame, et tant d'autres que j'omets, à trois catégories : *plaisir*, *peine* et *désir*.....?

Ces modes *pathétiques* de l'Ame existent à l'état de simples *sentiments moraux*, lorsque l'entendement se contente d'apprécier, de juger les idées qui en sont les sujets. Pour devenir *Passions*, il faut que ces modes soient accompagnés et même compliqués d'un mode sensorial pathétique dont nous parlerons bientôt. Quoique jugée entièrement, et réduite à sa valeur, l'idée *pathétique* reste à l'état de sentiment moral, tant que la Force Vitale ne s'y est pas vivement intéressée. L'Ame s'en débarrasse quand il lui convient de changer de sujet, soit dans la conversation, soit dans le soliloque.

Veuillez vous arrêter à la nécessité de considérer le passage de l'affection morale à l'état pathétique de l'Ame. La cause de la transition n'est pas évidente ; il faut la chercher.

Remarquons qu'une idée, soit risible, soit lamentable, peut produire au commencement une vraie Passion : l'idée bouffonne est la cause d'un rire fou, dont on est très-fâché, parce qu'il peut blesser la bienséance et altérer les fonctions naturelles. L'idée affligeante peut causer d'abondantes larmes et des sanglots très-fatigants. — Après un certain temps, les mêmes idées peuvent se représenter à l'esprit avec toutes les circonstances antérieures, sans en avoir perdu un trait : et néanmoins elles restent dans l'entendement sans aucune des manifestations semblables.

Spinosa a remarqué ce fait. Je le vois dans son Histoire des Passions que M. Müller a transcrite dans sa Physiologie ; mais ni l'un ni l'autre ne l'ont expliqué, et ils l'ont regardé comme une variation bizarre de l'Esprit Humain. — S'ils avaient reconnu le principe de la Dualité, ils auraient vu que la partie mentale de la Passion, l'idée affective simple, reste toujours la même. L'entendement est toujours en état d'en rappeler tout ce qu'il en avait appris, et de le retracer avec toutes ses circonstances ;... mais la Force Vitale susceptible de se blaser est devenue insensible à ces deux impressions. Ce que je dis, je le déduis de mon expérience : je puis aujourd'hui raconter d'un œil sec une perte que j'ai faite, une mort dont j'ai été témoin, il y a quarante-cinq ans, et dont le souvenir m'a fait verser bien des larmes, sans qu'aucune partie du fait m'ait échappé, sans que les causes et les effets de l'événement aient été autrement appréciés que ce triste jour. C'est aujourd'hui pour moi, non un accès de passion, mais un simple sentiment moral, grâces aux changements survenus dans ma Force Vitale par un laps de temps aussi long.

M. Müller, cherchant à déterminer les causes de l'intérêt pathétique de certaines idées en opposition avec tant d'autres qui n'exercent aucune influence sur l'affectibilité mentale, énonce une opinion qui est digne d'un examen approfondi, parce qu'elle n'est pas assez évidente pour qu'on puisse l'accepter sur-le-champ, ni assez dénuée de vraisemblance pour qu'il soit permis de la laisser passer sans attention.

Voici comment il exprime sa pensée :

« Tant que les changements sur lesquels s'exerce l'action » de notre esprit ne concernent ni des êtres ayant des » rapports avec nous, ni des êtres ayant de l'affinité avec » la sensation que nous éprouvons de nous-mêmes, les » idées qu'ils provoquent passent en nous sans provoquer » aucune Passion : ils ne sont pas désagréables, ils n'ex- » citent ni tristesse ni désirs. Mais dès que l'idée de nous- » même entre en jeu, dès qu'il s'agit d'une restriction » ou d'une extension de notre propre *moi* par le fait d'une » autre idée, alors, tant que le penchant subsiste, la » passion de la tristesse et de la joie, et la tendance à la » conservation de soi-même, se manifestent sous la forme » de désirs, parce que la puissance du *moi*, qui apparaît » à notre conception comme incomplète ou frappée de res- » triction, tend à s'intégrer. Le sentiment de soi-même » entre donc comme élément dans toutes les passions. A » la vérité, les hommes se passionnent aussi pour de simples » opinions, sans que le tien et le mien aient aucun intérêt » direct; mais ils ne le font qu'autant que, par l'effet de » l'habitude, de l'éducation, des circonstances, ils ont telle- » ment identifié ces opinions avec leur *moi*, qu'elles en » font pour ainsi dire partie. Nous nous passionnons aussi » pour d'autres, pour ce qui arrive à d'autres, mais en » tant seulement que nous y trouvons un intérêt quel- » conque, soit que les autres nous ressemblent, soit qu'il » y ait une liaison entre leur sort et le nôtre. Une contro- » verse perd tout caractère de Passion, et se renferme dans » l'objet de la discussion, dès que nous parvenons à en

» considérer l'objet sans qu'il ait le moindre rapport avec
» notre *moi*, etc. (1). »

L'intention de M. Müller est d'établir qu'une idée n'est
affective et passionnelle qu'en vertu du rapport que l'objet
a pour notre *moi*. Il veut que l'attachement ou la répugnance pour l'objet soient fondés sur notre intérêt; d'où il
s'ensuivrait que toute idée affective serait raisonnée. Cette
cause est vraisemblable; mais elle n'est pas la seule. Je
puis l'accepter, mais non comme unique : ... parce qu'il
y a dans l'Ame Humaine un principe d'affection qui est
supérieur à celui de l'intérêt raisonné : Quel est-il? C'est
le *goût*, qui me paraît aussi inné que l'idiosyncrasie de la
Force Vitale. On adore ou on regrette une chose, ou une
personne, en proportion d'un attachement qui n'est en
rapport, ni avec la valeur intrinsèque de ces choses, ni
même avec le profit évident qu'on en retire.

Ce fait me paraît avoir été fort bien exprimé dans une
scène de la Comédie de Poinsinet, intitulée : La *Soirée à la
mode*. Il s'agit de faire connaître les mœurs des salons du
milieu du dernier siècle, et d'en montrer la frivolité. La soirée
est chez une Marquise. Les présents sont des hommes et
des femmes de la haute société, et dont chacun fait connaître ses goûts. La maîtresse de la maison joue avec plusieurs personnes. Elle participe à la conversation générale.
On prononce le nom d'un Comte de trois étoiles ; la Dame
dit : « *C'est un de mes meilleurs amis.* » — Un des inter-
locuteurs dit : « *Il est mort.* » A cette nouvelle, elle dit :
« *J'en suis fâchée ! ... Treffle.* » — Voilà certainement un
sentiment *affectueux*, qui est exprimé avec vérité, sans

(1) Physiologie, t. II, p. 512.

la moindre suspension d'un jeu où l'amie du mort joue. Voilà l'amitié de la Comtesse !

Quand la partie est le plus engagée, on annonce à Madame que son serin s'est envolé. Elle n'y tient pas, elle se lève, oublie le jeu, pousse des cris perçants, abandonne sa société, et s'en va avec tous les signes du désespoir. Voilà une Passion bien conditionnée.

Comme le public a vu long-temps cette pièce avec plaisir, elle a dû exprimer une vérité. Disons donc qu'alors les idées passionnelles n'étaient pas proportionnées à l'intérêt du *moi*, mais bien proportionnées au caprice d'un goût personnel. Quel est l'élément de ce fait qui caractérise la mode? Ce n'est pas la perversion des sentiments, mais, selon moi, le cynisme de cette manifestation.

3º *Sensation locale pénible compliquée avec l'idée.* — La complication de l'état pathétique vital avec l'état pathétique mental, me paraît une troisième et puissante cause de la conversion du sentiment moral en Passion. Nous venons de le dire : l'idée pathétique *seule* est un simple sentiment moral fugitif que l'on remplace volontairement par une autre, quand on le juge à propos. Mais si elle est étroitement liée avec une sensation locale, le phénomène prend la forme d'une *Passion*, qu'il n'est pas aisé de *juguler* à volonté, pour nous servir de l'expression de GALIEN. — Elle n'en devient pas plus incurable, mais elle est plus rebelle aux thérapeutiques morales; elle exige du temps.

La *Sensation* ingrate topique est différente suivant la nature de l'*idée* pathétique.

Quand la Passion est complète, l'idée affective et l'état pathétique vital se coordonnent mutuellement, forment un phénomène harmonique où l'un des éléments est l'expression de l'autre, quelle que soit la puissance qui a eu l'initiative.

Ce que l'on appelle *caractère des Passions*, dans les livres qui ont pour objet le phénomène anthropique dont je vous entretiens, correspond à ce que les Médecins appellent en Pathologie le Diagnostic des maladies. Comme les auteurs de ces ouvrages n'ont pas connu explicitement les deux puissances, vous ne devez pas vous attendre à trouver, dans le tableau des *caractères*, l'ordre que nous prescrit notre principe de la Dualité. Il serait utile, dans la lecture que vous en ferez, de vous accoutumer à disposer les symptômes d'après la distinction des deux sources, à grouper d'un côté ceux qui viennent de l'âme pensante, et, d'un autre, ceux qui procèdent de la Force Vitale. Cet arrangement des faits peut contribuer à faciliter l'opération mentale dans la recherche d'une théorie.

Les états pathétiques vitaux sont très-nombreux. Il me semble qu'on peut les ranger en quatre classes : 1° en systaltiques ; 2° en diastaltiques ; 3° en excitatifs ; 4° en corrupteurs.

1° Pour exemple de la première catégorie, citons le chagrin causé par une perte irréparable : la pâleur du visage, l'amaigrissement des chairs, le sentiment d'oppression qui oblige le malheureux à pousser fréquemment des soupirs capables de lutter contre le resserrement, suffisent pour caractériser la concentration.

2° La colère développée et violente se manifeste par une expansion de tout le système, par le brillant des yeux, par la rougeur de la face, par l'épanouissement de tout le corps, et par la fréquence et l'agrandissement des artères. Voilà un exemple de l'action vitale diastaltique.

3° L'état pathétique vital *excitatif* ne peut pas être confondu avec l'état diastaltique : prenons pour exemple du premier ce qui se passe dans tout le système au moment d'une grande impatience. Le temps est long, il est impossible de rester en place; les conduits excrétoires sont plus actifs que dans le temps de calme. Le pouls est plus petit, mais fréquent. *Griller d'impatience* exprime assez les sentiments que l'on éprouve, et, malgré cette excitation, il y a plutôt systole que diastole.

4° Il est des Passions qui altèrent les humeurs, et donnent lieu à des excrétions accidentelles. La colère concentrée produit souvent cet effet. Les émotions vives que les nourrices éprouvent à l'occasion d'événements pénibles, de reproches qu'elles ont reçus, etc., sont des causes de viciation du lait, et, partant, de maladies des nourrissons. La colère amène quelquefois un débordement de bile. Diverses Passions causent des mouvements fluxionnaires ou des exanthèmes.

# 3ᵐᵉ LEÇON.

Messieurs,

A la fin de la dernière séance, je vous entretenais des *caractères*, ou des diagnostics des Passions. Je vous engageais à grouper mentalement leurs symptômes d'après les deux origines du Dynamisme; à faire une liste des actions pathétiques qui découlent du mode affectif de l'Ame, et une autre des actions qui proviennent immédiatement du mode pathétique de la Force Vitale.

Dans l'École de BICHAT, on demande où sont les siéges des Passions. Cette question peut avoir un sens pour ceux qui attendent tout de l'Anatomie, et qui se persuadent que les organes sont les auteurs du Dynamisme. Mais nous, qui ne voyons l'initiative des Passions que dans deux Puissances unitaires du Dynamisme métaphysique de l'Homme, nous ne demandons pas où sont les siéges des Passions, mais seulement quels sont les phénomènes démonstratifs de ces modes, les formes sensibles de ces phénomènes, et les lieux où ils se manifestent.

Vous savez que GALL a prétendu trouver la source des Passions dans les diverses régions du cerveau et du cervelet. Il croit que le volume des parties cérébrales est en rapport avec l'aptitude à la production de la Passion correspondante. Cette hypothèse, à laquelle quelques Physiologistes tiennent encore, est inadmissible dans une Philosophie anthropologique, où le Dynamisme, loin d'être l'effet de l'Agrégat matériel, est la cause dispositive de tout ce qu'il y a de physique dans cette masse instrumentale. — Si jamais l'observation constatait une correspondance réelle entre les Affections morales, soit simples, soit pathétiques, et les volumes des portions du cerveau manifestées par les éminences du crâne, nous ne pourrions les concevoir qu'à la manière du savant mais excentrique suédois SWEDENBORG, qui avait enseigné, 50 ans avant GALL, une crânioscopie conçue dans un sens opposé : en partant de l'idée que les formes cérébrales sont proportionnées aux Passions et aux Affections morales de l'Ame pensante, au lieu d'en conclure, comme nos Matérialistes, que les Passions et les Affections morales découlent des formes de l'Encéphale, il enseignait que l'Ame pensante exprime ses Modes, ses Affections, ses Passions, par des schématismes plus ou moins durables, imprimés dans la configuration et l'amplitude de ce viscère.

Notre problème, à nous, est de chercher, dans chaque Passion : *premièrement*, quels sont tous les éléments du mode pathétique qui est dans notre Ame pensante, éléments dont la conscience peut seule nous faire connaître toutes les nuances ; *secondement*, quelles sont les modifications survenues dans les divers points du système instrumental, en conséquence du mode pathétique vital corrélatif avec le mode pathétique mental.

Je doute que la notion exacte et caractéristique du mode mental d'une Passion puisse être certainement acquise autrement que par la déclaration explicite du patient. — Mais une étude constante et approfondie des symptômes de l'Affection pathétique vitale corrélative avec le mode mental simultané, peut, dans la pratique, nous conduire à des approximations qui assez souvent peuvent médicalement nous suffire.

Ces études doivent porter notre attention principalement sur trois sortes de modifications, vitales que je ne puis qu'indiquer rapidement, et qui sont : les premières *sensoriales* ; — les secondes *schématiques* ; — les troisièmes *corruptives*.

1º En étudiant tout ce qui se passe dans les Sensations, il faut considérer non pas seulement celles qui proviennent de causes internes ;... il faut aussi examiner les nuances qu'elles éprouvent à l'occasion des impressions externes.

L'amour passionné, d'origine mentale, fatigue la tête et le cœur ; celui d'origine sexuelle se fait sentir d'une manière incommode dans les lieux où l'instinct exprime ses besoins. Le gastronome, dont les désirs ne viennent ni de l'imagination, ni de l'ostentation, ni du besoin d'être en société, est incommodé par une sensation à l'estomac ; tout le monde sait la valeur du proverbe : *avoir l'eau à la bouche* de quelque chose que l'on désire.

Durant les Passions, les effets des Sensations externes sont aussi variables dans l'affectibilité vitale que dans l'affectibilité mentale. Dans les Passions expansives, la Force Vitale accepte sans peine les impressions produites par les objets du monde extérieur. — Dans les Passions systaltiques, le monde est entièrement odieux ou fatigant. Le silence, la solitude, l'obscurité, deviennent une nécessité. La Tragédie lyrique de *Castor et Pollux* nous présente TÉLAÏRE, veuve du seul objet qu'elle ait aimé, comme ne voulant voir dans ce monde que les monuments funèbres de CASTOR :

« Toi, qui vois mon cœur éperdu,
» Père du jour, ô Soleil, ô mon père !
» Je ne veux plus d'un bien que CASTOR a perdu,
» Et je renonce à ta lumière. »

2° Les modifications schématiques ou configuratives sont appréciées par notre vue. Les artistes qui pratiquent les arts du Dessin, s'appliquent à saisir et à imiter toutes les configurations, les couleurs, les mouvements, et autres qualités visuelles, manifestatrices des sentiments moraux. C'est ce qu'ils appellent les *Caractères des Passions*. Leur langage est plus resserré que leur intention, puisqu'ils étudient les signes de tous les modes *affectifs*. En ce moment, nous ne prenons d'eux que les schématismes des Passions, et nous réservons pour d'autres recherches ce qu'ils ont constaté touchant les simples affections morales.

Dans l'étude des symptômes perceptibles par notre vue, il faut de bonne heure s'accoutumer à les distinguer en deux catégories : en ceux qui viennent de l'Instinct, et en ceux qui consistent en des altérations de Fonctions naturelles transitives. — La distinction que je vous recommande des symptômes vitaux pathétiques, en *instinctifs* et en *naturels*, est du plus grand intérêt, comme vous pourrez en juger par des exemples qui vont vous être présentés.

3º Les modifications pathétiques vitales *corruptives* avaient été déjà mentionnées, et les exemples cités étaient des altérations toxiques des humeurs : je dois vous avertir que beaucoup de symptômes de cette catégorie ont des formes fort différentes. Nous pouvons ranger parmi les symptômes pathétiques vitaux corruptifs, les altérations de la substance des solides, telles que le cancer, les ulcérations profondes, que l'expérience nous apprend être souvent les effets des Passions systaltiques. Il n'y a pas de Médecin qui n'attribue à une Passion de ce genre l'ulcération ventriculaire dont l'Empereur NAPOLÉON est mort. Je ne balance pas à diagnostiquer de même la maladie d'un Officier général très-distingué de nos contrées, qui avait eu part aux affections et aux malheurs de ce Héros.

Il ne faut pas croire que l'étude du Diagnostic des modifications vitales pathétiques soit une chose simple, facile, sans incertitude ; beaucoup de faits prouvent qu'il est aisé de se tromper dans la pratique, quand on n'a pas suffisamment réfléchi sur la Doctrine de l'Alliance. Quelques remarques que je vais vous présenter confirmeront ce que j'énonce.

1º Vous savez que des personnes s'étudient à contrefaire des Passions, c'est-à-dire à former dans leur corps les schématismes manifestateurs des Passions qu'ils ont l'intention de simuler. Les Artistes dramatiques s'y appliquent par état; des individus fins et rusés, par intérêt. Comment cela se fait-il? Jusqu'où peut aller cette imitation? Peut-elle être une exacte copie?

Ceux qui ont suivi mes Leçons sur la Doctrine de l'Alliance, peuvent répondre. — Analysons les manifestations d'un état pathétique. Dans une affliction subite causée par le récit d'une mort inattendue, quels sont les symptômes produits sur l'individu profondément intéressé? L'Ame attérée n'a plus qu'une idée, la perte d'une portion d'elle-même. La Force Vitale, fortement affectée de ce mode mental, n'exerce ses fonctions naturelles et vitales qu'à peine. Les muscles qui soutenaient le corps sont impuissants. Le malheureux tombe, ou se soutient instinctivement. Quelques soupirs, quelques gémissements, quelques interjections, sont le principal de la respiration. La face devient pâle, le pouls petit, languissant; tout fait craindre la syncope. Pendant ce temps, il se fait une systole générale dans tout le système, dont le résultat sera d'abord le besoin d'un orgasme vers les glandes lacrymales, et ensuite une excrétion abondante de larmes accompagnée de secousses convulsives dans les organes respirateurs, de sanglots critiques, nécessaires pour donner du jeu à une instrumentation devenue immobile par la systole pathétique. Cette préparation a pu être longue, mais enfin la résolution arrive tôt ou tard, et est toujours salutaire ou partiellement, ou totalement.

De ces symptômes de l'état pathétique vital, il en est plusieurs qui peuvent être imités par un Comédien, ou par un homme qui a intérêt à les feindre : l'anéantissement des forces musculaires, les exclamations, les soupirs; les gémissements, toutes les attitudes de la désolation. — Mais

y a-t-il moyen de se donner la pâleur du visage, la peti-
tesse du pouls, la défaillance avec menace de *déficience* des
pulsations du cœur et des artères, la systole générale du
corps, et l'abondance de larmes accompagnées de sanglots?
Non, pour simuler une telle Passion, il faut rester dans
l'éloignement, et faire en sorte qu'on ne soit pas exposé
à une expertise exacte.

Les premiers de ces symptômes appartiennent à la catégorie des Fonctions instinctives, qui s'opèrent au moyen
des muscles moteurs des organes osseux. La volonté peut
exécuter, dans le Système musculaire, à peu près tous les
mouvements opérés par l'Instinct. Les autres symptômes
sont des altérations de Fonctions naturelles et de Fonctions
immanentes ou *vitales* (de GALIEN), sur lesquelles la volonté
n'a aucun pouvoir.

Cette dernière proposition est l'expression d'une loi générale de l'Alliance des deux Puissances dynamiques de
l'Homme : mais je ne prétends ni infirmer, ni mettre en
doute les cas extrêmement rares que j'ai rappelés dans
une Leçon de l'an dernier : je veux parler des individus
chez qui la volonté avait un tel empire sur la Force Vitale,
qu'ils ont pu suspendre arbitrairement les Fonctions naturelles et les Fonctions immanentes,... et même les supprimer toutes, au point d'amener la mort, en vertu de
cette intention.

Ainsi, quand j'énonce que la volonté ne peut point
produire des symptômes pathétiques de la nature de ceux
que l'on appelle des Fonctions naturelles, il sera toujours
sous-entendu, dans l'exposition de la Science, que la règle
générale est exacte, sauf les *cas rares* qui tiennent à la
nature des causes de l'Ordre métaphysique. — D'après
cela, ce n'est pas moi qui déclarerai impossible ce que

rapporte la célèbre Actrice CLAIRON, savoir : qu'en jouant un rôle pathétique, elle avait le pouvoir de compléter le pleurer en répandant des larmes. Je resterai dans la même retenue pour ce que DIDEROT a écrit sur cette faculté attribuée au *Neveu* de RAMEAU. — Mais revenons à la règle générale.

Si la volonté humaine a des bornes dans l'art de simuler les manifestations de la Passion, vous pouvez bien penser qu'il en est de même par rapport à leur dissimulation, en restant dans les mêmes limites. — Dans la Société, il est indispensable de cacher des sentiments moraux et des Passions, sous peine de se rendre incapable de coopérer à l'harmonie et à la conservation de ce corps politique. Une éducation suffisante nous apprend à supprimer les actes instinctifs d'une Passion dangereuse, perverse ou honteuse, et même à les remplacer par des actes volontaires exprimant un sentiment opposé. Un Ambassadeur qui laisserait apercevoir, dans une Cour étrangère, la peine qu'il éprouve à la réception de la dernière Lettre de son Ministre, compromettrait la prospérité de l'État qu'il représente. Un homme qui en hait un autre, soit par des mécontentements personnels, soit par antipathie, peut brouiller des familles, jeter le scandale et le désordre dans une ville, s'il ne sait pas comprimer les schématismes instinctifs que sa haine causait à la Force Vitale. — Mais félicitons-nous de ce que les symptômes vitaux survenus dans les Fonctions naturelles par une Passion secrète, sont assez éclipsés par les manifestations mensongères, pour que l'état de l'âme reste inconnu au public.

Les connaisseurs, les Anthropologues ne s'y trompent pas, quand ils sont à portée d'explorer le patient. L'homme le plus dissimulé ne peut rien faire sur le rhythme du

cœur et des artères, sur les distributions inégales du sang,
sur les sensations intimes et pénibles de la région épi-
gastrique, sur la lipothymie, qui, provenant de l'innervation
centrale, trouble un moment la pensée et l'expression,
et sur une trépidation profonde qui élude la volonté la
plus énergique.

VOLTAIRE paraît avoir voulu exprimer cette impuissance
de la volonté sur les Fonctions naturelles de la Force Vitale,
chez un personnage de sa ZAÏRE. Vous savez quel est le
beau type moral qu'il nous a donné dans le caractère
d'OROSMANE. Ce grand Monarque, doué de toutes les qualités
idéales désirées pour une pareille destinée, ne paraît avoir,
en dehors de ses devoirs, qu'un sentiment moral légitime
et heureux : c'est un amour tendre pour une Esclave qu'il
veut épouser. Grand, magnanime, primitivement violent
et emporté, mais dompté par la vertu, il sait tout apprécier, d'après un critérium stoïque, et il paraît être à
l'épreuve des événements les plus contraires à son attente.
Victime d'une erreur que vous connaissez, il se croit trompé
par la personne qu'il adore. Dès ce moment, cet amour, qui
allait être le commencement d'une vie fortunée, devient
une Passion, et une Passion atroce. L'âme, cruellement
blessée, affecte profondément la Force Vitale. Dès ce moment, OROSMANE est dans la fureur. Quand il est avec son
confident, tous les symptômes se déploient. Il s'était préparé
à tout, excepté au malheur qui l'accable :

« J'aurais d'un œil serein, d'un front inaltérable,
» Contemplé de mon rang la chute épouvantable ;
» J'aurais su, dans l'horreur de la captivité,
» Conserver mon courage et ma tranquillité ;
» Mais me voir à ce point trompé par ce que j'aime ! »

En présence de ZAïRE, fasciné par l'amour, il a pu
conserver un ton chevaleresque, et régler son maintien ;
mais, en son absence, la volonté est impuissante, et, bon
gré mal gré, les larmes coulent :

CORASMIN.
« Est-ce vous qui pleurez? Vous, ORosmane ? O Cieux !
ORosmane.
« Voilà les premiers pleurs qui coulent de mes yeux. »

Si VOLTAIRE ne savait pas la Doctrine de l'Alliance, il
faut convenir qu'il en possédait bien les faits.

MESSIEURS, je n'ose pas dire que la volonté puisse supprimer complètement les qualités de la voix modifiée par
une grande Passion, son timbre, son rhythme, ses accents.
Il n'est pas très-difficile de les simuler, mais j'ai de la peine
à croire qu'on puisse les dissimuler.

Un autre exemple de l'impuissance de la volonté contre
les Fonctions naturelles altérées par un état pathétique de
la Force Vitale, se trouve dans un récit qui vous est très-
connu, mais dont l'analyse n'a jamais été faite, comme
aujourd'hui, dans l'intérêt de la Doctrine de l'Alliance Dynamique humaine : je veux parler de la découverte que fit
ÉRASISTRATE de l'amour passionné et secret du jeune
ANTIOCHUS-SOTER pour sa belle-mère STRATONICE, amour
qui le conduisait lentement à la mort. Le fait a été le sujet
intéressant d'un drame lyrique, que j'aime autant sous le
rapport physiologique que sous le rapport æsthétique. Le
Prince qui dépérissait depuis long-temps, était réduit à
l'extrémité par la faiblesse. Personne n'avait pu soupçonner
le phénomène initial de la maladie. Le Roi SELEUCUS-NICANOR,
qui chérissait ce fils avec toute la tendresse paternelle, avait
fait venir ÉRASISTRATE, petit-fils d'ARISTOTE, Médecin aussi

célèbre par son mérite personnel que par sa naissance,
pour lui demander ses lumières. A la visite du malade,
le Médecin croit bientôt reconnaître une cause morale pathétique. Partant de cette idée, il fait tout ce qu'il peut pour
inspirer de la confiance au client. Le Prince est bien résolu
de cacher sa Passion, et de mourir plutôt que de blesser
au cœur son père. — A force de séductions de la part
d'Érasistrate, Antiochus est sur le point d'être vaincu,
et il va lâcher le mot fatal; mais Seleucus, plein d'inquiétude, entre dans la chambre, et le Prince, épouvanté
par l'idée que ce mot devait être le malheur de son père,
celui de la personne qu'il adore, et sa propre perte, retient
promptement sa confidence, et il répète plus opiniâtrement
que jamais :

« Mes maux ne sont point un mystère;
» Je souffre : voilà mon secret. »

Le Médecin se trouve dans la même incertitude où il
était au commencement; et le malade ne fait autre chose
que de se renforcer dans la compression des actes instinctifs qui pourraient le trahir. Mais au milieu d'une
scène où l'on n'entrevoit aucune issue, Stratonice, aussi
impatiente que le Roi, à des titres différents, se présente
à son tour, et des lumières vont paraître. Érasistrate
explorait tout le corps d'Antiochus; le cœur, les artères
étaient l'objet d'une attention spéciale. Au moment où la
Princesse entre, la couleur du malade change, les pulsations
s'accélèrent et prennent un mode différent. Il n'en faut pas
davantage au Médecin pour reconnaître la nature de la Passion qui consume l'infortuné, et la personne qui en est
l'objet. — La dissimulation du Prince n'a pas pu arriver
jusqu'à forcer le cœur et le système sanguin à conserver leur

ancien rhythme, et la distribution chlorotique de leur fluide.
Le Physiologiste seul a deviné tout ce qu'il fallait connaître.
Les assistants ne savent point ce qui se passe; mais le
Médecin et le parterre sont instruits, grâces à l'orchestre
qui découvre à ce dernier le nouveau rhythme du pouls :
ses premiers mouvements nous étaient connus; les coups
nerveux et accélérés des ultérieurs ont dû instruire tous
les auditeurs attentifs. — Lorsque le Prince répétait :

« Mes maux ne sont point un mystère ;
» Je souffre : voilà mon secret , »

Érasistrate a donc pu dire, avec le contentement d'un
Médecin qui n'a plus d'incertitude sur le Diagnostic qu'il
avait long-temps cherché :

« Plus de doute , plus de mystère ;
» C'est vainement qu'il veut se taire :
» J'ai su pénétrer son secret. »

Ce Quatuor, que j'ai tant aimé, quand il était pour moi
une mélodie dramatique pleine d'expression affective, est
à mes yeux d'un plus grand prix, depuis qu'en l'analysant,
j'ai vu qu'il exprimait toute la succession des éléments
d'un phénomène anthropologique, dont il faut que vous
connaissiez la théorie : une Passion secrète allait devenir
mortelle; la Force Vitale, profondément affectée par l'idée
pathétique, ne peut exercer convenablement ni les Fonctions naturelles , ni les Fonctions immanentes; la volonté comprime toutes les manifestations instinctives; heureusement cette volonté a des bornes, et les altérations
des Fonctions naturelles et vitales suffisent pour découvrir
le mal : ainsi, la Force Vitale, morbidement affectée par l'influence de l'Ame pensante, trahit les secrets d'une volonté

vertueusement malfaisante. — Convenons qu'une pareille Musique est amie de la Médecine.

J'aurai vraisemblablement l'occasion de revenir sur cette composition lyrique, lorsque j'essaierai de vous signaler les applications qu'il convient de faire de la Doctrine de l'Alliance à l'Æsthétique ou à la Philosophie des Arts Libéraux.

2º En continuant de vous présenter mes remarques sur l'étude du Diagnostic des états pathétiques des Passions, je dois vous avertir que, dans la pratique, vous devez vous attendre à trouver, entre les symptômes, des phénomènes accidentels, qui pourront obscurcir plus ou moins la pathognomonie d'une Passion déterminée.

Les phénomènes accidentels dont je vous parle, me fournissent l'occasion de rappeler à votre pensée un fait qui est devenu un principe, vraisemblablement connu de vous tous et que je désire que vous n'oubliez jamais. Je veux parler de ce que les Praticiens appellent le *côté faible* de chaque individu. THIERRY et ZIMMERMANN nous ont fait apercevoir qu'il n'existe pas vraisemblablement dans le Règne Humain un seul individu chez lequel tous les points du Système vivant soient dans un équilibre parfait : chaque personne a une partie de son corps vitalement dans un état d'infirmité naturelle qui fait que, lors d'une commotion générale, cette partie est plus profondément intéressée que tout le reste. Cette inégalité peut être comparée à un phénomène qui vous est familier : il n'y a pas d'homme qui soit naturellement ambidextre; il y a toujours un côté des membres inférieur à l'autre. Souvenez-vous de cette vérité générale dans l'étude des Diagnostics dont je vous entretiens en ce moment.

Il y a long-temps que j'ai eu l'occasion de me confirmer dans cette idée par un fait. Un Sénateur de l'Empire, jouissant d'une bonne santé, reçut inopinément la nouvelle de la mort de sa sœur, qui vivait loin de lui. Il était assis dans son cabinet quand la lettre lui fut remise. Il fut vivement affecté. Quand il voulut se lever, il se trouva paralysé à l'une de ses extrémités inférieures. Cela étonna le Médecin ; le malade n'en fut pas alarmé : il avait éprouvé un diminutif de cet accident dans quelques Passions d'Ame qu'il avait éprouvées.

Un événement analogue s'est passé sous mes yeux. Un homme très-bien constitué, ayant été menacé d'apoplexie, à l'âge de 50 ans, guérit, mais éprouva un affaiblissement de la jambe droite qui ne se dissipa qu'à la longue. Quand il fut entièrement rétabli, il ne se souvint plus de cette infirmité locale. Mais, dans le cours de cette santé secondaire, il fut averti de la faiblesse de la jambe droite toutes les fois qu'il éprouva une contrariété, ou un accident moral, assez graves pour l'exposer à un certain degré de Passion. Sur-le-champ, il boitait, ou il était obligé de rester immobile, jusqu'à la dissipation de l'idée pathétique. Un jour, je le vis moi-même dans la rue, au moment où, marchant librement, il fut frappé d'une indignation extrême en voyant une femme en colère qui battait brutalement son enfant. Il ne put pas continuer sa marche : la jambe infirme lui refusa le service. Il fut obligé de s'asseoir sur un siége de pierre, et il ne lui fut possible de revenir chez lui qu'après avoir attendu que son âme fût redevenue sereine.

Dans l'étude des caractères des Passions, il faudra retrancher du Diagnostic les symptômes qui ne sont point dans la pathognomonie de la Passion, et les noter comme des accidents occasionnels attachés aux infirmités idiosyncrasiques des individus.

3º Remarque. Un Mode affectif voluptueux ne peut pas être en général un symptôme de Passion : Plaisir et Souffrance expriment des idées si opposées, qu'on a de la peine à en associer et la conception et les expressions. Cependant, s'il existe des voluptés assez exaltées pour qu'elles soient capables de compromettre ou l'Alliance des Puissances, ou la Vie, il serait permis de les rapprocher des symptômes pénibles. Des voluptés fortement suspectes ne peuvent pas être rangées dans la catégorie des moyens de félicité.

L'an passé, en étudiant les Hallucinations, je vous ai parlé d'une Sensation voluptueuse ineffable qu'éprouve parfois un Médecin très-distingué, laquelle est constamment l'avant-coureur d'une attaque d'épilepsie. Le malade ne la reçoit qu'avec une profonde affliction, et n'en parle que comme d'une jouissance redoutable.

Je dois donc vous faire remarquer certains plaisirs accompagnés d'affections morales exaltées, lesquels ont ou attaqué la Raison, ou ruiné la Force Vitale.

Une dame de Montpellier, idolâtre de ses enfants, fut privée de la présence de son fils aîné, qui s'était expatrié dans un temps très-orageux de la Révolution Française, et qui est resté plusieurs années en Italie. En 1800, il revint dans sa famille au moment où il n'était point attendu. La mère, surprise, et parvenue, sans préparation, au comble de la félicité, tomba dans un état de stupidité niaise qui dura trois jours, et fut assez continue pour alarmer la famille. — La plupart de ceux qui m'écoutent savent combien un excès de bonheur est à craindre : MEAD et FREIND ont consigné, dans leurs ouvrages, l'histoire d'un grand nombre d'individus atteints d'aliénation mentale, à cause de la fortune qui les a subitement comblés par suite de la prospérité de la Compagnie des Indes.

Le fait que je vais retracer est un exemple de félicité
excessive, dans un acte de mode affectif qui peut porter
le titre de *Passion*, puisque le résultat en a été si triste.

La tradition a conservé long-temps, à Montpellier, l'histoire d'un événement funeste que la joie avait causé dans
une famille distinguée de cette ville. Le fait date du
temps de Laz. RIVIÈRE, qui l'a raconté dans sa *Praxis*.
Il n'y a pas nommé les personnes, mais un de ses élèves
à qui il avait rapporté tous les détails, les a consignés dans
une Chronique du temps. « Une Demoiselle DE GRASSET,
» fille d'un Conseiller à la Cour des Aides, aimoit *passionné-*
» *ment* un homme qui étoit son égal, et de qui elle étoit
» aimée. Les parents s'opposèrent au mariage. Dans un es-
» pace de sept ans, ils semblèrent plusieurs fois se rap-
» procher; mais au moment où les individus croyoient être
» sur le point de s'unir, ils se voyoient plus loin que jamais
» de leur terme. Enfin les difficultés disparoissent, les familles
» s'accordent; on se réunit pour le contract. La pauvre future
» ne put jamais croire à son bonheur, jusqu'à ce qu'on lui
» mît la plume à la main pour signer. Elle s'avance, com-
» mence sa signature; mais ayant écrit le prénom et la
» moitié du nom, Marie DE GRAS..... elle tombe de saisis-
» sement, et meurt sur-le-champ. »

# 4ᵐᵉ LEÇON.

HALLUCINATIONS SENSORIALES ÉTANT ÉLÉMENTS PATHÉTIQUES
DE PASSIONS. — EXEMPLES. — CES HALLUCINATIONS DE-
VENUES CAUSES D'ALTÉRATIONS CORRESPONDANTES DANS
LEURS ORGANES RESPECTIFS. — EXEMPLES. — A CE SUJET,
RAILLERIE DE L'ABBÉ DE LONGUERUE, QUI, SI ELLE PARTAIT
D'UN MÉDECIN, SERAIT L'OBJET D'UNE OPINION DÉFAVO-
RABLE CONTRE L'AUTEUR. — IV. PREUVES DES DROITS
D'INITIATIVE DE LA PART DES DEUX PUISSANCES. — SIX
PARAGRAPHES OÙ SONT CONSIGNÉS DES FAITS PROPRES A
ÉTABLIR CE PRINCIPE : — 1º AMOUR SEXUEL QUI PEUT VENIR
DES DEUX SOURCES : a ) AMOUR D'ORIGINE MENTALE : HÉ-
LOÏSE, ZAÏRE ; — b ) AMOUR SEXUEL D'ORIGINE INSTINCTIVE :
PHÈDRE ; HISTOIRE D'UNE NYMPHOMANE. — 2º AMOUR SEXUEL
D'ORIGINE INSTINCTIVE ASSOCIÉ AVEC UNE MOROSOPHIE
PERVERSE, ABSURDE, INFAME OU HORRIBLE ; PASSION QUE
LA RAISON DOIT ET PEUT COMPRIMER, ET DONT LES EFFETS
SONT SOUS LA RESPONSABILITÉ DE L'INDIVIDU.

MESSIEURS,

Pour terminer les réflexions que je devais vous présenter
sur le diagnostic des états pathétiques vitaux, éléments
des Passions, je vais vous soumettre un fait qui ne me
paraît indigne ni de votre attention, ni de vos recherches
ultérieures.

5

Il y a cinquante ans qu'un homme de ma connaissance vint me consulter sur un cas qui l'étonnait. Il voyait assez fréquemment une Dame qui avait pour lui des sentiments beaucoup plus vifs que ceux de l'amitié. Plusieurs fois, dans des tête-à-tête assez longs, elle lui avait dit, avec l'accent de la souffrance : *quand je suis près de vous, je sens dans mon cœur un sentiment de tuméfaction qui m'étouffe, et qui me fait craindre une rupture de la poitrine, comme si ce cœur voulait aller vers le vôtre.* — Rien de pareil ne se reproduisait quand la Dame était loin de lui.

Ce phénomène s'étant reproduit plusieurs fois, je n'ai pas pu m'empêcher de noter dans mes tablettes les sensations analogues à celle-ci, que j'ai eu occasion ou d'observer ou de lire. Il n'est pas douteux que des sentiments ou de tuméfaction, ou d'agrandissement d'une partie du corps, se sont produits plusieurs fois, et ont constitué des Hallucinations singulières. Une jeune Dame ayant éprouvé la maladie appelée *Ongle entré dans la chair*, à un gros orteil, elle ressentit plusieurs semaines continuellement dans le point affecté, un sentiment de tuméfaction qui la tourmenta de la manière la plus cruelle. Dix fois dans le jour, elle défaisait l'appareil pour voir si l'accroissement des dimensions n'était pas devenu plus manifeste. Elle voulait souvent que j'assistasse au pansement pour que je déclarasse en conscience ce qui en était.

Je crois que, dans le Cours précédent, quand je vous entretenais des Hallucinations, j'ai eu occasion de citer une observation de M. le Docteur Léon MARCHAND, de Bordeaux, dans laquelle il s'agit d'une femme hystérique, qui, pleine de raison, était tourmentée par une sensation d'accroissement à une extrémité supérieure, sensation dont elle savait l'imposture, et qui restait néanmoins toujours la même, en dépit de l'évidence contre laquelle la malade n'avait garde de protester.

Ceux d'entre vous qui ont lu l'Histoire du Quiétisme de la Dame Guyon, opinion religieuse qui rendit si malheureux le vertueux et éloquent Fénélon, savent que cette célèbre mystique, passionnée d'un amour excessif et théologiquement illicite, pour Dieu, éprouvait dans ses élans une Hallucination, d'une forme pareille, qui se rapportait à la poitrine. La description qu'elle en a faite est trop claire pour qu'on puisse s'y méprendre. Elle dit expressément qu'alors « Dieu lui donnait une abondance de grâce dont » elle était pleine, et dont elle crevait, au pied de la lettre. » Il la fallait délacer ; en cet état, on la mettait souvent dans » son lit. On venait recevoir la grâce dont elle était » pleine, et c'était le seul moyen de la soulager (1). »

Puisque la Force Vitale modifie les organes de manière à nous faire éprouver une sensation pareille à celle que pourraient nous causer ou une systole, ou une diastole de ces organes, ne peut-il pas se faire que ces sensations ne soient pas toujours de pures Hallucinations, et qu'il existe quelquefois dans cette Puissance une tendance à produire réellement et physiquement un amaigrissement, ou une hypertrophie, une diminution de volume, ou un épanouissement de la partie?

Nous connaissons des faits d'après lesquels nous sommes autorisés à dire que des Passions ont altéré la substance du cœur, de manière à y établir le premier phénomène initial d'une Maladie chronique mortelle. Vous savez que

---

(1) Relation de l'origine, etc., du Quiétisme, T. 1, P. 76.

le Général Foy, membre de l'opposition durant la Restauration, orateur si éloquent et si convaincu, est mort d'un anévrysme du cœur. Chez un homme aussi passionné, la Vie devait être une alternative continuelle de systoles et de diastoles sensoriales du viscère.

A l'ouverture du corps de TALMA, on trouva un anévrysme partiel dans le cœur. — TALMA, amoureux de son art, s'immolait pour lui. Quand il jouait un rôle, il ne gouvernait pas volontairement ses membres pour exécuter régulièrement les actions scéniques....; il se confondait avec le modèle, et se pénétrait intimement de ses Passions. — Vous connaissez peut-être la distinction que DIDEROT a faite de deux sortes de jeu théâtral : jouer par la tête, jouer par le cœur. Le premier est feindre tout ce qu'il y a d'imitable dans l'individu dont on prend le nom; le second est s'identifier avec ce même individu, se persuader que l'on sent, que l'on pense, que l'on souffre, que l'on jouit, que l'on veut comme lui.— Or, TALMA, sans jamais oublier les convenances prescrites par la règle, aspirait, peut-être aux dépens de sa santé, à cette identification toute au profit du public.

Si j'avais et le temps et le moyen de connaître les causes qui ont pu amener des anévrysmes et d'autres altérations du cœur, je serais peut-être en état d'enseigner ce que je ne fais que soupçonner : *que les états pathétiques vitaux éléments des Passions systaltiques et diastaltiques, sont les causes les plus fréquentes de ces désordres cardiaques.*

Je réfléchissais un jour sur ce point d'Étiologie pathologique, lorsque je me souvins d'un passage du *Longueruana*, du livre qui porte ce nom, et qui est le recueil de traits et de pensées saisis dans des conversations de l'érudit Abbé de LONGUERUE. Ce passage se rapporte à l'exstispice de St PHILIPPE DE NÉRI et à sa vie édifiante. Ce personnage avait été l'instituteur de la Congrégation de l'Oratoire en Italie, Congrégation qu'il ne faut pas confondre avec celle que le Cardinal DE BERULLE a établie en France environ soixante ans après. Quand PHILIPPE DE NÉRI mourut âgé de plus de quatre-vingts ans, on trouva dans sa poitrine un grand anévrysme accompagné de désordres dans les côtes, circonstance assez fréquente en pareil cas. Voici en quels termes le caustique Abbé parle de ce fait. « Je garde » le Brévière Romain comme une pièce curieuse. L'endroit » du cœur de Saint PHILIPPE DE NÉRI dilaté tellement par » la charité qu'il avait brisé deux côtes, n'est-il pas di- » vertissant? Un jour, on voulut faire lire sa vie au réfec- » toire de St-MAGLOIRE ; mais on ne continua pas long- » temps : les Séminaristes s'épouffaient ( sic ) de rire (1). »

J'ignore si l'expression s'épouffaient de rire est de l'Abbé, ou si elle appartient au rédacteur. Pouffer de rire est une locution familièrement usitée : s'épouffer de rire n'est, je crois, pas français.

Ce n'est point à moi d'examiner s'il convenait à un Abbé commandataire de deux Abbayes de ridiculiser le Bréviaire Romain ; ce n'est point de ma compétence. — Je ne suis pas fâché qu'un Abbé et des Séminaristes ne croient pas à une rupture comminutive, causée sur nos os par la vio-lence des Passions humaines : on doit les féliciter d'une ignorance qui du moins prouve qu'ils n'en ont pas fait l'ex-périence. — Cependant ils savaient bien que les Passions sont des sources de Maladies, et qu'un grand Prophète a

_____

(1) Longueruana, P. 26.

mis dans la bouche d'un convalescent qui parle de sa maladie , *quasi Leo sic contrivit omnia ossa mea* (1).

> « Comme un tigre impitoyable
> » Le mal a brisé mes os ,
> » Et sa rage insatiable
> » Ne me laisse aucun repos. »

Quoi qu'il en soit, je ne voudrais pas que des Médecins , sortis de cette Faculté , fussent disposés à s'associer à la raillerie de l'Abbé de Longuerue. Je ne viens pas soutenir que le Saint dont je parle a eu ses côtes fracturées par un anévrysme qui avait pour cause une Passion charitable : quoique ce sentiment ne me paraisse pas devoir être moins *conquassant* que celui de la Politique. Mais en restant étranger au fait spécial dont il s'agit , il importe qu'un Médecin n'ignore pas combien les Passions ont de pouvoir pour engendrer des maladies organiques des viscères , et particulièrement du cœur. Pour ce qui regarde la rupture des côtes par l'anévrysme, c'est une connaissance vulgaire.

IV. Je continue mon commentaire sur les idées renfermées dans ma définition théorique de la Passion humaine. Nous en avons vu les éléments essentiels , qui sont un état pathétique mental et un état pathétique vital , *compliqués*. Ce que j'ai maintenant à vous faire remarquer, c'est cette vérité générale, que *la Passion commence tantôt par un état sensorial de la Force Vitale qui sollicite l'Ame pensante à l'accomplissement d'une tendance; tantôt par une idée vive,*

---

(1) Cantique d'Ézéchias, ISAIE, XXXVII, v. 13.

*profonde , dominante de l'Ame pensante qui modifie défa-*
*vorablement la Force Vitale.*

Cette proposition, que j'exprime par les mots *initiative*
*utrolibitaire des états pathétiques de la Passion*, est une protestation contre ceux qui ne voient dans la Passion que le
développement des besoins du corps vivant, contre ceux
qui la dérivent exclusivement de l'Ame pensante, et contre
ceux qui ne savent ou ne veulent pas reconnaître la distinction des deux initiatives.

Elle est en opposition avec l'opinion de M. MAGENDIE,
qui ne tire la Passion que de l'Instinct.

Elle est contraire aux opinions des Cartésiens, d'ALIBERT,
et de ceux qui ne voient dans la Passion qu'un excès d'un
sentiment moral.

Elle est contraire au Stahlianisme, où l'unité du Dynamisme Humain ( Monothélisme Anthropologique ) est in-
compatible avec l'idée de deux origines pathétiques, ce qui
réduit la Médecine des Passions à des moyens moraux,
et exclut toute Thérapeutique vitale.

Le principe de l'*initiative utrolibitaire* des Passions humaines nous oriente parfaitement dans l'histoire de ces
phénomènes anthropiques, et nous fournit le moyen de
distinguer des faits vulgairement confus. Parcourons des
exemples dans les paragraphes suivants : 1º Passions por-
tant un même nom, essentiellement différentes par leur
nature; 2º États pathétiques vitaux susceptibles de deux
sortes d'instincts différents; 3º États pathétiques psychi-
ques susceptibles d'une distinction analogue; 4º Combat
interne entre un état pathétique mental et un état pathétique vital, formant la *Psychomachie* des Grecs; 5º Passions incomplètes de l'une ou de l'autre initiative; 6º D'après
tout cela, question de ce qu'on appelle *Passion des bêtes.*

1º L'amour passionné sexuel peut servir d'exemple pour pousser jusqu'à l'évidence la différence radicale qui existe entre deux cas qui portent le même nom. — *a*) Un amour sexuel qui a commencé par l'admiration, est arrivé au plus haut degré d'exaltation ; *b*) un amour sexuel qui a commencé par un besoin instinctif, est monté jusqu'au désordre le plus destructif.

*a*) Le premier qui peut servir de modèle est l'amour d'HÉLOÏSE, d'abord amante et ensuite épouse d'ABÉLARD. L'histoire de ces illustres amants est connue de tout le monde. Ceci n'est point un roman ; leurs lettres sont un des monuments les plus précieux du moyen âge, monument étroitement lié à l'Histoire de la Philosophie. Des auteurs très-graves, tels que MM. GUIZOT et DE RÉMUSAT, ont éclairci la Dialectique de l'un, et certifié l'histoire des deux. Cette jeune fille, née d'une grande famille, belle, spirituelle, instruite, devint l'admiratrice du Professeur le plus illustre de son temps, quoiqu'il eût vingt ans de plus qu'elle. Un Chanoine, oncle de cette jeune personne, et glorieux des talents qui brillaient en elle, voulut favoriser son développement, et la rendre elle-même supérieure aux filles de son rang et de son âge : pour cela, il eut l'imprudence de confier sa nièce à un si éclatant précepteur, qui, profitant de son ascendant, et du culte qu'elle rendait au génie, à la célébrité, aux séduisantes qualités de son Maître, .... ne tarda guère à devenir son amant. Tout le monde sait quels furent le résultat de cet amour réciproque, la colère de l'oncle, et la vengeance barbare qu'il exerça sur le séducteur.

Dans les relations secrètes et illicites de cet amour, HÉLOÏSE parut ne sentir que les jouissances d'ABÉLARD : le bonheur de celui qu'elle adorait était tout pour elle. Quand

un mariage fut rendu nécessaire , elle s'y refusa long-
temps , parce que ce lien arrêtait son amant dans l'ordre
ecclésiastique , et gênait ses succès dans sa carrière littéraire et philosophique. Elle n'y consentit que lorsqu'il le
*voulut*.

Lorsqu'il convint à ABÉLARD de s'engager dans la vie
monastique, il voulut que préalablement elle eût fait des
vœux pareils, et qu'elle devînt religieuse ; elle ne balança
point , malgré sa répugnance , *parce qu'il l'avait désiré*.

Dans une des fameuses lettres qu'elle a adressées du
fond de son cloître à son mari, qu'elle traite aussi de son
*Seigneur*, de son *Père*, ou plutôt de son *Frère*, .... remarquons quelques passages qui confirment ce que je dis :
« Oui, j'atteste le ciel qu'en vous aimant, je n'ai aimé que
» votre personne : c'est vous, et non pas tout ce qui était
» à vous que je cherchais. Je ne pensais ni aux engage-
» ments du mariage , ni au douaire que j'avais lieu d'at-
» tendre , ni à la dot qu'on m'aurait donnée , ni aux vo-
» luptés attachées à cet état , *non denique meas voluptates,*
» *aut voluntates* : insensible à tout ce qui me touchait, je
» considérais seulement que je faisais votre volonté , et
» vous donnais quelque satisfaction ; c'étaient là toutes
» mes délices. »

Plus bas : « Le nom et la qualité d'épouse, je l'avoue ,
» ont quelque chose de plus saint et de plus solide que le
» nom de maîtresse : cependant celui-ci m'était infiniment
» plus cher et plus doux que l'autre, parce que je vous
» faisais un plus grand sacrifice ; que je m'abaissais davan-
» tage pour l'amour de vous, et qu'en restant dans cet état,
» je faisais moins de tort à votre réputation, et j'apportais
» moins d'obstacle aux progrès éclatants de votre fortune,
» qui n'allait pas moins qu'à devenir un des Princes de

» l'Église. » ........ « Vous ne sauriez disconvenir que ce ne
» fût de ma part un excès d'amour pour vous , et un
» désintéressement dont on voit peu d'exemples. Il allait si
» loin, cet amour pur et désintéressé que je vous portais...;
» oui, j'en prends le ciel à témoin, il allait si loin , que si
» l'Empereur eût offert de m'épouser, et m'eût voulu donner
» tout l'empire du monde pour le reste de ma vie, j'aurais
» mieux aimé alors être maîtresse d'ABÉLARD qu'Impéra-
» trice. »

MESSIEURS, vous voyez ce qu'est l'amour d'origine
mentale dont j'entends parler ; vous voyez où je vous en
indique un modèle. Pensez-vous que VOLTAIRE l'ait ignoré
quand il a voulu créer sa ZAÏRE ? Rappelez-vous ce trait de
la confidence de cette esclave princière à son amie FATIME :

    « Je ne vois qu'OROSMANE, et mon âme enivrée
    » Se remplit du bonheur de s'en voir adorée.
    » Mets-toi devant les yeux sa grâce, ses exploits ;
    » Songe à ce bras puissant vainqueur de tant de Rois,
    » A cet aimable front que la gloire environne.
    » Je ne te parle point du sceptre qu'il me donne :
    » Non, la reconnaissance est un faible retour,
    » Un tribut offensant trop peu fait pour l'amour.
    » Mon cœur aime OROSMANE et non son diadème ;
    » Chère FATIME, en lui je n'aime que lui-même.
    » Peut-être j'en crois trop un penchant si flatteur ;
    » Mais si le ciel sur lui déployant sa rigueur,
    » Aux fers que j'ai portés eût condamné sa vie ;
    » Si le ciel sous mes lois eût rangé la Syrie :
    » Ou mon amour me trompe, ou ZAÏRE aujourd'hui
    » Pour l'élever à moi descendrait jusqu'à lui. »

Jean-Jacques ROUSSEAU voulant peindre un amour de
cette nature, a caractérisé son héroïne par le nom de la

*Nouvelle-Héloïse.* Si nous en croyons son épigraphe, il nous présentait un nouveau type réel :

« *Non la conobbe il mondo, mentre l'ebbe;*
» *Conòbbill'io, ch'à pianger qui rimàsi.* »

*b* ) Avec l'amour sexuel passionné d'origine mentale, mettons en regard l'amour sexuel passionné d'origine instinctive. Le premier vient de régions supérieures, l'autre de régions basses. Citons des amours de ce dernier genre : restons encore dans un ordre moral où il y ait de la dignité. En voici un que les temps héroïques nous ont fourni, que la Grèce antique a célébré, et que notre Racine a si longtemps représenté sur notre Théâtre : je veux parler de l'amour incestueux de Phèdre.

D'où est partie cette terrible Passion? Ce n'est certainement pas de la même source que celle d'Héloïse : Phèdre vous le dit bien dans la confidence qu'elle en a faite à sa nourrice. D'abord son amour est un mal héréditaire : sa mère Pasiphaé s'était livrée à un adultère monstrueux. Ariane sa sœur avait consenti à un enlèvement dont la suite fut un honteux abandon. Or, un mode accidentel héréditaire, en bien ou en mal, doit être dans l'ordre vital, et non dans l'ordre mental. J'ai écrit et imprimé une Dissertation pour établir que les modes accidentels sont communément héréditaires dans la Force Vitale humaine; mais qu'il n'était ni prouvé ni probable que les modes accidentels de l'Ame pensante se transmissent héréditairement. Les qualités accidentelles de l'esprit, bonnes ou mauvaises, sont viagères : les descendants doivent bien le savoir et se conduire en conséquence.

Voyez ensuite comment a commencé le funeste amour de Phèdre. Y a-t-il eu précédemment de l'estime, de l'admiration, une prévention fondée sur une renommée éclatante? Rien de cela : l'événement est venu d'une manière fatale. Pesons toutes les paroles de RACINE; prononçons-les avec la lenteur que la Demoiselle CLAIRON en mettait dans sa diction théâtrale :

« ........ A peine au fils d'ÉGÉE
» Sous les lois de l'hymen je m'étais engagée,
» Mon repos, mon bonheur semblait être affermi :
» Athènes me montra mon superbe ennemi :
» Je le vis, je rougis, je pâlis à sa vue;
» Un trouble s'éleva dans mon âme éperdue ;
» Mes yeux ne voyaient plus, je ne pouvais parler;
» Je sentis tout mon corps et transir et brûler.
» Je reconnus VÉNUS, et ses feux redoutables,
» D'un sang qu'elle poursuit tourments inévitables. »

Après avoir dit tout ce qu'elle a fait pour amortir son penchant, et pour éloigner le jeune Prince, elle continue :

« Soumise à mon époux, et cachant mes ennuis,
» De son fatal hymen je cultivais les fruits.
» Vaines précautions ! Cruelle destinée !
» Par mon époux lui-même à Trézène amenée,
» J'ai revu l'ennemi que j'avais éloigné :
» Ma blessure trop vive aussitôt a saigné.
» Ce n'est plus une ardeur dans mes veines cachée ;
» C'est VÉNUS tout entière à sa proie attachée.
» J'ai conçu pour mon crime une juste terreur ;
» J'ai pris la vie en haine, et ma flamme en horreur. »

Où est l'initiative de cet amour ? Il est évident qu'elle n'est pas dans le lieu où réside la raison, et d'où partent les volontés motivées. PHÈDRE voyait pour la première fois un adolescent inconnu, physiquement beau, mais sauvage, et *même un peu farouche.* — Ce commencement de Passion

a de grands rapports avec un cas morbide sur lequel je
fus consulté il y a déjà bien des années. Une Dame âgée
de 45 ans, veuve, mère de plusieurs enfants déjà adultes,
était atteinte depuis plusieurs mois d'un appétit vénérien
continuel, qui ne se suspendait ni jour ni nuit, et troublait
l'ordre de ses devoirs ordinaires..... ; il en résultait une
mélancolie profonde, un dégoût de la vie, et un désir de
la terminer. Elle n'avait jamais éprouvé l'appétit dont il
s'agit. Mariée jeune avec un homme âgé, elle avait rempli
ses devoirs conjugaux sans peine et sans plaisir. Dix ans
s'étaient passés depuis la mort de son mari, lorsque eut
lieu l'invasion de sa maladie. — La Dame ne peut trouver
dans sa mémoire rien qui ait pu amener l'Affection. Cette
propension instinctive lui est venue un jour, tout à coup,
et, pour employer sa propre expression, *comme une dé-
charge électrique*. L'absence de toutes les causes externes
ou internes imaginables, nous rappelle ce qu'HIPPOCRATE
disait des épidémies insolites : il y reconnaissait une influence céleste : τὸ θεῖον. — La vue des hommes accroissait
le penchant. Je demandai s'il y avait une préférence pour
un individu déterminé : sa réponse fut affirmative ; mais
elle se hâta de me dire qu'elle ne concevait pas cette prédilection, puisqu'elle ne voyait pas en lui un seul motif
physique, moral, intellectuel, qui pût la justifier.

La malade était d'autant plus malheureuse qu'il lui fallait des efforts perpétuels pour que ses fils ne se doutassent
pas de ce qui se passait en elle.

Cet état est bien connu des Médecins : c'est ce qu'ils appellent une Fureur-utérine, une Nymphomanie. La source
n'en est point dans l'encéphale ; elle est dans l'hypogastre.
Le penchant ne vient pas de l'Ame pensante, il vient de
l'Instinct qui sollicite, fatigue, harcèle la Puissance mentale.

Médicalement parlant, voyez-vous une grande différence entre le cas de ma cliente et celui de PHÈDRE?

Je vous ai déjà dit que je n'ai aucune envie de changer la langue, et par conséquent continuez d'appeler amour des modes très-divers de notre Dynamisme; mais, si vous voulez être Médecin, n'imitez pas le vulgaire qui met dans la même catégorie les choses qui se ressemblent par la surface, sans égard aux différences qui existent entre leurs fonds, et piquez-vous de distinguer les objets surtout par leurs natures. — Je suis fâché de n'avoir pas le temps de vous faire comparer dans un même individu, et presque en même temps, un accès de jalousie *mentale* au sujet de sa femme, et un accès de jalousie instinctive et hypogastrique au sujet de sa maîtresse : vous verriez les différences qui existent entre ces deux Passions du même nom.

2° Vous venez de voir une Passion d'origine instinctive; un amour sexuel dans lequel l'*idée* pathétique, c'est-à-dire le sentiment moral pénible, est venu secondairement. Cette Passion du second ordre mérite de l'intérêt pour le Médecin, parce que l'Instinct d'où elle procède est l'expression d'un besoin vital. Le penchant aux rapprochements sexuels est respectable, parce que, s'il n'est pas un *besoin de première nécessité* personnelle, il l'est au moins pour le Règne humain, et pour la Société.

Mais l'Instinct n'est pas toujours également digne d'égards: assez souvent il se montre sous la forme d'appétits démonstratifs d'un besoin, lorsque ce besoin, loin d'être de première nécessité, est une tendance perverse, ou absurde, ou scandaleuse, ou exécrable. L'instinct du vol sans intention de se servir de l'objet dérobé, est stupide, bestial.—L'appétit des obscénités, soit réelles, soit fictives, est une sensualité brutale qui insulte à la Morale publique.—Quel nom donnerez-vous à l'Instinct que les Tribunaux ont dû punir l'an dernier, et qui poussait le malade à exhumer nuitamment des cadavres de femmes, et à être le concubinaire de ces corps en décomposition, sur la tombe, jusqu'à l'aube? — L'Instinct qui porte à allumer un incendie capable de mettre une famille au désespoir, est pour quelques-uns un passe-temps délicieux. Il est moins révoltant que l'Instinct du meurtre exécuté non-seulement sans profit, mais encore sur un individu tendrement aimé, sur une épouse, ou sur son fils. — Quant aux Instincts du Maréchal DE LAVAL, et du Marquis DE SADE, Instincts qui n'ont point de nom, ils sont si hideux qu'on ne peut pas se résoudre à les décrire.

Tous ces méfaits intentionnels, les uns méprisables, d'autres infâmes, d'autres horribles, dont les initiatives partent de la Force Vitale, et qui très-souvent épouvantent l'Ame pensante associée, sont le commencement de Passions. — Si l'on vous disait que ces Passions sont *la tyrannie des besoins*, ne vous hâteriez-vous pas de vous écrier : *quantis non egeo!... Je n'ai pas de ces* BESOINS, *et je ne puis pas croire que de pareils* BESOINS *existent dans l'espèce dont je fais partie...!*

Ces penchants méritent le nom de Passions; car ils doivent rendre la plupart des patients aussi malheureux que détestables. Aux premières suggestions d'un pareil Instinct, l'Ame pensante, saine et éclairée, doit s'insurger d'abord contre de telles impulsions. Si cette Ame, ou primitivement perverse, ou lâche, s'associe à l'Instinct, et trouve une satisfaction à perpétrer une action condamnable, .... elle ne tarde pas à être chagrinée par la difficulté de l'exécution : quand elle réussit, elle commence à subir la peine que lui infligent, soit la Justice légale, soit la censure so-

ciale; ou si elle a su agir dans l'ombre, la crainte de la découverte est un supplice prématuré toujours renaissant.

Accoutumons-nous donc à reconnaître, dans la Pratique
Médicale, la nécessité de ne pas nous en rapporter toujours
au nom d'une Passion qu'il s'agit d'apprécier, et ayons le
soin d'en rechercher l'impulsion initiale.

Il vous est aisé de penser que cette connaissance pratique
est d'un grand intérêt, puisque l'initiative nous fait voir quelle
est celle des deux Puissances du Dynamisme à laquelle nous
devons nous adresser, soit pour l'Hygiène, soit pour la
Thérapeutique de la Passion. Nos moyens directs influent
spécialement sur l'une des deux Puissances, et sont sans
pouvoir par rapport à l'autre. La Thérapeutique vitale peut
corriger un Instinct vicieux, sans exercer aucune influence
sur l'Ame pensante. La raison qui fait beaucoup sur l'Ame
ne fait rien sur l'Instinct, quoique la volonté puisse le comprimer. L'instruction, l'éloquence, une dialectique onc-
tueuse, un ascendant affectueux, une autorité menaçante,
agissent puissamment sur l'esprit, et ne peuvent modifier
la Force Vitale qu'en vertu du pouvoir que l'Ame pensante peut avoir sur cette Puissance son associée.

Notre connaissance de l'initiative de la Force Vitale pour
la formation des Passions, est d'une grande utilité médicale; mais gardons-nous de croire qu'elle puisse affaiblir
le moins du monde le respect dû à l'autorité de la Loi. —
La Loi a un droit absolu sur les actions, et son Code des
délits et des peines règne despotiquement et justement sur
toutes les Ames douées de la raison. L'Instinct ne peut
pas s'interposer entre l'Ame et la Loi, car l'Ame est responsable non-seulement de ses volontés, mais encore des
actions punissables opérées par un Instinct que l'Ame pensante devait et pouvait réprimer.

# 5ᵐᵉ LEÇON.

CONTINUATION DU COMMENTAIRE SUR LA DÉFINITION THÉO-
RIQUE DE LA PASSION. — V. PASSIONS D'ORIGINE MENTALE.
— PENCHANTS MORAUX SOURCES DE PASSIONS. — 1º DÉSIR
DE CONNAÎTRE. — 2º DE CONTEMPLER ET D'EXERCER L'AF-
FECTIBILITÉ. — 3º D'USER DE L'IMAGINATION CRÉATRICE.
— 4º AIMER. — 5º PHILAUTIE. — PHILAUTIE EST LA PUIS-
SANCE LA PLUS INDUSTRIEUSE POUR LE BONHEUR DE LA
VIE, MAIS NON LA MEILLEURE. CONSEIL DES MEILLEURS
MORALISTES. — PHILAUTIE SUSCEPTIBLE DE DEUX MODES
PATHÉTIQUES PAREILS A CEUX DE L'INSTINCT PATHÉTIQUE.
— VI. DANS LA PASSION, ALTÉRATION DES FONCTIONS DES
DEUX PUISSANCES. FAITS. — IMPORTANCE DE L'ÉTUDE
DE CES FAITS POUR CELLE DES CAUSES PATHOLOGIQUES.
— ADDITION A MON COMMENTAIRE : PASSIONS INCOMPLÈTES
OU AVORTÉES, QUI RENFORCENT NOTRE THÉORIE : — 1º PAS-
SIONS COMMENÇANTES D'ORIGINE MENTALE QUI N'ONT PAS
PU SE COMPLÉTER. — 2º PASSIONS D'ORIGINE INSTINCTIVES
INCOMPLÈTES. — REMARQUES PRÉPARATOIRES A LA MÉDE-
CINE PRATIQUE DES PASSIONS. — 1º VALEUR DU MOT MO-
ROSOPHIE.

MESSIEURS.

J'ose croire que vous n'avez aucun doute touchant la
réalité du Principe de l'*initiative utrolibitaire* des Passions
Humaines de la part des deux Puissances du Dynamisme :
les exemples de Passions du même nom, nées, les unes

6

dans la Force Vitale, les autres dans l'Ame pensante, me paraissent avoir suffisamment établi cette proposition.

Je tiens à ce que vous ne perdiez pas de vue ma distinction entre les Instincts pathétiques, en deux sortes ; savoir : *a* ) les Instincts qui sont les expressions de besoins naturels trop impérieux ; *b* ) les Instincts *pervers* qui constituent des morosophies. En continuant mon commentaire sur ma définition théorique des Passions , il conviendra d'examiner si nous ne trouverions pas, entre les Passions d'origine mentale, une sorte d'analogie pareille à celle que je rappelle.

V. *Passions d'origine mentale.* — Les Passions d'origine mentale sont-elles plus ou moins nombreuses que les instinctives ? Je l'ignore ; je ne crois pas qu'on ait sur cette matière des données suffisantes pour en construire une statistique. Comment aurait-on pu recueillir les faits, lorsqu'on a si peu étudié les deux Puissances comparatives de notre Dynamisme ?

Les travaux de statistique faits pour apprécier les causes des aliénations mentales, peuvent, vraisemblablement, être utiles pour les causes des Passions, d'autant que les folies occasionnées par des causes qui proviennent de l'impression du monde extérieur, sont liées par des Passions plus ou moins longues. Mais l'étude de ces phénomènes intermédiaires exige une attention spéciale qui ne peut être aperçue que par ceux qui sentent comme nous la nécessité de distinguer les deux sortes d'initiative des sentiments pathétiques.

En résumant dans la conscience les penchants moraux qui nous dirigent, en les distinguant des intérêts instinctifs,... il me semble que nous pouvons les distribuer tous dans les cinq catégories suivantes :

1º *Désir* de connaître le monde extérieur, non seulement en tant qu'il se montre par nos Sens, mais encore en tant que nous en concevons les causes invisibles et non tangibles.

2º *Contempler* par les Sens les objets sensibles, et par l'Entendement les choses insensibles, pour les discerner, afin de les appliquer à notre affectibilité, et nous procurer l'avantage d'admirer ce qui est beau; de haïr ce qui est laid, de louer ce qui est bon, de blâmer ce qui est mauvais; de nous plaire à la vue du juste, et de souffrir à la vue de l'injuste.

3º Vouloir user de la faculté appelée *Imagination créatrice*, pour inventer par la pensée un mode autre que celui dont nous faisons partie, afin de nous soustraire parfois, en manière de délassement, à la réalité, et de jouir mentalement des mondes fictifs de notre création.

4º Penchant à aimer les êtres en qui l'on reconnaît une intelligence et une affectibilité analogues aux nôtres; quand cette disposition mentale à aimer se rapporte au prochain, les auteurs l'appellent *sympathie générale* ; quand elle se rapporte à tous les hommes et à DIEU, les chrétiens la nomment charité.

5º Amour de soi, Philautie, penchant à se procurer autant de bonheur qu'on le peut sans nuire à celui d'autrui.

L'exercice de ces penchants forme la vie intellectuelle de l'homme : l'amour de soi est l'agent le plus industrieux des actions qui le constituent. Il arrive très-souvent que l'acquisition de ce bonheur est difficile, et exige bien des soins, bien des efforts. De là viennent des Passions presque inévitables. — Or, les passions proprement dites sont des sensations et des sentiments négatifs du bonheur de la vie. Aussi les moralistes les plus sages ne cessent de

nous dire que, pour affaiblir autant que possible ces souffrances, le meilleur moyen est d'être assez modérés dans
la recherche des éléments de volupté et de plaisir, pour
que les obstacles à leur acquisition, et leur perte ou infaillible ou éventuelle, soient supportés avec résignation.

Ces préceptes, spéculativement incontestables, sont en
pratique plus édifiants que faciles à suivre. Mais il ne faut
pas les regarder comme des règles impraticables : SOCRATE,
ÉPICTÈTE, MARC-AURÈLE, LOUIS IX, démontrent que
l'Ame pensante est capable de se conformer à ces lois.

La Philautie, telle que le Dynamisme naturel nous la
présente, n'est point suffisante pour nous rendre heureux
dans la Société. L'amour de soi se règle le plus *souvent*
d'après l'Instinct individuel, et cet Instinct est fréquemment
en opposition avec le penchant de la sympathie générale.
Sous ce rapport, il faut une règle déduite de l'observation
et de l'expérience ; et le Sauvage est incapable de vivre
dans la Société, s'il n'a pas été soumis à une éducation.

Ce penchant nous dirige mal, non-seulement par la violence
de ses droits naturels, mais souvent encore par les goûts
inhumains qui nous poussent à des actions attentatoires aux
droits d'autrui, et nous précipitent ainsi dans le malheur.
Vous voyez donc, dans cette règle naturelle et spontanée de
l'Ame pensante, un écart analogue à celui que je vous ai
fait remarquer dans l'Instinct de la Force Vitale. L'Instinct
*pervers* qui survient chez un Homme dont l'Intelligence est
saine, constitue une de ces maladies que le Professeur SAU-
VAGES a nommées des *Morosités*, et que je désigne par une
expression de la langue Grecque, *Morosophies*. — Une Philautie pernicieuse qui existe chez un Homme sain d'entendement et de santé, mais inaccessible au sentiment de la
sympathie générale, constitue aussi une maladie mentale,

qui n'est pas une folie, mais une mauvaise disposition des penchants intellectuels. Les Grecs l'ont très-bien signalée et dénommée, et le nom doit être conservé dans les Lexiques de Médecine : ce mot est *cacothymia*.

En passant, MESSIEURS, veuillez ne pas négliger cette autre analogie entre les deux Puissances de notre Dynamisme. Vous savez combien je me suis appliqué à montrer un parallèle entre ces deux causes, différentes par leurs natures, mais assez semblables par diverses facultés : je désirais que nous pussions apercevoir la convenance mutuelle de deux Puissances, qui doivent former une association pour la Vie humaine, et nous rendre raison des grandes vérités, et des inconcevables erreurs du grand STAHL. La multiplicité des points de comparaison dans ce parallèle m'est d'autant plus utile, que je dois me piquer d'exactitude dans la démonstration du principe de la *Dualité* des deux Puissances du Dynamisme humain.

Pour exemples des cacothymies devenues origines de Passions, jetons un coup d'œil sur les péchés capitaux condamnés par la loi chrétienne : je vous ai fait remarquer que de ces sept vices, il en est deux qui sont d'origine instinctive, savoir la *Luxure* et la *Gourmandise*; mais il y en a quatre qui dérivent de l'Ame pensante, dont trois sont ou un excès ou une perversité de la Philautie. L'orgueil doit tourmenter le patient quand ses semblables lui contestent la supériorité qu'il s'est arrogée.

L'avarice est une Philautie inhumaine et susceptible de remords, quand elle est une avidité d'acquérir seul et d'enfouir des objets qui naturellement doivent être à l'usage de tout le monde, suivant les conditions légales des circulations ou des mutations.

L'envie est essentiellement toujours une Passion d'origine

mentale : c'est la souffrance de voir le bonheur d'autrui ; c'est le mode mental pathétique le plus directement opposé à l'amour de l'humanité, puisque, dans la loi chrétienne, la vertu opposée à l'envie est la charité.

Ne parlons pas ici de la colère, parce que je vous ferai voir que cette Passion peut être susceptible de l'une et de l'autre initiative.

Quand l'idée pathétique intéresse assez l'Ame pour qu'elle ne puisse pas être chassée de l'entendement, la Force Vitale ne tarde pas d'être affectée, et d'éprouver elle-même un état pathétique corrélatif qui coopère à la consommation spéciale du phénomène.

La dernière des idées constitutives de ma définition théorique des Passions, est qu'*elles troublent les fonctions animales et les fonctions naturelles.*

VI. La Passion n'est pas seulement une défectuosité actuelle dans la Vie humaine : quand elle a une intensité suffisante pour mériter ce nom ; mais encore elle forme un diminutif de maladie, capable de troubler en quelque degré les fonctions de tous les ordres ; elle a besoin d'une résolution et d'une convalescence ; et elle compromet la portion ultérieure de la Vie.

L'Ame pensante, fortement émue, n'est pas en état de gouverner ses idées, et de donner à la pensée la régularité, la rectitude et la vérité dont le sujet est susceptible. Un Homme en colère contre un autre ne peut pas le peindre fidèlement : il ne se souvient que des défauts, des fautes, des imperfections de l'individu dont il se plaint ; il les exagère de bonne foi ; de plus, les qualités qui pourraient faire des compensations, ne lui viennent pas en pensée. — La mort d'un individu qui nous était cher, est l'occasion du panégyrique le plus flatteur : cette perte éclipse tout ce qui était défectueux ; il est même rare qu'on ne l'orne de qualités qui n'ont jamais existé chez lui. — Pendant la durée du *summum* de la Passion , le patient a négligé ses affaires , ses fonctions, ses devoirs. . Quand le calme est venu , le convalescent est honteux ou repentant de ses omissions , et de la manière dont il a apprécié les choses qui avaient amené le trouble de son système. Il sent bien que , dans le tableau rétrospectif de sa Vie intellectuelle , les pages relatives à ses Passions sont moins dignes de mémoire, que celles qui se rapportent à sa conduite sainement laborieuse.

Il est bien rare qu'une grande Passion ne porte pas sur l'affectibilité de l'Ame un changement profond capable de rendre l'individu très-différent de ce qu'il était, soit en bien , soit en mal. Vers la fin du siècle dernier, il parut, en Angleterre, un ouvrage qui avait pour but de chercher quelles étaient les causes les plus propres à produire les Maladies mentales : ce livre, dont l'Auteur était CRIGHTON, avait pour titre ; *Recherches sur la nature et l'origine des Altérations mentales.* PINEL en fit un grand éloge dans l'Introduction de son *Traité de la Manie.* Les causes que CRIGHTON regarde comme les plus dignes d'attention , ce sont les Passions. Mais il paraît que la nature des Passions ne lui était pas assez connue pour qu'il ait pu se mettre à l'abri de tout reproche. Après ce panégyrique, on lit cette restriction de PINEL, lui-même : « CRIGHTON semble s'être élevé à un point de vue étendu » que ne peuvent atteindre les Métaphysiciens et les Mo- » ralistes : c'est la considération des Passions humaines » regardées comme de simples phénomènes de l'Économie » animale, sans aucune idée de moralité ou d'immoralité, » et dans leurs rapports simples avec les principes con- » stitutifs de notre Être, sur lesquels elles peuvent exercer

» des effets salutaires ou nuisibles. Mais peut-on concevoir
» une Passion quelconque sans l'idée d'un obstacle opposé
» à l'accomplissement d'un désir, ou, en d'autres termes,
» sans supposer une sensation désagréable à laquelle on
» veut se soustraire, ou un plaisir qu'on cherche à se
» donner.................................................................

.................... « Les sentiments de peine ou de plaisir
» qui naissent de l'intérêt ou des agents du dehors, et qui
» avertissent l'Homme de pourvoir à la conservation de son
» existence, à la propagation de son espèce ou à la pro-
» tection de l'âge tendre, lui impriment des désirs pour
» échapper aux unes, et pour jouir des autres. L'auteur
» anglais aurait pu ajouter que la vie sociale et une ima-
» gination ardente étendent presque sans bornes la sphère
» des besoins relatifs à l'existence ; qu'elles y font entrer
» l'estime des Hommes, les honneurs, les dignités, les ri-
» chesses, la célébrité ; et ce sont ces désirs factices qui,
» toujours irrités, et si rarement satisfaits, donnent lieu
» souvent au renversement de la raison, d'après les re-
» levés exacts des registres des hospices. »

Je n'ai eu aucune envie de lire un livre ayant pour but
la recherche des causes des Passions et des Maladies mentales, lequel manque des choses que PINEL y ajoute lui-
même. Je m'imagine que CRIGHTON s'est occupé exclusivement des *besoins de première nécessité*, et qu'il a omis les
Morosophies et les *besoins de l'opinion*, qui me paraissent
les causes les plus communes de nos Passions. Il n'a certainement pas distingué la Passion *morosophique*, d'avec
la Passion *cacothymique*.

Ce que j'ai dit des altérations qu'une Passion peut produire sur l'exercice actuel de la raison, ne doit pas nous
faire oublier les bornes de cette influence. Il ne faut pas

confondre les troubles pathétiques de l'Ame passionnée avec la folie. Si, dans le moment de ses paroxysmes les plus violents, il n'était pas imprudent de rappeler à l'Homme les faits avec la plus grande exactitude, il jugerait les choses et les individus comme la raison le veut; mais des vérités contraires à l'intérêt actuel rendraient sa souffrance plus pénible, et ne feraient que prolonger l'attaque.

Tout en convenant qu'une Passion est radicalement très-différente d'un délire, il faut aussi reconnaître qu'elle peut en avoir plusieurs traits extérieurs, et en demander du moins la Thérapeutique symptomatique.

La santé vitale n'est pas moins altérée *dans l'action*, que la santé mentale. Un Médecin qui connaîtrait bien le mode des divers ordres de fonctions d'un client, trouverait des changements très-notables dans toutes ces fonctions, lorsque l'individu serait dans un état de Passion violente. L'expression des pensées, la gesticulation, soit logique, soit morale, ont des formes relatives à la nature de l'affection pathétique. — Des Instincts spéciaux se montrent. — Les fonctions naturelles, les appétits élémentaires diminuent; la soif est en opposition avec les modes habituels. La nutrition est suspendue; les sécrétions et les excrétions sont changées. Le pouls, la respiration, la calorification, la distribution du sang, éprouvent des mutations suivant que la Passion est dans la rémission ou dans l'exacerbation.

Vous jugez bien, MESSIEURS, que de tels changements ne peuvent pas apparaître ou longuement ou fréquemment, sans compromettre la santé du patient. Aussi l'étude des Passions est-elle une partie très-importante de la Médecine pratique. — C'est pour cela que j'ai cru devoir vous avertir de toute l'influence que la Doctrine de l'Alliance peut exercer sur la théorie du phénomène dont je vous entretiens.

Je ne puis pas abandonner l'article de la pathogénie des Passions, sans avoir porté votre attention sur un fait qui me paraît d'une utilité manifeste pour notre théorie : je veux parler des Passions incomplètes ou avortées.

Entre les idées fondamentales de cette doctrine, j'ai insisté sur l'*initiative utrolibitaire* de certaines Passions, et sur la propagation contagieuse de l'état pathétique d'une Puissance à l'autre. Comme complément de preuve de ce *progrès caché*, pour parler la langue de BACON, je crois devoir placer ici un ordre de faits qui peut-être n'ont pas été perçus, mais que je ne sache pas avoir été expliqués.

Il y a des cas où une idée absorbante accompagnée d'un état pathétique mental, demeure isolée, sans que la Force Vitale s'y intéresse, ou s'y associe.

Il y en a d'autres où un état pathétique vital a une intensité passionnée, sans qu'il y ait dans l'esprit une idée corrélative capable de compléter le phénomène. Ces deux sortes de cas me paraissent pouvoir être nommés des Passions *incomplètes* ou *avortées*. Je vais en fournir des exemples.

1° Je vais citer un exemple d'une Passion d'origine mentale incomplète qui a été évidente, dont j'avais soupçonné le type long-temps auparavant.

Une femme, d'un caractère très-sensible, aimait ses enfants avec tendresse. Les moindres événements qui pouvaient les intéresser en bien ou en mal l'affectaient vivement et lui faisaient éprouver une migraine très-douloureuse, à laquelle elle était sujette. Quand elle fut veuve et seule, elle eut rarement le bonheur de voir ses fils ; mais chaque visite qu'elle en reçut lui causa une Passion proprement dite, aussi *sensorialement* douloureuse que moralement ravissante. La céphalalgie extrême fut toujours de la partie.

Arrivée à 75 ans, la migraine se dissipa, ou ne se fit ressentir que très-rarement. A 85 ans, elle avait plus de santé, et autant d'intelligence et d'esprit que jamais. Les succès de ses fils la rendaient heureuse et par son aisance et par son amour-propre. Celui qui était le plus à portée de veiller de loin au bien-être de cette mère aussi aimée qu'aimante, vint la voir et demeura quelques jours près d'elle. Au troisième jour, elle parut taciturne et soucieuse. Le fils lui en demanda la raison : elle n'en fit l'aveu qu'après beaucoup de sollicitations. Quelle était cette cause ? « C'est » dit-elle, que je m'accuse de ne pas t'aimer comme je le » devrais, lorsque je me sens si fière de ta réputation, » et si reconnaissante de tes soins. » — La pauvre femme savait par expérience ce que c'est que d'aimer. Elle s'imaginait qu'on n'aimait plus quand, à la vue d'un fils chéri tant désiré, on n'était pas atterrée par la migraine, dépourvue de tout appétit, et privée de sommeil. Que se passait-il donc chez elle dans ce moment ? Le Sens intime appréciait toutes les choses par un sentiment moral exquis ; mais la Force Vitale ne pouvait plus le suivre dans la reproduction des états pathétiques corrélatifs. La Passion, qui autrefois se formait entièrement avec facilité, est devenue ensuite incomplète par la décroissance progressive du pouvoir vital.

J'avais présumé un état pareil chez une vieille dame qui venait de perdre un gendre très-considéré, et très-cher à sa famille, et qui cependant ne versa pas une larme, en annonçant cette mort à sa fille très-affligée. — J'avais fait une remarque semblable chez une mère dont le fils était à Paris, et laquelle lisait avec moi une lettre où nous trouvions des nouvelles alarmantes sur la santé de ce cher enfant : la sécheresse de ses yeux m'étonna de la manière la plus pénible, jusqu'à ce que je sus que cette dame, mère aussi tendre que soigneuse, était privée *congénialement* de la faculté de pleurer.

2° Passons à des exemples de Passions d'*origine instinctive avortées*. Il n'est pas difficile de voir, dans la Force Vitale, des initiatives qui s'arrêtent à moitié chemin, parce que le Sens intime ne trouve pas un objet pour lequel il ait un sentiment moral analogue. C'est ce que l'on observe souvent dans les adolescents chastes et bien portants. Ce cas est fort bien exprimé dans la charmante ariette de Cherubino des *Nozze di Figaro*, de Mozart : *Non so più cosa son cosa facio.....* On voit un commencement de Passion ; il est aisé d'en voir l'origine, qui n'est point dans l'entendement, mais bien dans un penchant instinctif juvénil de la Force Vitale qui exprime des besoins, lorsque le Sens intime ne connaît pas encore un objet digne d'un attachement justifiable.

J'avais d'abord pensé que l'extrême irascibilité de certains individus provenait d'une grande précipitation de l'entendement à apprécier les objets, avant de les avoir examinés par toutes les faces. Mais, dans la suite, j'ai vu qu'il y avait des cas où la Force Vitale produit spontanément dans le système un état pathétique de ce genre sans sujet moral. Il y a plus de vingt ans qu'un Étudiant en Médecine est venu me consulter pour une maladie dont voici la forme. Il lui arrivait, *deux ou trois fois la semaine*, d'éprouver pendant la nuit un réveil en sursaut, et de se sentir alors enflammé de colère, non-seulement sans cause réelle, mais même sans aucun songe qui s'y rapportât. Il sautait de son lit, et comme déterminé à se battre. Il ouvrait la fenêtre de sa chambre ; un réveil complet, la reprise des esprits, le silence, l'air libre, apaisaient bientôt cette exaltation. Il se remettait au lit ; mais, avant de recouvrer le sommeil, il ne pouvait pas se dispenser de réfléchir sur la singularité de ce phénomène. Il est impossible de méconnaître ici une Passion incomplète qui partait de l'instinct, et qui ne pouvait pas se compléter faute d'une raison, ou du moins d'un prétexte.

Il est vraisemblable que bien des individus colères sont constitués normalement comme l'était accidentellement le malade dont je viens de parler. Je vois parfois des hommes qui se plaignent d'être d'une *humeur massacrante*, et dont les allures font reconnaître qu'en effet, ils ne demanderaient rien tant que de se quereller. Ce commencement de Passion partait donc évidemment de la Force Vitale, dans un moment où l'autre Puissance n'avait aucun moyen d'associer son affectibilité à celle de son alliée.

J'ai souvent occasion de voir un homme qui, il y a au moins 35 ans, fut atteint d'une maladie nommée, par SAUVAGES, *Panophobie* : cette maladie consiste en un sentiment spontané de terreur, sans qu'il y ait aucune raison extérieure. Les Nosologistes célèbres du XVIII<sup>e</sup> siècle, LINNEUS, CULLEN, SAGAR, ont admis ce symptôme dans leur Système Méthodique, comme un fait incontestable. VOGEL en reconnaît l'existence ; mais il n'en accepte pas le nom ; il l'appelle *pavor*, et il le regarde comme un mode du songe.

La maladie dont je parle est ordinairement intermittente ; les paroxysmes en sont de peu de durée ; mais elle est souvent chronique. LINNEUS l'a mal comprise, puisqu'il la confond avec la peur que l'on éprouve assez souvent dans la solitude d'un lieu inconnu. SAGAR est tombé dans la même erreur que VOGEL, en la considérant seulement comme un songe effrayant. La Panophobie proprement dite vient pendant la veille, sans aucune cause extérieure. — CULLEN la met dans le genre des mélancolies, ou de ce que l'on appelle aujourd'hui des monomanies. Il n'y a ni erreur, ni délire, quoi qu'en dise CULLEN. Ces classifications sont évidemment vicieuses et erronées. SAUVAGES l'avait colloquée beaucoup plus convenablement en la mettant au nombre des *Morositates* ; mais il a tout gâté en la considérant comme partie d'un songe.

Ces auteurs étaient trop étrangers au fait de la Dualité du Dynamisme Humain, et à la considération de l'Alliance des deux Puissances anthropiques, pour qu'ils aient pu envisager ce phénomène sous le véritable point de vue.

La Panophobie dont j'ai été témoin avait lieu pendant la veille, autant en plein jour que dans la nuit, soit qu'il fût seul, soit qu'il fût en compagnie. Le sujet était un jeune homme d'environ 23 ans, assez bien constitué. La maladie dura plusieurs semaines. Les attaques venaient deux ou trois fois le jour, et duraient plus d'une heure. Le malade avait besoin de la compagnie perpétuelle de ses parents ; il ne pouvait pas s'endormir dans l'obscurité. Durant l'intervalle des paroxysmes, il était en apparence dans l'état normal. La peur n'était accompagnée d'aucune idée, d'aucune erreur, d'aucune prévision. Elle étonnait autant le malade que les assistants.

On voit quelquefois les enfants de 2 ou 3 ans, abandonner subitement leur jeu et courir vers leur garde, s'attacher à elle, se fermer les yeux, et coller leur visage contre son épaule. J'avais pensé d'abord que c'était l'effet d'un vertige ; mais comme je n'ai pas vu en eux de titubation dans le trajet qu'ils faisaient du lieu de leur amusement jusqu'à celui de la bonne, j'ai conjecturé que la cause était une Panophobie aiguë, semblable aux paroxysmes dont j'avais été témoin, et que j'avais pu analyser tout à mon aise, au moyen des réponses du malade.

La Panophobie telle que je l'ai vue est donc une véritable Passion incomplète, qui a commencé par la Force Vitale, et qui n'a pas pu se continuer parce qu'il n'y a eu dans le Sens Intime aucune idée autorisée ni par un danger réel, ni par une erreur.

Les Passions incomplètes ou avortées méritent une étude spéciale, parce qu'elles nous suggèrent la vraie théorie des Passions complètes, et nous fournissent le moyen d'en concevoir la pathogénésie. Nous voyons, d'après cela, que la Passion ne se fait pas ordinairement d'un seul trait, comme un coup électrique qui s'empare de tout le système dans un instant indivisible; mais qu'elle procède d'une Puissance à l'autre par une propagation plus ou moins lente, dont l'initiative part tantôt d'une puissance, tantôt de l'autre.

CHERUBINO n'est amoureux qu'à moitié et vitalement; le FILIDAN des Visionnaires n'est amoureux qu'à moitié et mentalement. Le DORIMON de la Fausse Magie rit sans gaîté; MOLIÈRE a la verve comique dans son esprit, et son système vital lui refuse le rire. Que de gens qui sont tristes sans savoir pourquoi! Que d'autres qui s'ennuient sans rien désirer!

REMARQUES : *Morosophie. Cacotheleia, Cacothymia.*

Ici se termine mon commentaire sur ma définition de la Passion... Mais avant de porter votre attention sur son examen clinique, je vous prie de recueillir en passant, et de noter sur vos tablettes quelques remarques que j'ai faites, et dont vous apprécierez la valeur en temps et lieu.

1° Je crois n'avoir pas perdu mon temps en vous faisant considérer la valeur du mot *Morosophie* des Grecs. Cette expression, qui est dans la langue Hellénique commune, n'est pas dans le Dictionnaire médical. — Cependant, si le mot *Morosophe* signifie un homme qui est à la fois fou et sage, je ne vois pas d'état anthropique qui convienne mieux à la signification de ce nom, que l'association de deux Puissances dynamiques, dont l'une agit d'une manière extravagante, et l'autre, suivant les règles de la raison. Un hydrophobe, sollicité, par un penchant instinctif, à mordre ses officieux amis, et qui les supplie de s'éloigner de lui, et de le préserver du crime dont il a horreur ; — une jeune femme qui nourrit son premier enfant avec toute la tendresse maternelle, qui vingt fois le jour est vivement poussée à l'égorger, et qui s'adresse au Médecin, en pleurant à chaudes larmes, et le supplie de changer son Dynamisme à quelque prix que ce soit, ou de lui fournir le moyen de s'éloigner d'un fils qui lui est si cher : voilà certainement des individus que je puis nommer *Morosophes*, si je m'en rapporte à l'étymologie du mot. Et ceux qui ne s'en sont pas servis dans cette acception, ne connaissaient point le principe de la Dualité du Dynamisme humain.

P. M. *Superbia. Avaritia. Luxuria. Invidia. Gula. Ira. Pigritia.*

V. C. *Humilitas. Liberalitas. Castitas. Charitas. Abstinentia. Patientia. Diligentia.*

# 6<sup>me</sup> LEÇON.

2º QUESTION SUR LA VALEUR MÉDICALE DE DEUX MOTS DE LA LANGUE GRECQUE : CACOTHELEIA, CACOTHYMIA.—SELON TOUTES LES APPARENCES, CES DEUX EXPRESSIONS, QUI SEMBLENT SYNONYMES, EXPRIMENT DEUX PHÉNOMÈNES, MANIFESTEMENT PAREILS, MAIS RADICALEMENT DIFFÉRENTS PAR LEURS ORIGINES RESPECTIVES. — AUCUN DE CES MOTS NE NOUS DISPENSE DU MOT MOROSOPHIE, QUI A UNE AC-CEPTION DIFFÉRENTE DE CELLES DES AUTRES. — 3º EX-PLICATION DU MOT PSYCHOMACHIE QUI EST INSCRIT DANS LA LANGUE MÉDICALE. — OUTRE LE SENS PHYSIOLOGIQUE EXPLIQUÉ PAR LE PRINCIPE DE LA DUALITÉ DU DYNAMISME HUMAIN, CE TERME A UNE ACCEPTION PSYCHOLOGIQUE. — THÉRAPEUTIQUE DES PASSIONS. — QUESTION PRÉALABLE A LAQUELLE ON EST OBLIGÉ DE RÉPONDRE. — IL FAUT RÉ-PONDRE : 1º AUX NATURISTES ; 11º A CEUX QUI NIENT LA LIBERTÉ DE L'HOMME ; 111º AUX MATÉRIALISTES.—1º ARGU-MENT DES NATURISTES RENFERMÉ DANS UNE FABLE DE DES-BILLONS. — POUR UNE DISCUSSION RÉGULIÈRE, IL FAUT QUE LES CONTENDANTS S'ENTENDENT TOUS SUR LA CONSTITUTION DE L'HOMME. — IL NE NOUS EST PAS PERMIS, DANS NOTRE SPHÈRE MÉDICALE, D'EXAMINER L'ASSERTION CÉLÈBRE DE MANDEVILLE.—11º LA NÉGATION DE LA LIBERTÉ DE L'HOMME EST LIÉE AVEC LE JANSÉNISME. EXAMEN DES FAITS D'APRÈS LESQUELS CETTE OPINION RELIGIEUSE A ÉTÉ FONDÉE.

———

MESSIEURS,

Après avoir exposé mes idées générales sur les Passions de l'Homme, je vous engageais à réfléchir sur certaines ex-

7

pressions de l'ancienne langue grecque, qui se rapportent à l'histoire de ces affections dynamiques, et qui sont tombées en désuétude. Je crains que cet oubli ne vous paraisse raisonnable, et ne vous semble être justifié par leur inutilité. Il n'en est rien : les mots dont je parle ont exprimé des idées qui, du temps d'HIPPOCRATE, étaient familières aux Lettrés, qui rappellent des faits incontestables, et qui, étant toujours également importantes dans la Médecine humaine, doivent être précieusement conservées.

J'ai cherché à vous faire comprendre combien le nom de *Morosophies* est préférable à celui de *Morosités*, pour conserver la notion théorique des maladies renfermées dans l'ordre auquel SAUVAGES a donné cette dernière dénomination.

2º Dans la langue grecque, je trouve deux mots dont les interprétations françaises feraient croire que ces expressions sont synonymes ; ces deux mots sont *Cacotheleia* et *Cacothymia*. ALEXANDRE, qui les a mis dans son *Dictionnaire Grec-Français*, les traduit ainsi : *Cacotheleia*, malveillance; *Cacothymia*, mauvaise disposition d'esprit. Pour celui qui ne voit dans l'Homme qu'une Puissance active, ces deux significations expriment la même chose. Mais pour un Médecin Hippocratique, ces deux mots sont propres à désigner deux phénomènes qui, matériellement semblables, sont radicalement divers par leurs origines. Voici deux faits qui peuvent être également désignés par le nom de *Malfaisance*. L'un est le penchant pervers des crétins, des idiots de naissance, qui, sans motif, sans intérêt, travaillent à nuire, non-seulement par la destruction d'objets inanimés, mais encore par de mauvais traitements contre les animaux et contre leurs semblables, quand ils n'en craignent pas une revanche : on en voit qui paraissent jouir d'une vraie

volupté quand ils ont fait pleurer les enfants, et surtout
quand ils leur ont déchiré ou sali les habits. — L'autre
est le cruel désir qu'un individu éprouve à causer de la
douleur, de l'affliction ou un malheur à ceux dont les avantages ou la prospérité lui avaient causé une envie ron-
geante. — Ces deux dispositions inhumaines ne partent
certainement pas de la même source. Le bon sens vulgaire
le fait penser à tous les hommes chargés de la justice dis-
tributive; sans en connaître la raison anthropologique, il
n'en est pas un seul qui ne se contente de soumettre l'idiot
à la surveillance, et à des corrections empiriques pareilles
à celles qui sont en usage pour les animaux domestiques.
Mais quand il s'agit d'un homme dont l'égoïsme est assez
barbare pour qu'il veuille être seul heureux, et pour qu'à
la vue de la félicité d'un autre, il s'ingénie à la détruire :
le juge éprouve une satisfaction intérieure à chercher, dans
les lois, les peines qui se rapprochent le plus d'un juste
talion.

Cette conduite légale, conforme à la raison commune,
est parfaitement expliquée par le principe de la Dualité du
Dynamisme humain : la malveillance de l'idiot part d'un
Instinct qui règne seul en l'absence ou la minorité de l'Ame
pensante; celle de l'homme méchant part d'une Ame
pensante qui a résolu systématiquement de se conduire en
tout suivant la loi de la Philautie, en dépit de toute justice
et de toute sympathie. J'ignore comment agiraient, en
pareil cas, des juges ou Stahliens, ou Organiciens : il est
à croire qu'ils feraient dans le tribunal comme ils font dans
leurs exercices cliniques. Les uns, fidèles à leur théorie,
n'ont que faire de l'expérience ; les autres, soumis aux
traditions et au sens commun médical, et amis de l'Huma-

nité, suivent la règle de l'expérience, et oublient temporairement la théorie.

Les deux noms grecs que j'ai cités, et qui ont été inter-
prétés uniformément, sont-ils réellement synonymes ? Ou
bien, peut-on trouver, dans leurs constitutions, quelque
nuance qui correspondît à la distinction physiologique des
deux cas présentés ? Je désirerais que des Médecins Hip-
pocratiques, aussi versés dans la Philologie grecque que
dans la Doctrine de la Constitution humaine, voulussent
examiner de près la valeur intime de ces deux expressions,
et être eux-mêmes les Girard et les Roubaud de la Médecine Hellénique. Le hasard me fait apercevoir que *Cacotheleia* et *Cacothymia* ne devaient pas avoir, chez les Grecs,
des acceptions identiques. M. Alexandre, en traduisant
Θέλω, met parmi les significations, *avoir coutume, se plaire
à*. Au mot ἐθέλω, il met une phrase de Xénophon, où il est
dit : *abondamment pourvus de tout ce que* LA TERRE A COU-
TUME DE PRODUIRE. Ces six derniers mots sont la traduction
des quatre mots grecs correspondants : ἡ γῆ φύειν θέλει.
Ici, *Thelei*, *veut* ou *tend naturellement à*, est employé pour
exprimer la tendance d'un corps inanimé. *Veut* exprime
une action qui n'est pas morale, et le mot est donc mis en
œuvre dans un sens tropologique : c'était, sans doute,
une catachrèse alors usitée. Je ne puis pas croire qu'en
une circonstance pareille, on eût employé, dans le même
sens, une expression tirée du mot *Thymia* ( avec l'*y* long )
dont le sens est limité dans des acceptions mentales.

D'après cela, je suis disposé à croire que, dans la création des deux mots dont il s'agit, *Cacothélie* a exprimé la
malfaisance instinctive, et *Cacothymie* la malfaisance réfléchie, raisonnée.

Le mot *Cacothymia* est dans le *Lexicon* de Castelli.

Nysten l'a conservé dans son Dictionnaire, mais il dit qu'il est *inusité*. Je ne suis pas surpris que des expressions si nécessaires pour distinguer les effets de causes métaphysiques très-distinctes, soient employées dans un lieu où ces causes ne sont pas reconnues. Mais un tel oubli doit être soigneusement relevé dans une École où l'on se pique de conserver des termes représentatifs de tous les faits qu'il n'est pas possible d'ignorer.

Les deux termes que je viens d'expliquer nous rendent le précieux service de deux faits médicaux et de leurs théories ; par conséquent, ils nous instruisent, et perfectionnent la Science. Avant de quitter ce sujet, je vous prie d'écouter encore cette remarque. J'ai désiré que le mot de Morosophie, qui fait partie de la langue grecque commune, appartînt à la langue médicale, et qu'il fût mis à la place de l'expression *Morosités*, employée par Sauvages pour parler d'un appétit instinctif vicieux, apprécié à sa valeur par l'Ame pensante qu'il tourmente. Je ne voudrais pas que ce terme parût superflu, ou qu'il vous semblât propre à rendre inutile celui de *Cacotheleia*. J'espère qu'à la réflexion, la Cacothélie et la Morosophie n'expriment pas les mêmes phénomènes. Le premier de ces mots exprime un penchant malfaisant sortant d'un instinct pervers qui n'est ni réprimé ni modifié par une Ame dépourvue de raison ; tandis que le second est l'expression d'un appétit instinctif vicieux que la raison toujours présente ne peut ni méconnaître, ni ignorer, et qui, par conséquent, met tous les jours l'esprit aux cruelles épreuves de la responsabilité et de la défense. Conservons donc précieusement tous les mots représentatifs d'idées qui nous sont indispensables dans la Pratique médicale.

3o Je ne puis pas me dispenser de vous expliquer le

mot médical *Psychomachia*, qui est dans le Dictionnaire de
CASTELLI, mais qui a été omis dans celui de JAMES, et
dans celui de NYSTEN. Que peut signifier étymologiquement
le mot *Psychomachia*? C'est un combat de l'Ame pensante.
Mais contre qui ou contre quoi? Voilà une difficulté pour
ceux qui ne voient pas deux Puissances dans le Dynamisme
de l'Homme. Pour vous et pour moi, il suffit d'une Morosophie pour concevoir dans un individu une Passion dont
la plus grande souffrance doit être un combat de l'Ame
pensante contre un Instinct pervers dont elle abhorre les
sollicitations.

Dans une Passion d'origine instinctive, des degrés même
médiocres troublent péniblement l'Ame. L'amour sexuel est
un tourment presque à tous les degrés. Le plus légitime,
tel qu'il est représenté dans les Élégies, est un sujet de
peine, d'inquiétude, de contrariété, de jalousie, d'impatience.
Les Poésies fugitives, les Comédies lyriques, sont pleines de
peintures de ce double état pathétique. Dans la première
moitié du XVIIIᵉ Siècle, lorsque brillaient LEO, VINCI,
PERGOLÈSE, on chantait beaucoup, en Italie, une charmante
ariette dont je ne connais pas l'Auteur, mais qui est parmi
les Airs de cette époque, et dont les paroles sont :

« *Chi viva amante*
» *Sai che delira;*
» *Spesso si lagna,*
» *Sempre sospira,*
» *Ne d'altro parla*
» *Che di morir.* »

Ces peines langoureuses ne méritent pas le nom de Psychomachie; mais il faut convenir qu'elles en sont le germe,
et qu'avec de la progression et quelque circonstance morale,
elles peuvent former le malheur de la Vie. Un jeune homme
fasciné par un amour d'origine sexuelle, et attaché à une

indigne créature, lequel ne peut pas élever l'objet jusqu'à lui, dont la Passion, réprouvée par le public, met la famille entière au désespoir, peut nous fournir un exemple du combat dont il s'agit. Pour se faire une idée du mal qu'il produit chez l'individu, il faut supposer que l'Ame est sensible, et qu'elle a été perfectionnée par une éducation libérale.

Il est vraisemblable que cette guerre très-réelle des deux Puissances n'est pas le seul trouble interne auquel aient fait allusion ceux qui ont créé le mot *Psychomachia.* Les intérêts différents qui se trouvent dans l'Ame Humaine, peuvent être des oppositions et des incertitudes capables de former une batterie tumultueuse intellectuelle. Si l'on voulait parler des reproches que l'Ame se fait à elle-même de ne s'être pas défendue d'une Passion d'origine mentale qui l'a envahie, et dont il lui était aisé d'empêcher les approches ;...., de l'injustice qu'elle aperçoit dans les tentatives que son ambition lui suggère, injustice qu'elle condamne tout en la favorisant ; .... des peines qu'elle *s'est données* pour arriver à un état si pénible en comparaison de l'état antérieur ; ...... le mot conviendrait presque aussi bien ; mais la première acception s'est d'abord présentée à mon esprit, à cause de l'idée de *bataille.*

C'est sans doute d'états pathétiques graves, accompagnés de *Psychomachie,* que BYRON a dit quelque part : *la Passion est le fouet qui punit l'Esprit des plaisirs défendus et des délits dont il s'est rendu coupable.* — Il semble croire qu'en justice, cette Passion est suffisante pour son supplice. Quand le Poëte parlait ainsi, il devait bien considérer ce phénomène de la même manière que nous, et non comme la *tyrannie des besoins de première nécessité*, dont parle M. DESCURET.

Comme, chez nous, la Science n'est bien estimée qu'autant qu'elle éclaire la Pratique, je sens combien il m'importe de porter maintenant votre attention vers la Clinique du mal dont je vous entretiens depuis long-temps. J'y procède, et dorénavant il ne va être question que de la Médecine pratique des Passions.

Avant de prescrire des moyens, il faut établir une méthode. Avant la méthode, il faut résoudre des questions préalables; celle qui a la priorité dans toute maladie, c'est celle-ci : convient-il de travailler à la guérir? Vous savez, Messieurs, que nous avons de bons livres qui ont pour titres : *Traité des Maladies qu'il est dangereux de guérir.* — Vous savez aussi que lorsque Jésus voulut guérir, devant la Piscine probatique, un Malade paralysé depuis trente-deux ans, il lui fit auparavant cette question : *Voulez-vous être guéri?*

Avant d'aller à la recherche d'une Thérapeutique, j'ai donc dû me faire ces questions. Or, je me trouve arrêté par des Philosophes, par des Moralistes, par des Économistes, par des Savants qui condamnent ce projet. Les uns le blâment, parce qu'ils considèrent la Passion comme un droit naturel qu'il n'est pas permis d'arrêter. D'autres conviennent que les Passions sont des maux, mais ils soutiennent qu'il ne dépend ni du Médecin, ni de la volonté du patient de les réprimer. Il en est enfin qui assurent que les Passions sont des événements attachés nécessairement à la Nature Humaine, et qu'il serait absurde de prétendre les corriger.

Ainsi, trois sortes d'Avocats sont les défenseurs des Passions, et les ennemis des Médecins, sous ce rapport, sont : Iº les Naturistes; IIº ceux qui nient la liberté de l'Homme; IIIº ceux qui, comme Cabanis, disent que, dans l'Homme, le *Moral n'est que le Physique considéré sous un point de vue*. — Dans chacune de ces trois Sectes, les Passions ont des protecteurs trop dignes de considération, pour qu'il soit permis de passer outre, sans leur dire pourquoi.

I. Dans tous les temps, il s'est trouvé non-seulement des Poëtes, mais encore des Philosophes qui ont enseigné que les Psychomachies des Passions, et les murmures des consciences, ont leur source dans des préjugés vulgaires, établis par la superstition, en dépit de la Nature. Si nous ne suivions que l'Instinct, disent-ils, nous nous épargne- rions mille tourments internes. Dans l'Antiquité, il y a eu des cultes religieux imaginés pour opposer le cri de l'Instinct aux Maximes de la Raison, et aujourd'hui vous entendez encore des systèmes de Morale fondés sur ce même principe. Les Passions, considérées comme la tyrannie des besoins, sont-elles autre chose qu'une forme de cet enseignement ?

Un Fabuliste latin du dernier siècle a voulu censurer cette Philosophie, par un récit dont le piquant perd un peu de son sel par la traduction, mais qui néanmoins conserve tout ce qu'il y a de rationnel. Voyez donc comment parle le Père DESBILLONS, surnommé le *dernier des Romains*, à cause de la pureté de son latin, et qu'il est permis d'ap- peler le PHÈDRE français, à cause de la précision et l'élé- gance de ses Apologues.

### « La Fauvette et l'Ane (1). »

« Une Fauvette avai t fait son nid sur une aube-épine, et couvait ses « œufs, lorsqu'un Ane s'approche du buisson pour s'y frotter, et « donner passage aux corpuscules légers qui cherchaient à s'échapper « à travers sa peau coriace. Mais le butor, en se jetant lourdement

(1) Fables du Père-DESBILLONS ; Liv. VII , 28.

» sur les épines, afin de se mieux étriller, renverse le nid de la
» pauvre Fauvette. Les œufs qu'elle couvait sont fracassés, et sa
» lignée future anéantie. Accablée de douleur, elle gémit, elle éclate
» en plaintes amères, elle s'emporte contre le stupide animal, auteur
» de son désastre, lui reproche son audace, son impiété, sa cruauté,
» sa barbarie. — Cessez, interrompit le baudet, cessez, s'il vous
» plaît, d'attaquer ma réputation par ces ridicules injures; la dou-
» ceur de mon caractère est passée en proverbe; on me regarde
» comme une assez bonne bête, et je le suis en effet. Mais j'ai causé
» un grand malheur, un dommage considérable! Qu'est-ce que cela
» prouve! Si le mal est grand, je l'ai fait sans y penser. Mais, me
» direz-vous, je devais ouvrir les yeux, et prendre garde à ce que
» je faisais. Hé! non, non : je suis sûr de n'avoir rien fait de contraire
» au Code des Anes ; en vertu de ce Code, je suis en droit, quand
» j'ai bien dîné, d'employer tous les moyens capables de procurer,
» à mon estomac en travail, une bonne et facile digestion. »

Cette Fable s'adresse à certains Philosophes grossiers, qui,
après avoir commis les plus grands crimes, croient leur
conduite irréprochable, pourvu qu'ils se soient conformés
à la loi des sens.

Cette règle, MESSIEURS, vous l'entendez souvent dans la
Société, et il est des sectes nombreuses où l'on érige en
principe ce que l'on chante à l'Opéra :

« La voix du cœur est la plus sûre,
» Ne suivez point d'autre leçon :
» Avant de consulter la raison,
» Il faut consulter la nature. »

Il est certain que ne reconnaître d'autre Code que celui
que nous suggère notre *Nature Hippocratique*, c'est-à-dire
notre Force Vitale et son Instinct, c'est se placer dans la
position de l'Ane, et en accepter toutes les conditions. En
renonçant à tout devoir social, à la sympathie générale
humanitaire, à la charité; en ne suivant d'autre loi que
celles de nos appétits, et en abjurant le précepte *raisonné*

qui dit : *Fais à autrui ce que tu voudrais qu'on te fît*, on sort de tout droit. Quelle que soit la manière dont on est traité, on ne peut pas se plaindre, puisque celui dont on a reçu un mauvais traitement agissait en vertu de son Instinct ou de sa Nature.

Au reste, il ne me paraît pas possible de traiter convenablement cette matière, sans que les contendants s'entendent également sur la Constitution de l'Homme ; sur la *Nature* de son Dynamisme ; sur les deux Puissances qui le composent ; sur leurs spontanéités ; sur les tendances diverses qu'elles peuvent avoir ; sur l'automatisme de l'une et l'intelligence de l'autre ; sur le droit de supériorité que l'une doit avoir sur l'autre en cas de penchants divergents ; sur les intérêts qui sont en jeu dans les cas de tendances différentes, savoir sur l'intérêt de la conservation de l'individu, et sur celui de la Société politique. — Il faut être d'accord sur ces prémisses, pour que l'on puisse discuter sur l'art d'arriver à des conclusions pratiques. Mon exposition de la Doctrine de l'Alliance, et l'application que je fais de cette doctrine à l'analyse des Passions, ont eu pour but de nous mettre en état de présenter notre avis dans la grande discussion de la question préalable. Or, les motifs déduits de nos recherches ne nous permettent pas de donner notre voix pour la proposition de l'Ane de Desbillons, et des Philosophes Naturistes.

Les Passions d'un individu sont, le plus souvent, des modifications personnelles, nées de l'égoïsme, et contre l'intérêt d'autrui ;..... mais ne perdons pas de vue les résultats qui l'attendent par rapport à ses relations avec la Société. Plus il est égoïste, plus il doit redouter la réaction de ses semblables, qui ne sont pas dans la condition de l'impuissante Fauvette.

Les suffrages en faveur de l'opinion des Naturistes ne sont nombreux que dans la Société où les votants vivent beaucoup sensuellement, et fort peu intellectuellement : d'après cela, on croirait pouvoir se dispenser de discuter sérieusement la question. Mais il ne faut pas s'y fier : il y a des adversaires instruits, dialecticiens, avec lesquels l'argumentation doit être vigoureuse et serrée. Quand vous en aurez le loisir, il faudra chercher à examiner froidement le livre de Bernard MANDEVILLE, Médecin hollandais du XVIIIᵉ siècle, livre qui a pour titre : La *Fable des Abeilles, ou les Fripons devenus honnêtes gens ; avec le commentaire, où l'on prouve que les vices des particuliers tendent à l'avantage du public.* « L'Auteur prétend, dans cet ouvrage, dit » un Critique, que le luxe et les vices des particuliers » tournent au bien et à l'avantage de la Société. Il s'oublie » jusqu'à dire que les crimes même sont utiles, en ce qu'ils » servent à établir une bonne législation. » Un Biographe dit que cet Écrivain paraît très-disposé à rendre ce genre de service au public, qu'il vivait comme il écrivait, et que sa conduite ne valait pas mieux que ses livres.

Si je m'en rapporte à un passage que M. DESCURET a mis dans son livre, touchant l'esprit du *Traité de l'Association domestique Agricole,* par l'Utopiste Charles FOURRIER, la Doctrine de cet Auteur n'en diffère pas beaucoup de celle de MANDEVILLE, quoique le langage en soit différent. C'est toujours un assortiment de *Passions en activité* qui, suivant les auteurs, font prospérer les États, et les rendent puissants, admirables, et redoutables.

En passant, je suis surpris de voir répandre à la fois deux tendances contraires dans le parti des novateurs actuels : un goût décidé pour la forme républicaine, et en même temps un éloge de toutes les Passions et de leurs résultats......., lorsque MONTESQUIEU et J.-J. ROUSSEAU nous avaient dit que le principe du gouvernement républicain est la vertu. Au reste, MANDEVILLE ne parlait pas comme les modernes sous le rapport des formes des gouvernements.

Je suis trop étranger à la science de l'Économie Politique, pour être en état d'avoir un avis sur ces hautes questions : j'ai pensé toujours que mon premier devoir, dans ma profession, est de servir tout être humain, pour prolonger sa vie, pour entretenir sa santé, et pour le soulager dans ses maladies. Un serment me défend de favoriser en quoi que ce soit, ni le vice, ni le crime. Comme les Passions sont les sources les plus fécondes de l'un et de l'autre, je suis obligé de chercher à les guérir suivant tous mes moyens fonctionnels. En attendant la solution de ces problèmes, j'ai ma règle dans la promesse qu'HIPPOCRATE avait formulée, et que j'ai prononcée en faisant le vœu de me livrer au service de l'humanité souffrante.

II. La Seconde Secte qui rejette la Thérapeutique des Passions humaines, se fonde sur ce que le Thérapeutiste ne pouvant pas agir sans la coopération de la liberté du patient, la Pratique devient nulle, parce que l'Ame humaine n'est pas libre.

Nos Élèves ont été trop bien instruits dans l'Histoire de notre pays, pour être étrangers à une opinion religieuse désignée sous le nom de *Jansénisme*, qui a tant troublé les consciences, en France, pendant la seconde moitié du XVII\ue siècle, et le premier tiers du siècle suivant, et que PASCAL a eu le talent de traiter d'une manière si piquante dans ses *Provinciales*, regardées comme un des plus beaux monuments de notre langue.

Le fondement naturel de ce système d'idées est le point

de Physiologie humaine que je vous expose ; les Théologiens ont lié les faits anthropiques dont il s'agit avec des dogmes religieux qui ne sont point de mon ressort. En restant dans mes limites , il faut que je vous fasse connaître les connaissances naturelles qui doivent être les mêmes et dans l'Anthropologie , et dans la Théologie.

Veuillez vous rappeler , MESSIEURS , un mot d'OVIDE qui sort de la bouche de tout le monde :

« . . . . . . . . . . . . . . . *Video meliora proboque ,*
» *Deteriora sequor.* »

« Je vois le parti le plus sage , je l'approuve , et je suis » le plus mauvais. »

Dans quelle circonstance a été proférée cette déclaration ? On la trouve dans un monologue de MÉDÉE , où cette Princesse , devenue malgré elle amoureuse de JASON , nous fournit un exemple de cette Psychomachie que je vous ai décrite. Cet amour avait pour origine celle d'où surgit l'amour de PHÈDRE. Voyons la première portion du soliloque du Poëte. « MÉDÉE voit JASON , et s'enflamme. Elle combat , » elle résiste ; mais voyant enfin que la raison ne peut » triompher de son amour : — MÉDÉE , s'écrie-t-elle , c'est » en vain que tu te défends. Je ne sais quel Dieu s'oppose » à tes efforts. Le sentiment inconnu que j'éprouve est ou » ce qu'on appelle amour , ou ce qui lui ressemble ; car , » enfin , pourquoi trouvai-je trop dure la loi que mon père » impose à ce Héros ! Loi trop dure , en effet. Et d'où vient » que je crains pour les jours d'un étranger que je n'ai vu » qu'une seule fois ? D'où naît ce grand effroi dont je suis » troublée ? Malheureuse ! repousse , si tu le peux , étouffe » cette flamme qui s'allume dans ton cœur. Ah ! si je le » pouvais , je serais plus tranquille. Mais je ne sais à quelle

» force irrésistible j'obéis malgré moi. Le devoir me retient,
» et l'amour m'entraîne. *Je vois le parti le plus sage, je*
» *l'approuve, et je suis le plus mauvais.* (1). »

VILLENAVE, traducteur d'OVIDE, met la note suivante
sous ces dernières paroles : « OVIDE a pris cette pensée,
» qui est passée en proverbe, dans la *Médée* d'EURIPIDE.
» S<sup>t</sup> PAUL dit, dans son Épître aux Romains, c. 7 : *Non*
» *quod volo bonum hoc facio; sed quod nolo malum hoc ago.*
» RACINE a traduit ainsi cette pensée dans un de ses Can-
» tiques :

> « Hélas! en guerre avec moi-même,
> » Où pourrais-je trouver la paix?
> » Je veux, et n'accomplis jamais.
> » Je veux; mais, ô misère extrême!
> » Je ne fais pas le bien que j'aime,
> » Et je fais le mal que je hais. »

Ces citations ne sont pas ici pour vous apprendre quelque
chose sur la Constitution de l'Homme. Ce sont des confir-
mations de propositions doctrinales que j'ai établies : Dualité
du Dynamisme humain;..... tendances contradictoires des
deux Puissances dans certains cas;.... triomphe souvent
de la Puissance qui n'a ni motif, ni volonté explicite, sur
l'Ame pensante;.... combat interne de l'Ame chanté par
RACINE, tout-à-fait identique avec la Psychomachie vue
dans notre analyse des Passions;.... Amour sexuel d'origine instinctive. — Quel est donc mon but dans cette ré-
pétition de pensées énoncées dans un autre ordre de choses?
Ç'a été de vous faire voir que la Doctrine que je vous expose est appuyée sur des faits accumulés dans un système

_____

(1) *Metamorph., Lib. VII.*

étranger à nos études, faits que nous avons inductivement expliqués par des causes naturelles, et qu'une Secte a voulu expliquer par des suppositions mystiques.

Veuillez donc vous donner la peine de savoir en quoi a consisté le *Jansénisme*, et d'examiner sa relation avec l'Anthropologie, la liaison qu'il a pu avoir avec la Morale, et les causes de son retentissement.

# 7me LEÇON.

LA THÉRAPEUTIQUE NATURELLE DES PASSIONS TROUVE UN OBSTACLE DANS LE JANSÉNISME. — IDÉE DU JANSÉNISME. — ANALYSE DE CETTE HYPOTHÈSE ; PARTIE EXPÉRIMENTALE, ET PARTIE THÉOLOGIQUE. — LA PARTIE EXPÉRIMENTALE, SEULE QUI SOIT DE NOTRE RESSORT, EST SUJETTE A CONTESTATION D'APRÉS NOTRE SENS INTIME. — JANSÉNISME ATTAQUÉ PAR LES JÉSUITES, DEVENU ODIEUX A L'AUTORITÉ, ET TÉMOIGNAGE D'OPPOSITION POLITIQUE CHEZ LES MÉCONTENTS. — VOLTAIRE JANSÉNISTE. — INFLUENCE QUE LE JANSÉNISME DOIT LOGIQUEMENT EXERCER SUR LA MORALE PUBLIQUE, SUIVANT BOURDALOUE. — DÉNÉGATION DU LIBRE ARBITRE DE L'HOMME, DE LA PART DES PHILOSOPHES. — CLASSE DES PHILOSOPHES AVEC LESQUELS IL CONVIENT DE DISCUTER SUR CETTE MATIÈRE. — M. GRUYER EST DE CE NOMBRE. — SI L'ON ENTREPRENAIT SUR CET OBJET UNE CONFÉRENCE, OU UNE POLÉMIQUE INSTRUCTIVE, IL FAUDRAIT ÉTABLIR QUELQUES POINTS PRÉALABLES : — 1o ÉTENDUE ET LIMITES DE LA QUESTION DU LIBRE ARBITRE ; — 2o NÉCESSITÉ DE NE PAS RESTER DANS LA MÉTAPHYSIQUE GÉNÉRALE SPÉCULATIVE, ET DE TOUT RAPPORTER A LA PRATIQUE ; — 3o PARMI LES PREUVES EXPÉRIMENTALES DE LA LIBERTÉ, ANALYSER ET APPROFONDIR LA NATURE DU REMORDS, QUI A DEUX FORMES ESSENTIELLES. — DIFFÉRENCIER L'ATTRITION D'AVEC LA CONTRITION. — LA CONSCIENCE NE SE TROMPE POINT SUR L'ORIGINE ET LA NATURE DES ACTIONS DÉTESTÉES. — ATYS ET ORESTE COMPARÉS SUR LA SCÈNE LYRIQUE.

MESSIEURS ,

Dans ma dernière Leçon, j'examinais si une étude approfondie de la Nature des Passions Humaines pourrait

8

nous fournir les moyens d'en prévenir les résultats malheureux, et d'en modérer les sensations pénibles. — Puisqu'elles sont des souffrances, elles sont du ressort de la
Médecine ; elles doivent donc être soumises à l'épreuve de
la Thérapeutique.

En partant de cette idée, je me suis fait la première
question de la Pratique médicale : la Passion est-elle une
maladie qu'il faille éviter et guérir ? — Dès ce premier
pas, contre mon attente, j'ai trouvé des réponses néga-
tives. Des Philosophes ont prétendu que les Passions sont
des appétits légitimes, nécessaires pour satisfaire aux besoins
de l'Homme, et que par conséquent elles n'ont pas besoin
d'autre pratique qu'une Hygiène pareille à celle qui gou-
verne la faim, la soif et les autres impulsions de l'Instinct.
— D'après cette opposition, j'ai comparé le Dynamisme
de l'Homme avec celui des bêtes. J'ai trouvé dans la Constitution du premier une Puissance, des besoins, des droits,
des devoirs, une destination, des obligations, que je n'ai
pas vus dans le Règne Animal ; et il ne m'a pas été difficile
d'apercevoir, dans les Passions Humaines, la nécessité d'un
traitement, l'indication impérieuse d'une Médecine agis-
sante.

Une secte religieuse est venue entraver cette première
résolution, en soutenant que, comme nous ne pouvons
pas guérir les Passions sans la participation de l'Ame
pensante du patient, nous ne pouvons rien faire, attendu
que, suivant cette secte, l'Ame humaine ne possède pas
l'aptitude à accomplir un devoir, si elle ne reçoit point
de Dieu la Puissance nécessaire pour atteindre ce but.
—Cette opinion célèbre est ce qui, dans l'Histoire, est appelé le Jansénisme. Je cherchais à vous en faire connaître
l'esprit, quand le temps m'a manqué : je reprends le sujet

pour exécuter mon projet, et pour vous faire remarquer la liaison qui existe entre ces idées et la Physiologie médicale.

Le Jansénisme est une hypothèse théologique par laquelle JANSÉNIUS, Évêque Flamant, a cru pouvoir expliquer la manière d'agir de la Grâce Divine sur l'Homme. La difficulté à résoudre est celle-ci : vous sentez que l'Homme est libre, et cependant vous avez vu combien il est sujet à faillir. Comment, pour faire le bien, obtient-il un secours du Ciel, sans qu'il perde le mérite et l'usage de la liberté ? — Cet auteur, né en Hollande, d'une famille commune, en 1585, devint, par ses talents, Professeur de Théologie à l'Université de Louvain, et, par son zèle et ses vertus, Évêque d'Ypres. Après avoir publié plusieurs livres relatifs à ses études ecclésiastiques, il réunit tous les efforts dont il était capable sur ce problème pour la résolution duquel il avait travaillé vingt ans : il rédigea et il mit au net un volume très-considérable où il consigna toutes ses idées sur cette matière, avec la persuasion que son système était la Doctrine entière et pure de St AUGUSTIN. Son ouvrage doit nous intéresser par son titre, qui est celui-ci : AUGUSTINUS *Cornelii* JANSENII *Episcopi, seu Doctrina Sancti* AUGUSTINI *de humanæ naturæ sanctitate, ægritudine, medicinâ, adversus Pelagianos et Massilienses.* ( Les Marseillais sont les semi-Pélagiens. Trévoux. ) — Voilà l'Homme *doué d'un élément divin, susceptible* d'états pathétiques, *malade,* qui réclame un *traitement.* — Ne craignons donc pas de reconnaître que l'Ame humaine est passible d'état morbide, et d'aptitude à une Thérapeutique, sans craindre que la Théologie Chrétienne trouve dans ce langage un sujet de scandale.

Quelle est l'idée capitale de la Doctrine de ce Disciple de St AUGUSTIN? — Si je m'en rapporte à un Biographe estimé,

le système de Jansénius, renfermé dans son Augustinus, se réduit à ce point principal : « que, depuis la chute
» d'Adam, le plaisir est l'unique ressort qui remue le cœur
» de l'Homme; que ce plaisir est inévitable quand il vient,
» et invincible quand il est venu. Si ce plaisir est céleste, il
» porte à la vertu; s'il est terrestre, il détermine au vice,
» et la volonté se trouve *nécessairement* entraînée par celui
» des deux qui est actuellement le plus fort. Ces deux dé-
» lectations sont comme les deux bassins d'une balance :
» l'un ne peut monter sans que l'autre ne descende. Ainsi,
» l'Homme fait *invinciblement*, quoique *volontairement*, le
» bien ou le mal, selon qu'il est dominé par la Grâce ou
» la Cupidité. De là, il s'ensuit *qu'il y a certains comman-*
» *dements impossibles, non-seulement aux infidèles, aux*
» *aveugles, aux endurcis, mais aux fidèles et aux justes,*
» *malgré leur volonté et leurs efforts, selon les forces qu'ils*
» *ont; et que la Grâce, qui peut rendre ces commandements*
» *possibles, leur manque.* »

Veuillez bien réfléchir sur les idées essentielles de cette formule; vous y verrez que la partie expérimentale de la théorie est presque identique avec notre Physiologie, non-obstant le langage singulier du Théologien. L'Agrégat ma-tériel, qui est le cadavre toujours le même pour tout le monde, n'est mis en action que par deux Principes mobiles : l'un est un *plaisir* céleste, qui ne peut être que la *Mens*, la raison humaine qui cherche à se mettre en rapport avec le Créateur;...... l'autre un plaisir terrestre, une Force Vitale, fabricatrice et conservatrice de l'Agrégat matériel. — Leurs intérêts sont souvent divers; et si les deux Prin-cipes sont inégaux, l'un triomphe de l'autre.

La partie théologique de la théorie n'est pas de notre ressort; ou du moins, ce n'est pas dans une École de Médecine que vous pouvez acquérir toute l'instruction désirable en ce qui la concerne. — Mais il est une proposition de l'hypothèse qui n'est point d'accord avec notre science tout expérimentale : c'est celle où l'Évêque d'Ypres dit *qu'il y a des Commandements possibles par leur nature, qui deviennent impossibles aux fidèles les plus justes, malgré leur* VOLONTÉ, *parce que la Grâce divine leur manque.*

Cette *impossibilité* ne nous est pas prouvée par l'expérience, quoique nous reconnaissions la réalité du manquement. L'absence de l'exécution est un fait ; mais est-il vrai que la *volonté* ait été nulle ? Si la volonté avait été réelle, moi, simple Médecin, je devrais reconnaître qu'il y a eu paralysie, ou impuissance vitale des mouvements ; et il faudrait un état morbide de cette nature pour que l'individu fût exempt de responsabilité. Il est vrai que notre propre faiblesse nous porte souvent à l'indulgence ; nous n'osons pas jeter la pierre parce que nous sommes ou coupables ou capables d'une faute semblable; mais l'honnête homme ne va jamais jusqu'à innocenter l'individu qui a failli, lorsque son Dynamisme n'était pas dans un état de maladie. De bonne foi, sentons-nous, dans notre Sens Intime, une influence réelle, ou un défaut d'influence ?.... Notre volonté vient-elle d'ailleurs que de nos motifs ?

Ces vérités sont trop communes pour que nous soyons obligés de considérer comme l'effet d'une prédilection divine la conduite d'un homme irréprochable dans la Société. Aussi, peu de temps après la publication de l'AUGUSTINUS, les Jésuites, ennemis de JANSÉNIUS, qui avait obtenu du Roi d'Espagne qu'ils n'exerceraient pas l'Enseignement dans l'Université de Louvain, ne négligèrent pas l'occasion de se venger de lui sur un livre posthume dont l'auteur avait laissé une mémoire honorée. L'hypothèse dont il s'agit suffit pour causer une guerre civile scientifique dans la République Théologique.

L'opinion de la nécessité d'une Grâce divine actuelle pour l'accomplissement de tout devoir, n'est pas une idée purement spéculative : elle peut influer sur la conduite morale, sur les offices de la vie civile, sur les droits de l'Autorité publique. — En effet, si, pour remplir ses devoirs, un individu a besoin d'une Grâce spéciale de DIEU qui ne doit rien à personne, et qui départ ses bienfaits comme il lui plaît,.... y a-t-il moyen de punir sur cette terre ce même homme *fidèle*, *juste*, *de très-bonne volonté*, qui a désobéi à une loi capitale, parce que *la Grâce divine lui a manqué*?

LOUIS XIV fut surtout frappé de cette application pratique consécutive ; il devint l'ennemi juré de cette opinion, et il vit avec méfiance les hommes et les corporations qui l'avaient adoptée. Il en arriva que la partie de la nation qui formait foncièrement ce que nous appelons actuellement l'*opposition politique*, se montra sous cette forme, et que des personnages, des Congrégations, des Tribunaux, des Parlements, favorisèrent le Jansénisme, non par persuasion religieuse, mais en vertu de cette infirmité humaine qui fait que l'Autorité publique, quelle qu'elle soit, fait ombrage à une partie de la Société.

Quand on sait quelle était la disposition de la majorité de ce parti, on n'est pas surpris d'y trouver des esprits forts qui, ne croyant à rien, renchérissaient sur JANSÉNIUS en niant ouvertement *la liberté humaine*. — Parmi les Apôtres de cette Doctrine, il y en eut un dont le nom suffira pour prouver la réalité de ce que j'avance.

L'Abbé DES FONTAINES, dans son journal intitulé : *Le*

*Nouvelliste du Parnasse* (1), a fait un article curieux relatif
à la matière qui nous occupe. Je vais en lire une page :

« Vous savez depuis long-temps que M. DE VOLTAIRE
est un excellent Poëte ; mais j'ignorais qu'il fût Janséniste.
C'est un fait que je viens d'apprendre depuis peu de jours,
en lisant la *Bibliothèque Janséniste*, ou *Catalogue alphabétique*
des principaux livres Jansénistes, in-12, 1731. » — Ce livre
est du Père DE COLONIA, savant Jésuite qui a demeuré
soixante ans à Lyon. — « Je n'aurais jamais cru que M. DE
VOLTAIRE eût été inscrit sur une pareille liste. La note du
Bibliothécaire est fort singulière : « L'Auteur de ce brillant
» Poëme (La Ligue ou la Henriade), — dit-il—, qui est aussi
» mauvais Théologien qu'il est bon Poëte, y parle sans le
» savoir, et peut-être même sans le vouloir, comme les
» Jansénistes et les Calvinistes les plus outrés.

» Il y dit crûment et sans détour que la liberté de
» l'homme est esclave, et qu'elle n'est exempte que de la
» contrainte, mais non pas de la nécessité. Témoin ces six
» vers, qui renferment tout le système du Jansénisme :

> « On voit la liberté, cette esclave si fière,
> » Par d'invisibles nœuds en ces lieux prisonnière ;
> » Sous un joug inconnu, que rien ne peut briser,
> » DIEU sait l'assujétir, sans la tyranniser :
> » A ses suprêmes lois d'autant plus attachée,
> » Que sa chaîne à ses yeux pour jamais est cachée. »

» Dans le Premier Chant, le Poëte va encore plus loin.
» Il débite, avec CALVIN et avec DU MOULIN, la réprobation
» positive, et il fait de DIEU un tyran qui n'a pas voulu
» que l'homme le servît et fît son salut en le servant :

> « Hélas ! ce DIEU si bon, qui de l'homme est le maître,
> » En eût été servi, s'il avait voulu l'être. »

---

(1) Lettre XXXI.

» Dans un autre endroit, M. DE VOLTAIRE rejette sur
» DIEU lui-même la cause de l'endurcissement de DUPLESSIS-
» MORNAI. Voici comme il parle :

« MORNAI parut surpris, et ne fut point touché ;
» DIEU, maître de ses dons, de lui s'était caché. »

» DIEU ne se cache à personne : — *Illuminat omnem homi-*
» *nem venientem in hunc Mundum*, dit S<sup>t</sup> JEAN —. »

MESSIEURS, ni vous ni moi ne soupçonnons VOLTAIRE
d'avoir parlé ainsi pour ou contre l'intérêt, soit de la Théologie, soit de la Physiologie humaine. Mais garantirions-
nous que ses protestations contre la Liberté de l'Homme
n'étaient pas des traits hostiles contre l'Autorité ?

Les passages de VOLTAIRE ne sont que des assertions
poétiques contraires au consentement général des peuples
qui, dans les nations, ont établi des lois, et les ont sanctionnées par des punitions afflictives, infamantes, légères,
sévères, capitales. Des peines de tant de degrés et de formes
impliquent incontestablement l'idée de la liberté de l'Homme ;
car, nier cette Liberté, c'est déclarer absurde tout Code de
Délits et de Peines. — L'étude de la question de cette liberté
est étroitement liée à des problèmes importants de la Médecine Légale. Or, nos observations relatives à cette étude
sont en opposition avec les assertions de VOLTAIRE, et en
rapport avec les déclarations des hommes qui, par état,
doivent le plus s'appliquer à *sonder les reins et les cœurs*
autant que cela est permis à l'Homme. Nous avons confiance
en ces individus honorables qui se livrent à des fonctions
*à charge d'âmes*, avec ou sans bénéfice, et qui, par état,
par devoir ou par zèle, s'occupent de la direction des intelligences. Or, tous reconnaissent la liberté de l'Ame humaine.
La Communion Unitaire dont tous les membres vivent sous

un seul symbole, le Catholicisme, a condamné l'hypothèse théologique qui nie cette liberté. Les Communions Latitudinaires ont renoncé, sans déclaration solennelle, au *Prédestinalianisme*, et au *Serf-Arbitre*. Tous disent : « La » désobéissance à la règle est constamment le résultat d'une » volonté ou nulle ou faible, et la volonté est en raison de » l'appréciation de l'intérêt. Quand on est convaincu de » l'importance du commandement, la volonté est omni- » potente. »

La négation de la liberté de l'Homme est la dissolution de toute loi, et par conséquent de la Société. Veuillez entendre ce qu'une grande intelligence disait du PRÉCEPTE *de se tenir dans le devoir, et de bien vivre.* « Et, certes, où » en serions-nous si cette règle venait à être abolie? S'il » fallait que le gouvernement du monde roulât sur ce prin- » cipe, *que les hommes, conséquemment à la prédestination* » *de* DIEU, *ne sont plus maîtres de leur volonté* : où en serait, » je ne dis pas le Christianisme et la Religion, mais même » la Police qui maintient tous les États? Quelle probité y » aurait-il dans le Commerce, quelle fidélité dans les ma- » riages, quelle soumission dans les inférieurs, quelle mo- » dération dans les supérieurs? L'un dirait : la colère m'em- » porte, et je ne puis me retenir; l'autre, la domination me » révolte, et je ne suis pas né pour obéir. Celui-ci, je ne » me sens pas encore assez efficacement inspiré de payer » mes dettes; celle-là, j'attends que DIEU me touche, pour » garder la foi conjugale. Et, de là, quel renversement dans » l'Univers, quelle dépravation de mœurs ! Vous le voyez, » et plaise au Ciel que cette maladie dont notre siècle est » infecté n'achève point enfin de le corrompre, et qu'elle » n'en fasse pas le siècle de l'iniquité consommée ! Au moins » est-il vrai que les Païens même en ont prévu les affreuses

» conséquences. Car c'est pour cela, dit Sᵗ Augustin, que
» Cicéron, n'ayant pas assez de lumière pour accommoder
» la liberté de l'Homme avec la prescience de Dieu, et se
» croyant obligé de nier l'une ou l'autre, aima mieux douter
» de la prescience de Dieu que de la Liberté de l'Homme :
» pourquoi? parce qu'en conservant la Liberté de l'Homme,
» il sauvait le fondement des mœurs, des vertus, des de-
» voirs (1). »

C'en est assez pour la négation de la Liberté humaine
fondée sur des suppositions théologiques. Mais nous avons
dit que cette Liberté est niée par quelques auteurs, indépendamment de toute opinion religieuse.

3° Les partisans de cette négation sont de trois sortes : a)
Les Matérialistes qui croient, comme Cabanis, que, chez
l'Homme, le moral n'est que le physique considéré sous un
point de vue. — b) Des individus soutiennent ce sentiment
par intérêt, pour s'exempter de l'imputation de leurs fautes
ou de leurs délits. Je mets au même rang les Médecins qui,
par sympathie ou par calcul, visent à une sorte de popu-
larité dans la classe des coupables. — c.) Il est des hommes
honnêtes, instruits, d'une intelligence très-élevée, qui soutiennent cette thèse, sans aucun genre d'intérêt personnel,
et sans méconnaître le danger social de cette croyance.

Vous pensez bien que je ne vais disputer, ni avec les
intéressés, qui plaident leur cause ou celle de leurs clients;
ni avec les Moralistes qui n'ont pas su ou voulu étudier la
Constitution de l'Homme, au moyen des règles de la Philosophie Naturelle la plus rigoureuse : il me reste si peu de temps
que je ne puis en rien perdre. — Mais je désirerais de toute

---

(1) Bourdaloue, Serm. sur la Prédestination.

mon âme que l'Anthropologie Médicale n'eût point pour adversaire, à l'endroit de la doctrine du *franc arbitre*, un des
antagonistes de la troisième sorte, avec lequel je voudrais
être toujours d'accord.

L'homme très-distingué et très-honorable dont j'entends
parler est M. GRUYER, de Bruxelles, auteur de plusieurs
traités de Philosophie d'un grand intérêt, et vrai Philosophe
autant par son caractère que par ses écrits. Ses idées principales sur la Liberté de l'Homme sont dans son livre intitulé :
*Méditations critiques, ou Examen approfondi de plusieurs
doctrines sur l'Homme et sur* DIEU.

Le Libre Arbitre y est attaqué suivant toutes les règles de
la Dialectique. L'auteur examine le fait dans son essence,
et il croit la liberté de notre Ame logiquement impossible.
Il en déclare la formule absurde, et il prétend que le sentiment général qu'on en éprouve est un préjugé erroné.
— Il combat avec détail et vivacité, non par rapport à moi
d'une manière convaincante, mais toujours avec beaucoup
d'habileté, d'esprit et de spéciosité, tous les motifs sur lesquels le principe de la liberté humaine est généralement
admis. — Il est assez convaincu de la puissance de sa réfutation, pour qu'il la résume dans ces termes : « J'ai dé-
» montré logiquement, et je tâcherai de faire mieux com-
» prendre par des observations de détail : 1º que l'Ame
» ne peut agir, ou vouloir, sans motifs ; et 2º que les motifs
» qui la déterminent ou qui la sollicitent, agissent toujours
» efficacement sur elle ; qu'elle ne peut pas leur résister,
» et qu'elle obéit nécessairement à l'un d'eux, à moins
» qu'ils n'agissent en deux sens opposés avec une force
» égale. D'où nous conclurons que l'Homme n'est pas libre ;
» que la liberté morale, dans le sens absolu, n'est qu'une

» chimère, et ce mot de *Liberté*, ou celui de Libre Arbitre,
» un mot vide de sens (1). »

La thèse de M. GRUYER est si explicite, que la défense
contre l'attaque exige autant de moyens qu'en a employés
l'assiégeant. Or, une pareille polémique ne peut pas me
convenir : je n'ai ni assez de temps ni assez de forces pour
diriger une telle défense. — Cependant, comme ma conviction n'a pas été altérée par les argumentations, j'attends
et j'espère une réponse de la part de quelqu'un de nos
Confrères. Dans une discussion de cette nature, il est très-
probable qu'entre les dissidents il y a quelque malentendu (2). Il est donc vraisemblable que la contestation a
besoin d'une négociation. Or, les hommes qui, par état,
sont obligés de posséder les connaissances les plus solides
de l'Anthropologie, me semblent avoir, sans contestation,
voix délibérative dans ce Congrès.

En attendant que la discussion soit entamée par ceux
qui s'en occuperont ou officieusement ou officiellement, il
doit être permis à tous les Médecins d'offrir leurs opinions
préparatoires. Cette initiative, qui est un droit commun
dans la République Médicale, est peut-être un devoir pour
moi, à cause de ma position et des obligations que j'ai
envers vous, MESSIEURS. Je vais donc vous présenter

---

(1) Pag. 302.

(2) Je ne m'étais pas trompé dans la conjecture que j'exprimais
ici : il y avait, en effet, un malentendu entre ma défense pour la
liberté de l'Homme, et l'attaque de M. GRUYER contre cette thèse.
Il a répondu à cette Leçon et à la suivante dans une lettre à moi
adressée, et imprimée à la fin de ses *Opuscules philosophiques*,
publiés à Bruxelles, en 1851. On verra, dans la suite, la raison pour
laquelle je dois continuer l'émission de mes remarques polémiques,
nonobstant la cessation de la controverse.

quelques réflexions sur certains points de vue de la question à résoudre, touchant lesquels les contendants opposés devraient préalablement être d'accord.

1. Il faut d'abord établir ce que l'on entend par *Libre Arbitre, liberté de conscience, liberté de l'Ame humaine.* — La liberté dont il s'agit ici est tout-à-fait pratique. Il ne s'agit pas de chercher si l'Homme a le pouvoir d'agir sans motifs, ou de résister à toute impulsion ; mais nous voulons savoir si notre Ame est capable de *choisir* entre des motifs d'action volontaire ; de reconnaître sensément ce qui convient le plus pour son goût, ou pour son bien, soit présent, soit futur, en distinguant les motifs de choix, et en décidant si elle préfère par goût, ou si c'est par raison ; de poursuivre l'acquisition de ce bien malgré les difficultés, et de conserver sa volonté jusqu'à la rencontre de motifs voluptueux ou raisonnés appréciés par elle ; de sentir que, dans ses choix et dans ses volontés, elle agit sciemment, toujours prête à en rendre raison ;.... et en supposant que les motifs ne soient pas suffisants, d'avoir le droit et le pouvoir d'agir volontairement ou par confiance, ou par croix et pile, ou pour prouver sa liberté contre ceux qui la nient. Voilà, ce me semble, le vrai caractère du problème. — Celui de M. GRUYER n'est pas tout-à-fait cela. Suivant lui, « nous avons à examiner... si dans la... situa-
» tion de l'Ame où elle se trouve comme en balance entre
» les forces égales ou tout-à-fait nulles, elle *peut* vouloir une
» chose ou l'autre, et par conséquent agir d'une manière
» quelconque, sans raison, *sans motif* ; et ensuite, si, étant
» sollicitée par un motif unique ou prédominant, elle *peut*
» ou ne pas agir dans le sens de cette impulsion, ou même
» agir dans le sens opposé (1). »

(1) Pag. 292.

Je ne refuse pas de répondre à cette question, qui est au nombre de celles que l'on peut faire touchant le problème de la liberté en général, puisque certains ont demandé si Dieu a eu besoin de motifs extérieurs pour créer le Monde, et pour entreprendre cet immense édifice dans un certain moment, ni plus tôt ni plus tard. Mais je désire pour nous qu'on s'occupe d'abord des questions les plus importantes et les plus usuelles, et que les oiseuses soient renvoyées au temps où l'on n'a plus rien à désirer...... Je ne perds jamais de vue la question de la responsabilité des *volontés humaines.*

2. M. Gruyer porte toujours le procès devant la Métaphysique Générale, afin d'amener les propositions les plus abstraites de la Doctrine du Libre Arbitre à des formules absurdes ou inadmissibles ;.... il est bien aisé de réduire les propositions le plus généralement admises à des formules alogiques, telles que des *effets sans cause,* des *causes sans effet.*

J'ai une profonde estime pour l'*Ontologie* et pour la *Logique.* Mais comme je sais que, dans la région des abstractions, nous sommes très-sujets à négliger certains éléments importants du problème, surtout quand ils nous embarrassent dans la combinaison des idées, j'ai pensé que, dans l'argumentation, il faut avoir toujours présents à la mémoire les faits concrets dont nous avons extrait les notions employées, afin de nous assurer que nous n'avons jamais laissé s'évanouir celles qui devaient entrer dans le calcul.

Ici, comme partout ailleurs, notre Philosophie est essentiellement Empirique. En nous occupant du *Libre Arbitre,* les faits du Sens Intime ne sont jamais perdus de vue. — Un examen de conscience, décrit et apprécié sous le rapport de la question de la Liberté Humaine, est loin

d'être identique suivant les procès-verbaux des deux partis.
Celui de M. GRUYER sera le plaidoyer d'un Avocat qui don-
nera bon marché de l'honneur de son client pourvu qu'il
le sauve du supplice ;.... celui du Confesseur sera le récit
d'un Conseiller-Rapporteur qui veut mettre au jour la vérité, toute la vérité, rien que la vérité. — Le Médecin
doit, dans le Congrès scientifique dont je parlais, avoir
plus de confiance pour le rapport que pour le plaidoyer.

3. Un des faits les plus significatifs sur lesquels est
fondée la réalité de la liberté de l'Homme, est le remords,
ou le sentiment du regret d'une action ou d'une omission
contraires à une obligation antérieurement connue. Ce sentiment emporte avec soi l'aveu de la liberté que l'Ame
avait de remplir son devoir dans le moment où la faute
a été commise. C'est un des modes les plus pénibles de
la Psychomachie. — M. GRUYER est assez heureux pour
ne pas en connaître toute l'amertume. En conséquence, il
analyse à priori le remords ; il en atténue la valeur en le
réduisant à des éléments qui, suivant lui, le composent.
Et comme il faut pourtant reconnaître le souvenir d'un
méfait opéré avec connaissance de cause, il considère le
regret comme une fausse sensation dont le coupable ne se
rappelle pas les circonstances, et dont le malheureux
exagère l'énormité d'après le jugement que le public en
porte (1).

Le regret collectif, que M. GRUYER appelle le remords,
n'est pas celui qui est ici mis en opposition avec les adversaires du Libre Arbitre. Les Théologiens ont très-bien connu
et distingué ces deux sentiments moraux. Celui que décrit

(1) Pag. 249.

notre antagoniste, porte chez eux le nom d'*attrition* ; et ils appellent *contrition* celui que CICÉRON appelait *morsus animi*. Le vrai remords ne se rapporte pas aux dommages que notre conduite nous a causés, ni à ceux dont nous sommes menacés : il se rapporte directement au mal commis par l'Ame pensante qui a offensé sciemment la Règle, la Justice, la Raison, l'Humanité, ce qu'il y a de plus respectable,.... en faveur du plaisir passager d'une vengeance, ou d'une volupté sensoriale de quelques moments, ou d'un bien mal acquis dont la jouissance empoisonne la vie.

Ne confondez donc pas l'*attrition* avec la *contrition*. Si le mot remords exprime l'une et l'autre, songez que l'*attrition* est le *remords* de notre illustre adversaire; et que la *contrition* de la Morale chrétienne est synonyme de notre *remords*, qui a la même signification dans la Morale Naturelle.

Or, il n'est pas possible de méconnaître la force de l'argument que le remords ( contrition ) fournit en faveur de la Liberté Humaine. Si l'Ame pensante n'est pas libre, le remords est impossible. — Pouvez-vous croire que ce soit une convention? Non, il n'a été institué que par celui qui a créé l'Homme.

Le regret d'une action détestée peut avoir deux sources, sur lesquelles la conscience ne peut pas se tromper. L'Ame sait bien si l'impulsion est instinctive, ou si elle est rationnelle. Elle sent parfaitement si l'Instinct a séduit l'Intelligence par la volupté, ou s'il a procédé violemment et comme par convulsion. Cette conscience est un chef-d'œuvre de Logique analytique, qui ne nous permet pas de méconnaître la Dualité de notre Dynamisme, lorsque nous aurions tant d'intérêt à tout confondre et dans l'examen du for interne, et dans celui du for externe.

Ce départ mental fait par le remords, a été rendu si

célèbre, dans l'ordre du Polythéisme, par ORESTE, et dans l'ordre du Monothéisme, par DAVID, qu'il ne peut être ni annihilé, ni affaibli par les analyses ingénieuses des adversaires du Libre-Arbitre. Les coupables n'ont point atténué l'horreur de leur crime par un trouble de leur Intelligence ou de leur Volonté : ils ont avoué qu'ils ont préféré la satisfaction de leurs *désirs* passionnés à la règle dont ils connaissaient toute l'autorité. Aussi, ils n'ont garde de chercher à se justifier : ils ne demandent que miséricorde.

Si un homme sincère confesse sa culpabilité après un attentat perpétré par sa volonté, il a le droit de protester de son innocence à la suite d'un événement malheureux dont il a été l'instrument, mais dont son Ame pensante, saine, éveillée, n'a été ni l'instigatrice, ni l'auteur volontaire. En vertu de la connaissance intuitive qu'il a de l'étendue et des limites de sa Liberté, il est en état de distinguer, dans ce qui s'est passé en lui, ce qui vient de sa Volonté d'avec ce qui vient d'un autre pouvoir.

Cette proposition est trop vulgaire pour avoir besoin de preuves ; mais je l'énonce pour que, dans la discussion future, les contendants ne confondent pas les effets de l'Instinct avec ceux de l'Ame Pensante. Un Poëte dramatique, qui doit connaître parfaitement les Mœurs et les Passions, se gardera bien de tomber dans de pareilles méprises. Dans la Tragédie lyrique d'ATYS, QUINAULT a voulu représenter un malheur de ce genre ; mais il ne s'est pas trompé sur les sentiments que devait en éprouver la cause innocente. — ATYS, jeune Prêtre de CYBÈLE, est amoureux d'une Nymphe destinée à un Roi ; en même temps il est l'objet d'un amour très-jaloux de la Déesse dont il est Pontife. L'amour d'ATYS et de SANGARIDE étant découvert, CYBÈLE irritée conçoit une vengeance horrible : elle fait naître dans le

jeune Prêtre un délire furieux, dont l'effet est de lui faire
croire que Sangaride est un monstre qui va dévorer cette
chère amante. En conséquence, il prend son épée, et il
tue ce prétendu ennemi qui est Sangaride même. Atys,
revenu de son délire, apprend tout ce qui vient de se passer.
Vous attendez-vous qu'un tel assassinat viendra exciter le
remords dans l'Ame de ce furieux ! Le Poëte s'en est bien
gardé : écoutez les plaintes de l'infortuné. Il n'exprime
pas un repentir. Il ne se dit pas l'*assassin* de ce meurtre,
mais seulement le BOURREAU. Où est le criminel ? Il est
dans l'Olympe ; aussi toutes ses imprécations sont dirigées
vers des Déités contre lesquelles des blasphèmes peuvent
être énergiquement articulés sans causer de scandale.

« Quoi ! Sangaride est morte ! Atys est son bourreau !
» Quelle vengeance, ô Dieux ! quel supplice nouveau !
 » Quelles horreurs sont comparables
  » Aux horreurs que je sens ?
 » Dieux cruels ! Dieux impitoyables !
  » N'êtes-vous tout-puissants
 » Que pour faire des misérables ?
»  . . . . . . . . . . . . . . . . . . . . . . . . . . . . . . . . . . . . . . . . . . . .
» O Dieux ! injustes Dieux ! que n'êtes-vous mortels !
» Faut-il que pour vous seuls vous gardiez la vengeance ?
» C'est trop, c'est trop souffrir leur cruelle puissance ;
» Chassons-les d'ici-bas, renversons leurs autels. »

C'est ainsi que parle un meurtrier involontaire. Oreste
parle autrement dans nos Théâtres. Son forfait a été volontaire et libre : il est coupable.

« Dieux qui me poursuivez, Dieux *témoins* de mes crimes,
» De l'enfer sous mes pas entr'ouvrez les abîmes.
» Ses supplices pour moi seront encor trop doux.
» J'ai trahi l'Amitié, j'ai trahi la Nature :
» Des plus noirs attentats j'ai comblé la mesure ;
» Dieux ! frappez le coupable, et justifiez-vous. »

Telles sont les plaintes respectives de deux individus caractérisés d'homicides à titres différents. Je prends les exemples dans des Drames : mais vous savez bien que ces fictions n'ont de valeur qu'en tant qu'elles imitent la nature. Ce sont des expressions d'états différents rendues par des Sens Intimes Humains souffrants, qu'il faudra mettre en parallèle avec les analyses des Philosophes spéculatifs.

Mes Notes pour cette discussion ne sont pas encore épuisées : celles qui me restent vous seront présentées au commencement de ma Leçon prochaine.

## 8<sup>me</sup> LEÇON.

CONTINUATION DES NOTES PRÉPARATOIRES RELATIVES A
L'EXAMEN DE LA QUESTION DE LA LIBERTÉ DU SENS INTIME
DE L'HOMME. 4º L'ADVERSAIRE PROFESSE LE STAHLIANISME,
QUI EST UNE ABSURDITÉ CONTRAIRE A NOTRE PRINCIPE DE
LA DUALITÉ DU DYNAMISME HUMAIN. — PASSAGE DE BOSSUET
QUI FAIT SENTIR QUE LE PRINCIPE DE LA DUALITÉ REND LE
LIBRE-ARBITRE PLUS ÉVIDENT. — LE PRINCIPE DE LA DUALITÉ
DU DYNAMISME HUMAIN, PEU CONNU HORS DES ÉCOLES HIP-
POCRATIQUES, A ÉTÉ PROFESSÉ PAR S<sup>t</sup> PAUL, QUE NOUS
CONSIDÉRONS ICI COMME BON MÉTAPHYSICIEN. — LE PASSAGE
DE L'APÔTRE DES NATIONS EST IDENTIQUE AVEC NOTRE FOR-
MULE DE LA CONSTITUTION DE L'HOMME, ÉTUDIÉE SUIVANT
LES RÈGLES DU NOVUM ORGANUM. — UN EXAMEN DE CON-
SCIENCE A LA SUITE DE CE QUI A ÉTÉ DIT CONCERNANT DES
PASSIONS, A DÉMONTRÉ INTUITIVEMENT ET LA RÉALITÉ DE
LA DUALITÉ DU DYNAMISME, ET CELLE DU LIBRE-ARBITRE.
— DIGRESSION TENDANT A FAIRE CONSIDÉRER COMME PRO-
BABLE QUE S<sup>t</sup> LUC, MÉDECIN, A PU INSTRUIRE S<sup>t</sup> PAUL DE
L'IDÉE HIPPOCRATIQUE SUR LA CONSTITUTION DE L'HOMME.
— 5º APPLICATION DES IDÉES ICI PRÉSENTÉES AUX ARGU-
MENTS PROPRES A SOUTENIR LE LIBRE-ARBITRE CONTRE LE
JANSÉNISME. — 6º ARGUMENT EN FAVEUR DES CAUSES OC-
CASIONNELLES, CONTRE M. GRUYER QUI SOUTIENT QUE
TOUTES LES CAUSES MORALES SONT EFFICIENTES. — DÉ-
FENSE DU PRINCIPE GÉNÉRAL DES CAUSES OCCASIONNELLES,
DÉMONTRÉES EN PATHOLOGIE MÉDICALE.

MESSIEURS,

Je désire compléter les Notes que je vous avais promises,
et qui pourront servir pour une nouvelle discussion relative

à la question de la Liberté Humaine. Trois autres articles,
joints aux trois précédents, seront propres à vous faire
sentir combien les arguments de M. Gruyer sont loin
d'ébranler, dans notre Entendement, le sentiment du Franc-
Arbitre.

4° Notre Adversaire est directement en opposition avec
l'idée fondamentale de notre Doctrine du Dynamisme Humain, c'est-à-dire avec la proposition de la Dualité de ce
Dynamisme. Il s'en tient à l'hypothèse du Stahlianisme,
que les Zoologistes peuvent soutenir tout à leur aise s'ils
le veulent, mais que les vrais Anthropologistes ne sup-
porteront pas.

Voici une croyance de M. Gruyer, laquelle est le contraire de ce que je ne cesse d'enseigner, et que personne
n'a réfuté encore.

« Quoique nous n'ayons pas toujours conscience ni de
» nos actes internes, ni de nos sensations ou de nos senti-
» ments, ni de nos idées, à la rigueur, l'Ame ne discontinue
» probablement pas d'agir, ou de vouloir, comme elle ne
» discontinue pas de sentir et de penser. Il est vrai que
» son activité change à tout moment d'objet, et que ses
» idées, ses affections varient sans cesse. Mais il ne dépend
» pas plus de nous de *vouloir* telle chose et non de *vouloir*
» telle autre, que d'avoir tel sentiment, de préférence à
» toute autre affection de même nature. Il dépend bien de
» nous, de notre volonté, de prendre tel ou tel parti, mais
» non de le *vouloir* prendre. Je puis faire du bien ou du
» mal si je veux; mais il ne dépendra pas de moi de *vouloir*
» l'un *et* l'autre (1). »

Stahl dit bien que l'Ame peut éprouver des sensations

---

(1) Pages 299 et 300.

et des sentiments, agir et vouloir, sans avoir conscience de ce qui se passe en elle ;..... ces propositions qui nous révoltent peuvent bien être permises un instant comme une supposition faite pour essayer une théorie hypothétique, et pour se mettre en état de bien lire et comprendre les ouvrages d'un homme supérieur, qui a coordonné des faits importants et des vérités d'une grande utilité médicale, autour d'une fiction absurde. Mais un homme grave qui veut raisonner sur une question aussi profonde et aussi pratique que celle de la Liberté de l'Homme, doit s'interdire des opinions excentriques aussi éloignées de ce qui se passe dans notre Sens Intime.

Ni vous ni moi ne savons ce que signifient dans l'Ame Humaine *éprouver des sensations*, *des sentiments*, *des idées*, *opérer des actions volontaires*, SANS AVOIR CONSCIENCE D'ELLE : l'expérience ne nous a rien appris de pareil. Un tel langage est le résultat d'une théorie hypothétique qui est pour nous sans valeur. Accoutumés à étudier la Nature d'après les principes de la Philosophie Naturelle, nous ne distinguons les causes invisibles que d'après les différences essentielles de leurs effets. Ainsi les phénomènes de la Vie Humaine qui se font sans conscience, n'appartiennent pas à l'Ame Pensante. — La reconnaissance des Deux Puissances Métaphysiques du Dynamisme Humain, leur *altérité* (BOSSUET), la différence de leurs natures découlant de leur comparaison, ne vous permettent pas d'omettre, dans la discussion de la question du Libre-Arbitre, ces vérités fondamentales et essentiellement médicales ; et dès que vous saurez en user, il vous sera aisé de repousser les arguments *monothéliciens* semblables à celui que je viens d'extraire du livre de M. GRUYER.

Il est à remarquer que BOSSUET, qui avait été élevé sui-

vant la Philosophie Cartésienne, et qui ne voyait vraisemblablement, dans l'Homme, d'autre Puissance Dynamique
que l'Ame Pensante, a dû sentir la nécessité de reconnaître
que la Force Vitale appartenait à l'Ordre Métaphysique, au
moins pour l'intérêt de la thèse qui nous occupe vous et
moi. Veuillez écouter un passage que je tire du Traité du
*Libre-Arbitre* de ce grand personnage (1). Après avoir rappelé les mouvements convulsifs et les autres mouvements
involontaires du corps, et avoir senti la difficulté de les
expliquer par les Lois de la Physique, il ajoute : « Voilà ce
» que nous pouvons connaître clairement touchant le mou-
» vement de nos membres. Je n'empêche pas qu'outre cela
» on n'admette, si on veut, dans l'Ame une certaine faculté
» de mouvoir le corps, et qu'on ne lui donne une action parti-
» culière : il me suffit que, soit qu'on admette, soit qu'on
» rejette cette action, cela ne fait rien à la Liberté. Car ceux
» qui admettent dans nos Ames cette action « ( *ou plutôt cette*
» *Force Vitale adjointe à l'Ame Pensante* ) » qu'ils n'en-
» tendent pas, ADMETTRONT BIEN PLUS FACILEMENT l'action
» de la Liberté, dont ils ont une idée si claire ; et ceux qui
» ne voudront pas reconnaître cette faculté motrice, ni son
» action, SERONT D'UN TRÈS-MAUVAIS RAISONNEMENT s'ils
» sont tentés de rejeter la connaissance de leur Liberté,
» qu'ils ont si distincte, parce qu'ils se seront défaits de
» l'impression confuse d'une faculté, et d'une action de leur
» Ame qu'ils n'auront jamais ni sentie, ni entendue ? »

Une partie de ce passage n'est pas assez claire, ni, j'ose
le dire, assez correcte, pour que j'en fasse une formule
modèle de la vérité que je vous enseigne ; mais je suis
bien aise de vous faire remarquer qu'un Écrivain illustre ;

---

(1) Voyez le Chapitre IX.

qui, par état, semblait pouvoir se dispenser de porter son attention sur l'idée Hippocratique de la Constitution de l'Homme, s'est aperçu, dans l'étude de la question de la Liberté de l'Ame Humaine, que le principe de la Dualité du Dynamisme Humain rendrait la Doctrine du *Franc-Arbitre* beaucoup plus facile, plus claire, plus en rapport avec les faits, surtout en comparant ce principe avec la manière de philosopher de ceux qui nient la Liberté de l'Homme. Les vérités anthropologiques se fortifient mutuellement. Le Chrétien convaincu de la Liberté et de la Responsabilité de l'Ame Humaine, se renforce dans sa Foi, en comparant l'automatisme vital des Fonctions Naturelles, avec les délibérations motivées des actions volontaires. Le jeune Physiologiste, sortant d'une École Organicienne, et récemment Néophyte dans une École Hippocratique, ne peut pas comparer la différence qui existe entre les motifs raisonnés d'origine intellectuelle, et les impulsions absurdes, bestiales ou voluptueuses, d'origine instinctive, sans éprouver, dans le fond de son Sens Intime, la Dualité de son Être, l'étendue et la délimitation de sa Liberté, le pouvoir et le devoir d'être honnête homme, en dépit de tout ce que le Matérialisme avait pu lui dire.

La Dualité du Dynamisme Humain, aujourd'hui presque inconnue dans le Clergé, à cause de la révolution Cartésienne (1), semble avoir été commune parmi les premiers

---

(1) Depuis le Cours auquel cette Leçon appartient, j'ai fait quelques démarches pour savoir quelle était la disposition des esprits touchant la question de la Dualité de notre Dynamisme; j'ai vu qu'un bon nombre d'Ecclésiastiques pensaient comme nous, avant qu'ils eussent été interrogés, et qu'il y en avait autant qui acceptaient sur-le-champ la proposition, comme la seule qui fût conforme au sens commun.

Chrétiens. St PAUL, excellent Métaphysicien, l'a rendue dans des termes si clairs, qu'un Élève de notre Faculté ne peut pas l'y méconnaître. J'ignore si les Théologiens de nos jours l'ont remarquée, et s'ils l'ont commentée; mais, quoi qu'il en soit, je dois vous lire le passage qui exprime énergiquement les éléments de la Constitution de l'Homme telle que nous la professons, c'est-à-dire l'Agrégat Matériel composé d'Instruments, une Force Vitale ou une *Anima* Zoonomique, et une Ame Pensante, autrement dit un *Animus* ou Esprit, avec ses Facultés Intellectuelles et Affectives. — Dans cette analyse, on peut trouver implicitement une aptitude qu'a l'Ame Pensante à distinguer, par la conscience, d'abord la source des phénomènes qui partent de ces éléments, ensuite la faculté d'en faire une déclaration volontaire et explicite (1).

Le passage dont je parle fait partie du Quatrième Chapitre de l'*Épître aux Hébreux*. L'idée capitale de ce Chapitre est d'exhorter les Néophytes à s'attacher, avec une parfaite sincérité, aux Lois de la *bonne nouvelle* (de l'Évangile), s'ils veulent jouir du *repos* (éternel); avantage qu'on ne peut pas obtenir sans une Foi complète. L'Apôtre insiste d'autant plus sur cette Foi, que beaucoup de leurs Ancêtres ont été privés du *repos*, à cause de leur incrédulité. — Pour cela, il les invite à avoir toute confiance en JÉSUS-CHRIST, qui est le Pontife des Hommes, le Grand-Prêtre

---

(1) On voudra bien remarquer que la Leçon actuelle avait été faite environ un an avant celle que j'ai lue en chaire, le 1er Décembre 1851, et qui a été publiée sous le titre de : *Accord de la Doctrine anthropologique de Montpellier avec ce que demandent les Lois, la Morale publique* et les Enseignements Religieux prescrits par l'Etat. — Montpellier, 1852, in-8°.

( *sacerdos* ) intermédiaire entre l'Humanité et l'Éternel.
Cette confiance est d'autant plus juste, que cette Personne
Divine a été Homme, a connu et senti tout ce qui se passe
dans notre Vie Humaine. Puisque nous ne lui pouvons
rien cacher, ayons au moins devant elle le mérite de la
sincérité et d'une conscience scrupuleuse. — Voici donc
comment St Paul parle de notre Constitution, quand il fait
allusion à l'union hypostatique du Verbe avec l'Ame Humaine, lors de l'Incarnation :

« Hâtons-nous donc d'entrer en ce *repos*, afin que per-
» sonne n'imite le mauvais exemple de l'Incrédulité. — Car
» le *Verbe*, la *parole* (*Logos*) de Dieu est vivante et efficace ;
» et plus perçante qu'un glaive qui tranche de deux côtés,
» elle pénètre jusqu'à la division de l'Ame et de l'Esprit,
» *animæ ac spiritûs* « ( *de la partie bestiale et de la partie*
*spirituelle* ) », des jointures et des moelles, et elle juge
des pensées, et des intentions du cœur. « ( *C'est pourquoi,*
» ajoute le Commentateur Godeau, *il ne faut pas penser la*
» *pouvoir tromper, ni éviter la punition dont elle nous me-*
» *nace.*) » — L'Apôtre continue : « Et il n'y a point de créature
» invisible pour elle ; mais toutes choses sont nues et dé-
» couvertes aux yeux de celui à qui nous avons à rendre
» compte de toutes nos actions..... Nous n'avons pas un
» Pontife qui ne sache pas compâtir à nos faiblesses ; mais
» il a voulu éprouver comme nous toutes sortes de tenta-
» tions, hormis le péché. »

Messieurs, y a-t-il moyen d'exprimer plus clairement
le résultat immédiat de notre connaissance de la Constitution
de l'Homme, acquise par la Logique la plus naturelle et
la plus rigoureuse ? Les Aphorismes du *Novum Organum*
peuvent-ils nous fournir un procédé philosophique plus
concluant ? Ainsi, réunion d'instruments ( *jointures et*

*moelles* ) disposés de manière à opérer les phénomènes de la Vie Humaine; — une INTELLIGENCE ( *Esprit* ) qui sent son existence et la présence des choses qui ne sont pas elle, mais qui font impression sur elle; — une ANIMA *bestiale et instinctive* ( *anima* ) qui sollicite l'*Esprit* ; — distinction à faire dans l'Ame intellective entre les pensées gouvernées par la Raison ( *cogitationum* ), et les tendances dirigées par des impulsions d'une autre source ( *intentionum* ); — un discernement intellectuel pour séparer secrètement ces nuances mentales, et une aptitude dialectique capable de les exprimer quand la conscience s'adresse à celui qu'il n'est pas possible de tromper : ..... Voilà l'Homme tel qu'il vous est montré dans cette École, tel qu'il était signalé dans les premières années de l'Ère Chrétienne,... et tel qu'il était, non-seulement dans les premiers délinéaments rudimentaires de l'Anthropologie, quatre cents ans auparavant, dans l'École de Cos, mais encore dans le premier Livre qui nous soit connu, dans les premiers Chapitres de la Genèse (1).

Ne parlez donc plus, dans la future polémique où vous pourrez vous engager, de l'Ame de STAHL, qui sent, qui forme des idées, qui pense et qui veut, sans s'en douter, et dont CABANIS a su tirer un si bon parti en faveur de la Secte Organicienne : reconnaissez par votre conscience, dans votre Être, une Puissance Instinctive qui ne cesse d'inspirer à votre Ame Pensante des *désirs* ; .... mais rendez-vous ce témoignage que d'abord votre Ame n'a point eu de volonté exécutrice, jusqu'à ce qu'elle eût comparé le *désir* avec la règle; — que lorsque le *désir* ne s'est pas

---

(1) Cette Leçon est encore antérieure à la communication de la précieuse Note de M. CORBIÈRE, que j'ai insérée dans ma Leçon du 1er Décembre 1851.

trouvé en opposition avec la règle, votre Ame a *voulu* que le désir fût satisfait ; — que lorsque le *désir* et la règle ont été en opposition, votre Ame s'est armée contre les instigations de l'Instinct, et vous avez *voulu* agir contre le *désir* même le plus cher ; — que si, dans ce combat plus ou moins pénible, la Raison, *mens*, l'a emporté sur le désir, vous vous êtes couronné vous-même, et vous vous êtes acquis un sentiment de satisfaction proportionné à la violence du duel; — que si le désir a triomphé de la règle, la volupté qui a accompagné la satisfaction de ce *désir*, a empoisonné de bonne heure cette jouissance, quelquefois même dans le moment de la défaite de l'Ame Pensante, et que vos reproches contre vous-même sont la conviction des moyens de défense qui étaient à votre disposition, et dont vous n'avez pas *voulu* vous servir.

Je ne puis pas croire qu'un pareil témoignage formulé par votre Sens Intime, ne produise dans votre Entendement une démonstration entière de votre Liberté Mentale, et ne l'emporte sur tous les arguments que les Philosophes ont ingénieusement construits contre le Franc-Arbitre.

Le fond de la science attachée à ma Chaire est si étendu, qu'il ne m'est guère permis de m'arrêter à des considérations historiques et de pure érudition. Une courte remarque, que je me permets aujourd'hui, vous paraîtra peut-être une distraction insolite et oiseuse. J'ose espérer qu'après réflexion, vous la trouverez assez instructive pour que vous me la pardonniez.

1. Le passage de S^t PAUL, que j'ai lu et commenté, a été mis dans le *Bréviaire Romain* généralement usité depuis plus de deux cents ans. Je n'ai pas assez de lumières sur l'Histoire de ce point de Liturgie, pour savoir quelle est l'époque où ce passage a été employé ; mais il est bon de

remarquer que tous ceux qui se sont occupés des *Bréviaires*
n'ont pas senti également la valeur de ces versets de l'Épître
mentionnée. Le Bréviaire que je cite a été réformé après
le Concile de Trente. Des six ou sept qui sont à ma disposition, les uns sont antérieurs à cette réforme, les autres
postérieurs. Or, je ne trouve le passage dans aucun, au
moins pour l'Office dont il fait partie dans le *Bréviaire Ro-*
*main.* Ici, il forme la 7º Leçon des Matines du Vendredi-
Saint ( Office de Jeudi soir ). Dans le lieu correspondant,
je trouve autre chose. Quand il y a un passage de la même
Épître, je ne vois pas le verset qui exprime textuellement notre formule de la Constitution de l'Homme.

Lorsque vous recherchez l'esprit instructif de cette Leçon
liturgique, il est aisé de voir qu'il est le vrai caractère d'un
Examen de Conscience tel que doit le faire un Chrétien,
surtout à l'époque de l'année où il doit chercher à profiter
du plus auguste des sacrements. Dans toutes les Communions Chrétiennes, cet Examen est le même : aspirer
à cet avantage sans avoir discerné toutes ses actions, ses
paroles, ses pensées, suivant leur innocence et leur culpabilité ;..... c'est s'exposer à faire un sacrilége, et par
conséquent à compromettre son salut. Je vous prie de remarquer que cette intention est d'autant plus évidente,
dans les diverses Communions, que dans le Protestantisme
Anglican, la Leçon dont il s'agit fait partie d'une lecture
obligatoire du Vieux et du Nouveau Testament, qui remplace, à la prière du matin, et à celle du soir, les heures
de l'ancien Bréviaire Catholique. Or, la veille de Pâques,
la lecture de *Vépres* ou du soir est le Quatrième Chapitre
de l'*Épître de* St. PAUL *aux Hébreux*, dans laquelle se trouve
l'Examen de Conscience dont je vous entretiens (1).

(1) *Liturgia seu liber precum communium... Ecclesiæ Anglicanæ.*

Ainsi, dans toute la Chrétienté, aux approches du jour de la Cène Eucharistique, tous les individus qui distinguent le bien et le mal moral, le juste et l'injuste, et qui suivent la Loi du Christ, font une protestation en faveur de la Doctrine du Libre-Arbitre, puisqu'ils se repentent, *avec contrition*, de leurs actions répréhensibles, et font un ferme propos de ne plus pécher. Je m'imagine qu'il n'y a pas de Religion sur la terre où les fidèles ne soient obligés à faire un acte équivalent. Voilà donc un consentement général.

2. Vous venez de voir que dans la formule de St Paul se trouve l'expression de la Constitution de l'Homme, pareille à celle qui est exprimée dans notre Enseignement. Une *Instrumentation*, une *Force Vitale*, une *Ame Pensante*, constituant la Personne Humaine au moyen d'une union hypostatique, est une vérité acquise par les méthodes de la Philosophie Naturelle. — Cette proposition n'est pas un article de Foi religieuse, et les Ministres de la Religion ne vous ordonnent pas de l'accepter sous peine de damnation; mais c'est un fait scientifiquement acquis, que tous les vrais Médecins reconnaissent, et dont la négation décèle, dans le dissident, un défaut ou de Logique ou d'instruction. — Mais comment cette grande vérité, anthropologique et médicale, se trouve-t-elle clairement formulée dans une Lettre d'Enseignement Théologique, lorsqu'elle n'entre point directement dans la liste des croyances indispensables?

Messieurs, quoique l'*Apôtre des Nations* fût un homme instruit, socialement bien élevé, on est étonné de voir l'idée Hippocratique liée avec une Théologie *positive*, nullement scolastique. — Je ne crois pas que les Théologiens aient expliqué cette circonstance; mais il ne nous sera pas difficile d'en rendre raison au moyen de quelques rapprochements historiques.

Vous savez que S<sup>t</sup> Luc a été choisi, il y a long-temps, par les Médecins catholiques, pour leur Patron. Cette confiance n'est pas arbitraire : elle a été fondée sur diverses connaissances de la vie de ce personnage. Luc, Payen de naissance, appartenant à une famille aisée, reçut une bonne éducation. Il cultiva la Littérature Grecque et les Beaux-Arts, et il devint Médecin. Il était parent de S<sup>t</sup> Paul , je ne sais comment, quoiqu'il fût Gentil , et que l'autre fût Juif. — De bonne heure il embrassa le Christianisme; il s'attacha à ce parent de la manière la plus étroite, et l'accompagna dans les voyages qu'il fit pour son Apostolat. — C'est Luc qui a composé un *Évangile*, qu'on dit être le mieux écrit, et les *Actes des Apôtres* , qui sont un des monuments les plus précieux de l'origine du Christianisme.

Baillet dit de lui : « Il pratiquait la Médecine avant sa » conversion : et rien n'empêche de croire qu'il l'ait encore » exercée depuis. S<sup>t</sup> Jérôme dit même qu'il était très-habile » dans cette profession. » — C'en est bien assez pour justifier le culte que les Médecins lui ont rendu, quand ils se sont réunis en corps professionnel.

S<sup>t</sup> Luc a été non-seulement le parent, l'ami et le Disciple de S<sup>t</sup> Paul , mais encore son Secrétaire, et même son Rédacteur. Cette dernière fonction était d'une grande utilité à S<sup>t</sup> Paul, dont le langage Grec avait de l'incorrection. — L'*Épître aux Hébreux* est supérieure aux autres *Épîtres*, sous les rapports du style, de la composition, de l'arrangement et de l'éloquence (1). Cette différence suffit pour que, dans le commencement, on ait douté que cet écrit sortît

---

(1) D. Calmet, *Dissert.*, T. III, p. 99.

de la plume de S¹ Paul. — Ensuite on a pensé que le fond appartenait à l'Apôtre, mais que toutes les formes appartiennent à cet élégant Rédacteur.

Mais si Luc a été si profondément instruit dans la Littérature Grecque, et si habile dans la Pratique Médicale, il aura indubitablement lu Hippocrate. Les idées de ce Maître, touchant la Constitution de l'Homme, ont dû lui être familières, et par conséquent la distinction de l'Instrumentation, de l'Ame bestiale et de l'Esprit, la différence des motifs raisonnés et des motifs affectifs, ont pu avoir été insérés dans l'*Épître* par celui qui était plein de ces Vérités Anthropologiques, et qui était chargé de la rédaction d'un précepte étroitement lié à la Doctrine du Dynamisme Humain.

La Vérité Anthropologique ne faisant point partie des Dogmes Chrétiens, des Ecclésiastiques ont pu la négliger, la regarder comme non avenue, surtout durant le règne du Cartésianisme. — Mais je ne voudrais pas qu'ils la considérassent comme contraire à la Foi. S¹ Paul n'aurait certainement pas permis que, dans ses Instructions, on pût lire des hérésies ou des propositions mal sonnantes : il aurait pu laisser glisser une pensée inutile au sujet, mais jamais une proposition hétérodoxe.

Revenons à mes Notes préparatoires contre les Adversaires du Libre-Arbitre.

5º M. Gruyer soutient, comme Jansénius, que la chute de l'Ame arrive par *nécessité* et en dépit de la *Volonté*; avec cette différence que l'Évêque d'Ypres attribue cet événement à l'absence de la Grâce Divine, et que notre honorable Adversaire l'attribue aux causes accidentelles qui ont dirigé cette Ame, à *son insu*, contre la Volonté. — Je ne puis pas admettre cette *nécessité* latente, parce

10

que je nie formellement le fait. Si nous sommes infidèles à la règle que nous avions acceptée, c'est que la Volonté s'est relâchée ou par paresse, ou par des motifs de Philautie, ou par la perspective d'une Volupté présente infaillible. Ces attraits ont été si forts, que nous avons saisi l'occasion, espérant confusément qu'il y aurait un accommodement pour la règle. — Une promesse et une menace éloignées, mises en comparaison avec un avantage actuel, évident, dont nous commençons à goûter la Volupté,.... compromettent fort notre Vertu. Jouissons d'abord, et puis nous viserons aux expédients pour nous ménager le secret, l'impunité, la grâce, la miséricorde. — Dans cette opération mentale, il n'y a pas de *nécessité* : nous sentons bien qu'il dépend de nous d'agir suivant la règle; il faut donc avouer que la *Volonté* s'est affaiblie d'abord, et puis annulée, en présence de deux partis à prendre : nous nous sommes dit : *un tiens vaut mieux que deux tu l'auras.*

Faisons notre Examen de Conscience avec l'exactitude prescrite par St PAUL, en fouillant l'origine de nos actions, dans nos organes, dans notre Force Vitale, dans notre Intelligence, dans notre Raison, dans notre Amour de nous;.... et alors toute idée de nécessité disparaît. Nous avons mal agi volontairement, sciemment, dans le même moment où nous sentions l'inflexibilité de la règle et la puissance de notre Ame. Nous savions pourtant que notre Ame est de la même nature que celles de JOB, des MACHABÉES, des Confesseurs et des Martyrs Chrétiens; de celle de RÉGULUS retournant volontairement à Carthage pour subir son supplice; que celles des individus qui ont fourni à HORACE le type de l'Homme qui, pénétré de son devoir, le suit inébranlablement pendant toute sa vie, en bravant les impressions fortuites qui l'assaillent. « L'Homme juste,

» et ferme dans ses desseins, n'est ébranlé ni par les efforts
» d'un peuple furieux et injuste, ni par les menaces d'un
» Tyran actuellement présent, ni par la violence du vent
» du Midi qui règne avec tant d'empire sur la mer Adria-
» tique, ni par les foudres de JUPITER. Si l'Univers s'écrou-
» lait, les ruines l'écraseraient sans pouvoir lui inspirer la
» crainte :

> « *Si fractus illabatur orbis,*
> » *Impavidum ferient ruinæ.* »

Si l'on nous reproche ou nos méfaits ou nos omissions,
pouvons-nous, de bonne foi, dire qu'une *nécessité* secrète
nous a mis dans l'impossibilité d'exécuter nos *volontés*?....
Non ; nous n'avons pas *voulu* comme la règle l'exigeait,
parce que nous avons préféré une volupté présente, une
satisfaction illicite, ou une inaction coupable, à l'accomplissement de nos devoirs. Nous ne sommes donc pas impuissants,...... mais bien coupables de paresse, de couar-
dise, d'improbité, de sybarisme, dignes ou de censure ou
de punitions, suivant le sujet.

Le défaut de *bonne volonté* a pour principe une cause
qu'il dépend de notre Liberté d'exclure loin de nous : c'est
l'ignorance ou l'incurie de la dignité de nos devoirs. Or,
le mépris de la Morale est un crime ; son indifférence est
déjà une disposition suspecte, digne d'une surveillance
sévère.

6° Une autre idée importante qui doit être préparatoire
pour la discussion, et qui est du plus grand intérêt dans la
Philosophie Médicale, est celle qui se rapporte à la différence entre les Causes *Efficientes* et les Causes *Occasionnelles.* M. GRUYER ne veut pas cette différence, et vous
pouvez bien sentir pourquoi il ne peut admettre que des
Causes Efficientes. Il s'en explique très-clairement. « Ce

» que vous appelez Cause *Occasionnelle* , dit-il , est véri-
» tablement ( pour celui qui analyse avec soin l'Esprit Hu-
» main ) Cause *Efficiente* , ou *Productrice* : si elle n'est pas
» Cause immédiate de la volition , elle l'est du moins des
» motifs qui la produisent. ».......... « Nous sommes quel-
» quefois violemment tyrannisés, invinciblement entraînés,
» soit par nos idées , soit par nos passions ; alors il devient
» évident que ces phénomènes agissent sur la volonté à titre
» de Causes Efficientes. Or, il n'y a jamais, il ne pourrait
» y avoir , sous ce rapport , aucune différence essentielle ,
» mais une différence du plus au moins, quant à l'intensité
» de leurs effets, entre les idées les plus impérieuses et les
» pensées les plus douces; entre les passions les plus vives
» et les sentiments les plus tranquilles : les effets produits ,
» pour être moins énergiques, n'en sont pas moins néces-
» saires (1). »

Ce point d'Ontologie ou de Métaphysique Générale est
d'autant plus digne de la plus grande attention, qu'il peut
exercer une influence suspecte sur la question actuelle, et
introduire une perversion pernicieuse dans la Pathologie.

En attaquant le Libre-Arbitre, M. GRUYER s'est ac-
coutumé à considérer les actions humaines comme des effets physiques de corps faisant les fonctions de bassins
de balance, ainsi que le voulait JANSÉNIUS; ou de corps
mobiles, prêts à suivre les effets d'impulsions en un ou
en plusieurs sens; et je serais porté à croire que cette
comparaison lui a fait perdre de vue quelquefois la causalité
qui s'exerce sur les Puissances Métaphysiques, causalité
qui est différente de la causalité réciproque des corps inanimés.

---

(1) Ouvr. cit. , page 318.

L'Étiologie Médicale qui doit nous être perpétuellement présente à l'esprit, dans l'exercice et dans l'enseignement de notre Art, nous préserve de cette confusion des Causes. Le sujet de nos études est composé de la réunion d'un *Corps*, d'une *Ame Pensante* et d'une *Force Vitale*. Le premier élément, qui est de l'Ordre Physique, nous fournit assez souvent l'occasion de voir les phénomènes amenés par les Causes *Efficientes*, qui se montrent par les propriétés des corps, dans des circonstances où la violence de leurs impressions nous fait perdre de vue les changements éventuels survenus dans les autres éléments. — Ces deux autres éléments, qui sont des Puissances *de l'Ordre* Métaphysique, c'est-à-dire des Puissances qui agissent dans un but, nous montrent sans cesse des jeux de Causes *Occasionnelles*, où nous contemplons la Contingence fréquente des effets, quand l'Agrégat Matériel reste le même dans sa substance. Il n'y a pas moyen, chez nous, de lier ensemble les Causes *Efficientes* avec les *Occasionnelles*, et de les joindre dans une même catégorie où elles ne différeraient que par des degrés d'intensité. C'est en réfléchissant sur cette comparaison que nous sentons le prix de la distinction faite, par les Philosophes de la vieille roche, entre les Causes qui agissent *ratione entis*, et les Causes qui agissent *ratione moris*. — Cette idée a besoin de quelque développement ; je m'en occuperai au commencement de ma Leçon prochaine.

# 9ᵐᵉ LEÇON.

MESSIEURS,

Vous avez vu que M. GRUYER ne veut pas qu'en Étiologie
on distingue les Causes Efficientes d'avec les Occasionnelles,
autrement que par le degré de leur intensité ou par la force
de leur énergie. Cet article de Métaphysique Générale est

trop important en Médecine pour que je puisse laisser
passer, sans réclamation, un tel changement dans la Doctrine des Causes.

Je serais bien fâché d'être obligé, comme je le suis, de
ne faire qu'effleurer cette matière, si je ne savais que mon
honoré Collègue M. JAUMES se propose de l'approfondir dans
son prochain Cours de Pathologie Générale. Les choses
étant ainsi, je puis me contenter d'une protestation motivée;
quelque abrégée qu'elle soit, elle vaudra mieux qu'un silence
absolu qui vous paraîtrait un consentement tacite.

La valeur de l'expression *Causes Occasionnelles* en Pathologie n'a peut-être jamais été mise en relief avec une clarté
suffisante, hors de cette Faculté. GALIEN en a mentionné
l'idée dans un livre de peu d'étendue ayant pour titre :
*Des Causes procatarctiques*. La pensée qui l'occupait en
comparant les diverses Causes, c'est qu'il en est qui ob-
tiennent peu leur effet, tandis qu'il en est d'autres qui
réussissent fréquemment. Ainsi il remarquait que, dans un
cas, une puissance extérieure capable de faire venir la fièvre
avait exercé son influence sur quatre individus à la fois,
et qu'un seul en avait reçu l'effet. Il devait en conclure que
la *Nature*, ou la Force Vitale, pouvait, chez un, accepter
les effets de l'impression causale, et que, chez d'autres individus de même espèce, elle pouvait en éluder l'action.

Depuis la Renaissance, les Causes Occasionnelles ont été
mentionnées, de temps en temps, dans les traités de Pathologie, mais ordinairement d'une manière vague, presque
toujours en les confondant avec les procatarctiques ou avec
les proégumènes. — D'où peut venir ce mauvais emploi
de cette expression ? — Cela doit être de ce que la première
signification dérive de l'Ordre Moral, et que l'expression
n'a pu avoir un sens légitime, en Pathologie, que lorsque

l'on a pu reconnaître suffisamment les ressemblances qui existent entre les facultés, les actes, les modes des deux Puissances du Dynamisme Humain. Il ne faut donc pas être surpris que BOERHAAVE et le Lexicographe de Paris NYSTEN n'aient pas eu la moindre idée de la valeur réelle de ces mots : ils ne se doutaient certainement pas du parallèle qu'il est possible d'établir entre la Force Vitale et l'Ame Pensante.

Pour sentir la différence essentielle qui existe entre la Cause *Efficiente* et la Cause *Occasionnelle*, comparons les effets qui surviennent à la suite de l'action réciproque de corps inanimés, avec ceux qui surviennent dans un individu doué d'une Ame Pensante, à la suite d'une impression faite sur cet individu, quelle qu'en soit la source.

Avant de faire cette comparaison, convenons que nous n'acceptons d'autre Philosophie Naturelle que celle qui est primitivement empirique; que, dans la dénomination des Causes et dans les formules de la causalité, nous nous garderons bien de faire intervenir DIEU : il ne serait là que comme une hypothèse, et ce rôle n'est pas digne de lui. Ainsi, bannissons de notre Méthode toutes les Causes Occasionnelles supposées dans le Système de la *Prémotion Physique*.

Un corps inanimé mis en rapport avec un autre corps inanimé, suivant des modes et des conditions connues, exercera sur lui une causalité prévue, certaine, infaillible; le changement, nécessaire, commencera au moment du contact; l'effet sera toujours le même si les corps et les conditions internes et externes restent constamment dans le même état. Cet effet, soit mécanique, soit chimique, soit pneumatique, soit pyrotechnique, est le résultat des propriétés physiques des deux corps;.... et il continuera de se reproduire dans les mêmes circonstances, tant que leur constitution physique et chimique sera intacte. C'est là ce qu'exprime la formule, *que ces corps agissent* RATIONE ENTIS.

Portons maintenant notre attention sur la causalité qu'une impression extérieure détermine dans les Ames Pensantes. Un grand nombre d'individus de divers âges, de tous les rangs, sont réunis dans une Église, et entendent la Messe. C'est une collection d'intelligences, de substances individuelles de la même nature, liées par une sympathie humanitaire, douées d'un sens commun, aussi ressemblantes, entre elles, que peuvent l'être les corps inanimés, de la même espèce, sur lesquels vous exercez les expériences physiques. — Dans le temps le plus solennel et le plus silencieux de la cérémonie, on entend le tocsin. Tout le monde est surpris d'un événement aussi insolite. Quel en est l'effet mental ? Sera-t-il uniforme, et prompt comme l'effet des Causes exercées dans l'Ordre Physique ?... Non.— Les adolescents se hâteront de sortir pour connaître la cause de ce bruit. Les adultes et les hommes mûrs se regarderont et se questionneront à voix basse. Avant de réagir, c'est-à-dire de former une *volonté* exécutrice, chaque Ame aura la *volonté* interne, d'abord de rappeler dans l'entendement toutes les idées qui peuvent avoir une *relation* avec les événements annoncés ordinairement par ces sortes de manifestations ,..... et ensuite de réfléchir et de méditer sur celles qui peuvent le plus l'intéresser. Suivant les pensées habituelles, une Ame songera à un incendie; une autre à une émeute; une autre à une guerre civile et à une invasion ; une autre à des attroupements qui attaquent ou l'ordre ou le gouvernement. Au milieu de ces conjectures, les intérêts et par conséquent les désirs doivent beaucoup varier chez les individus. Les *désirs* ne sont pas du ressort de la liberté, puisqu'ils dépendent d'un système d'idées individuel ; mais quand il s'agit d'un événement public, les Ames probes également instruites ne doivent avoir qu'une *volonté* ; et comme cette *volonté*, ce pouvoir d'agir, conformément à un but, dépend de leur *franc arbitre*, elles se décident, elles *veulent* d'après la règle, quels que soient les désirs ;...... et si elles ne peuvent pas les éteindre, elles les condamnent à toute inaction. — Quant à celles qui par ignorance ou par égoïsme se rendent étrangères au devoir, et unissent ensemble tout désir avec la *volonté*, elles agissent comme il leur plaît, et par conséquent suivant des manières fort diverses.

Il est possible qu'entre tant d'Ames il y en ait qui restent indifférentes pour la cause qui a mis tout en émoi, lesquelles, par insouciance, par résignation ou par paresse, disent *in petto* : *Qu'on se batte, qu'on se déchire, peu m'importe*, etc. Mais il en est une qui n'agit pas comme les autres : c'est celle du Prêtre. Retirée du monde par son attention *volontaire*, et absorbée dans ses relations avec Dieu, elle a pu ne pas ressentir les sons du tocsin ; mais si les organes l'ont avertie de cette impression, elle a *voulu* se soustraire à un événement terrestre dont les intérêts ont si peu de valeur en comparaison de ceux dont elle est occupée. Elle a usé de toute sa puissance pour *vouloir* que son application entière se fixât exclusivement sur la relation de l'humanité intelligente avec l'Intelligence infinie, afin de demander que le Créateur daigne jeter une influence bienfaisante sur sa créature.

Comparez donc la causalité d'une impression exercée sur l'Ame humaine avec celle qui s'opère entre deux corps inanimés. Récapitulons :

Au lieu de l'effet nécessaire, infaillible, aveugle qui suit l'impression d'une substance inanimée sur un corps du même ordre, effet qui donne à sa Cause le titre d'*Efficiente*, la réaction d'une Ame Pensante ne se produit que par la *volonté* de cette Puissance. Quand la Cause fait une impression, elle amène d'abord une sensation qui n'est pas toujours infaillible; car, si l'Ame est absorbée par la préoccupation d'une idée, elle préférera sa pensée actuelle à la connaissance de ce qui se passe à l'extérieur : témoin l'attachement d'ARCHIMÈDE et de VIETTE pour leurs spéculations mathématiques. La sensation réalisée peut bien se manifester promptement à l'extérieur par un acte volontaire, chez un enfant ou chez un sot; mais une intelligence développée ne répond qu'après délibération. Cette délibération peut être longue, en proportion, soit de l'importance de l'impression, soit des idées plus ou moins nombreuses qui résident dans cet entendement; et qui peuvent avoir quelque relation avec la sensation. — La *volonté* suspendra la décision jusqu'à ce que l'instruction soit suffisante. — Après ces recherches mentales, l'Ame trouvera une *raison* qui l'invitera à prendre un tel parti, plus un *plaisir* qui lui offrira un parti fort différent. Elle *choisira* entre l'un et l'autre. Il est possible qu'elle cherche à tâter de l'un et de l'autre : usant de sa *liberté*, elle voudra jouir de la volupté aux dépens de la raison ; quelque temps après, elle préférera la raison à la volupté, peut-être pour narguer ceux qui nient sa liberté. — Dans tous les cas, y a-t-il moyen d'appeler *Efficientes* des Causes dont les effets sont si peu assortis avec l'impression qui n'a été que l'*occasion* de tant d'opérations mentales?.... d'appeler *Efficientes* des Causes dont l'effet sera subordonné aux désirs, aux volontés , aux caprices , aux inconstances, à l'esprit de contradiction d'une Ame Humaine?

Voyez donc la différence qui existe entre les Causes *Efficientes* et les Causes *Occasionnelles*. Dans les premières, de part et d'autre, des propriétés physiques; dans les autres, au moins dans un des termes, l'effet est le résultat de motifs raisonnés. — Dans les premières, point de retard, nécessité, infaillibilité;.... dans les autres , délibération, liberté , contingence. — Sentez donc pour la seconde fois toute la valeur du contraste entre les Causes qui agissent *ratione entis*, et celles qui agissent *ratione moris*. — Après cette réflexion, dites avec toute la sincérité qu'exigent la dignité de la Science et la sainteté de la Morale, souvent étroitement liées ensemble , si vous pouvez prononcer que les Causes *Efficientes* et les Causes *Occasionnelles* ne sont pas radicalement différentes, et qu'elles ne sont distinguées que par le degré d'intensité. — N'entamez pas la discussion que vous ne soyez tous d'accord sur ce point d'Étiologie Générale.

Si je suis plus prolixe que d'ordinaire, et que je ne voulais, il vous est aisé d'en voir la raison : ma défense pour la Doctrine des Causes *Occasionnelles* est un combat *pro aris et focis* en Médecine. Je vous l'ai déjà dit : je ne comprends plus rien en Anthropologie, soit hygide, soit pathologique, si l'on repousse de la Science de la Force Vitale la distinction des deux sortes de Causes dont je vous entretiens.

Quand un corps agit sur la Force Vitale, quand un vésicatoire amène son effet, quand une constitution atmosphérique est cause de santé ou de maladie, quand un miasme contagieux détermine une Affection morbide *sui generis*,.... il ne faut pas croire que la réaction de cette Puissance, objet de l'impression, soit un effet pareil à ceux

des Causes Efficientes : ne vous attendez à y voir ni continuité de l'impression et de la réaction,.... ni nécessité,....
ni infaillibilité,.... ni apparence de l'action *ratione entis.*
— Quoique dépourvue de conscience, cette Puissance n'en
est pas moins *Métaphysique*, c'est-à-dire moins douée d'une
*tendance à opérer suivant un but*; moins destinée à coopérer
avec l'Ame pensante à l'exécution de la Vie Humaine. —
Elle ne possède pas la Liberté, mais elle a une spontanéité.
— Elle n'est pas riche d'idées de conscience acquises, mais
elle est pénétrée d'aptitudes innées, et de tendances gagnées
par les Instincts secondaires, déduits des milieux où elle
vit et a vécu. — Elle n'a pas de propensions fondues avec
le caractère, mais elle est imbue de dispositions, ou, comme
disaient les Médecins de l'ancienne Grèce, de *Diathèses*,
tant hygides que morbides, qui *constituent* l'essence des
tempéraments, quoi qu'en disent les Anatomistes étrangers
à la Science du Dynamisme Humain.

Les Diathèses antérieures et les susceptions journalières
de la Force Vitale, sont sans doute combinées dans son
unité, comme les idées se combinent dans l'Ame Pensante.
Cela n'est pas démontré par une connaissance intuitive
des détails de la Pensée et des Affections Mentales ; mais
l'induction nous fournit cette analogie, en nous faisant
voir que la seule Puissance connue que nous puissions
mettre en parallèle avec la Force Vitale Humaine, c'est
l'Ame Pensante. — Ainsi les besoins de l'Esprit nous
sollicitent à combiner nos idées entre elles, et à créer en
nous le système de nos Pensées Intellectuelles et Morales.
— Les besoins de l'Existence Vitale sollicitent cette
unité à combiner les Diathèses pour en faire sortir des
Modes opératifs et affectifs, qui exécutent les Fonctions
Naturelles, les Instincts, les Affections morbides de la Vie.

— Or, ce système de dispositions vitales internes ne réagit pas d'une manière *nécessaire* et infaillible à la suite des impressions faites sur la Force Vitale : le premier effet de l'impression est une *susception* de l'unité et une propagation dans toute l'étendue de la Puissance. La réaction pourra ne venir qu'en conséquence des convenances vitales survenues dans l'entier : ainsi, attendons-nous à des contingences et des variétés d'effets, à des nullités de réponse, comme cela se voit dans le monde moral. De cette manière, la Puissance provoquée répond souvent *ratione moris* ; la Cause n'est pas Efficiente, mais simplement *Occasionnelle*.

Vous penserez peut-être, MESSIEURS, que la Théorie des Causes Occasionnelles appliquées à la Science de la Force Vitale Humaine, est un article de surérogation par rapport à la Doctrine du Libre Arbitre. Mais vous ne devez pas oublier qu'il ne s'agit pas seulement de traiter cette question d'une manière générale, mais qu'il s'agit aussi de réfuter la négation de la Liberté Humaine soutenue par M. GRUYER. Or, je me suis récrié contre l'hypothèse Stählienne dont notre Célèbre Adversaire s'est prévalu dans son système. Il n'est donc pas inutile d'apprécier la Doctrine des *Causes Occasionnelles*, puisqu'elle fait partie intégrante de notre Médecine que je ne puis pas me dispenser d'opposer à celle que M. GRUYER préférait.

Il me tardera beaucoup de savoir quelle pourra être la face de la question, quand vous y aurez mis quelques-unes des notes que je vous ai communiquées, et que M. l'Antagoniste aura bien voulu les prendre en considération.

Au reste, ne vous pressez pas : il n'y a point de péril à la demeure. Provisoirement la question est préjugée en faveur de l'affirmative, puisque toute la Législation, le Code des délits et des peines, toute la Morale, soit Naturelle, soit Religieuse, sont construits sur ce Dogme. — De plus l'affirmative repose sur la déclaration du Sens Intime ; la négative a seulement pour soutien des assertions *à priori*.

Remarque. J'ai continué de faire imprimer sans suppression les Leçons actuelles, quoique M. Gruyer ait répondu postérieurement aux objections que j'avais faites contre son système. Ses réponses sont dans le volume imprimé en 1851 à Bruxelles, sous le titre de : *Opuscules Philosophiques* ; in-8°, p. 294. Ce que j'avais craint est arrivé : je n'étais pas bien sûr d'avoir saisi le sens rigoureux de ses arguments, et il prétend que je suis toujours resté à côté de la question. Mais la manière dont il présente la faiblesse de mon ébauche de réfutation me permet de penser que ma peine n'est pas entièrement perdue. Voici la conclusion des répliques qu'il avait faites à mes objections :

« Les excellentes Leçons de l'honorable M. Lordat sont, en ce
» qui concerne le libre arbitre, conformes au sens commun vulgaire
» ( c'est-à-dire à ce que le vulgaire appelle sens commun ) et à ce
» que nous appelons la philosophie de l'apparence. Mais elles ne
» résisteraient pas à un examen attentif, à une analyse rigoureuse.
» Comme d'ailleurs le célèbre physiologiste est constamment resté
» en dehors de la *véritable* question, qu'il n'a pas bien saisie, ce
» qui n'a rien d'étonnant, puisque, parmi les psychologues eux-
» mêmes, il y a en a neuf sur dix qui ne la comprennent pas : il
» s'ensuit qu'il est loin d'avoir au moins, comme il se l'imagine,
» ébranlé mon édifice, qu'il n'a pas même touché, et que, par le
» fait, son éloquent plaidoyer ne contient pas un argument irréfu-
» table, pas une parole concluante contre ma thèse.
» Mais s'ensuit-il qu'au fond M. Lordat soit dans l'erreur ?
» Nullement. Son opinion pourrait être conforme à la vérité, et la
» mienne ne l'être pas. Pourquoi ? c'est que celle-ci n'est fondée que
» sur la dialectique humaine, sur le raisonnement, qui est fort sujet
» à faillir, je l'ai dit maintes fois. Aussi reconnaît-on souvent pour
» faux ce qui avait été considéré d'abord comme suffisamment dé-
» montré, ce qui paraissait même évident aux yeux de la raison; et,
» réciproquement, telles choses qui paraissent très-absurdes aux
» yeux de la raison n'en sont pas moins reconnues pour vraies. »

1° Si les répliques avaient pu me faire comprendre le vrai sens du Système de mon Antagoniste, mes objections tomberaient naturellement et seraient inutiles. Mais comme je ne sors pas de mon hallucination, je conserve toute ma réfutation, qui a une véritable valeur pour ceux qui ont conçu le Système de M. GRUYER à ma manière. Si ma méprise est celle des neuf dixièmes de ses Lecteurs, il m'est bien permis de croire que la majorité de ce nombre reste dans la même disposition mentale. Il est donc utile de conserver la réfutation des faces erronées et pratiquement dangereuses d'une proposition ambiguë.

2° Mais ce qui m'autorise le plus, et peut-être m'oblige à laisser subsister les conseils consignés dans ses Leçons, c'est le scepticisme où M. GRUYER demeure tant relativement à son Système que relativement aux arguments contradictoires. Entre deux partis opposés et incertains, il est moralement indispensable de rester fidèle à celui dont la pratique est la plus conforme au bien général. Dans le cas actuel, ma thèse me paraît préférable non-seulement en vertu de cette maxime de prudence, mais encore en considération d'une règle de Philosophie Naturelle : je continue de nier que la Dialectique *spéculative* de mon adversaire soit raisonnablement plus puissante que la Logique *expérimentale* opposée.

Ce que j'ai dit contre l'incurabilité des Passions est au moins suffisant, s'il n'est pas surabondant. Hâtons-nous donc maintenant d'entreprendre la Thérapeutique de ces accidents de la Vie humaine.

M. DESCURET, qui s'est beaucoup étendu sur la théorie de ces phénomènes, paraît avoir eu pour but principal de chercher à les combattre. Mais vous prévoyez bien qu'en profitant de quelques-uns de ces matériaux, je ne pourrai pas les disposer suivant des méthodes qui nous soient communes. — Nous n'avons pas, lui et moi, les mêmes idées sur la nature des Passions, sur leurs origines, sur leurs différences radicales : vous sentez donc d'avance que l'ordre de nos préceptes cliniques ne peut pas être le sien.

Après avoir répondu affirmativement à la question première, qui était de déterminer s'il était possible et prudent de combattre les Passions, nous devons nous occuper de la seconde , qui, chez nous, est celle-ci : Quelles sont les *indications* que les Passions nous présentent ?

M. Descuret ne paraît pas vouloir s'en occuper : il commence tout à coup le traitement général par les listes des moyens, sans doute parce qu'il est constamment préoccupé de cette idée : *Reconnaissons bien que l'homme reste toujours essentiellement un.*

Chez nous , les deux Puissances de notre Dynamisme ne sont jamais perdues de vue. Les initiatives des Passions, de part ou d'autre, sont des parties intégrantes de la Thérapeutique de ces sortes de maladies.

Heureusement, quelque divergents que paraissent nos principes , M. Descuret s'approche de nous dans les détails, sans s'en apercevoir , et quoiqu'il ne veuille pas.

Il divise ses moyens en Trois Classes qu'il distingue de cette manière : 1º Traitement Médical ; 2º Traitement Législatif; 3º Traitement Religieux. — Cette division est un argument *ad hominem* contre son *unitivisme* abusif; car ce qu'il appelle Traitement Médical est le catalogue des moyens diététiques, et de quelques pratiques qui agissent uniquement sur la Force Vitale. Le *Traitement Législatif* est un ensemble de moyens *d'intimidation* , qui se rapportent affectivement aux deux Puissances Dynamiques de l'Homme ;... et le *Traitement Religieux* est un système d'idées qui se rapportent spécialement à l'Ame Pensante. — Ainsi l'Auteur a beau ne voir dans l'Homme que l'*unité* , il le divise malgré lui dans l'emploi de ses moyens.

Avant de faire notre Classification des moyens, arrêtons-nous quelques moments sur la question des *indications*, c'est-à-dire sur l'opération mentale qu'il faut faire en présence de la théorie d'une Affection, soit vitale, soit morale, soit mixte, soit morbide, soit pathétique, pour que notre intelligence puisse tirer de cette théorie l'idée des change-ments qu'il convient d'introduire dans le système, et des moyens qui sont capables de les amener.

D'où tirer ces idées ou ces suggestions dans les Passions?

1º Du caractère formel de la Passion;

2º De la Puissance d'où est née l'initiative de ce phéno-mène ;

3º Du degré et du stade de son cours;

4º Des symptômes actuellement les plus urgents.

Ces sources d'indication sont si facilement marquées par mon analyse des Passions, que je puis me dispenser de développer les quatre articles. L'ordre didactique que je me suis imposé m'oblige de désigner les titres des pensées, mais je fais en sorte de vous épargner les répétitions, et même l'énoncé des conséquences infaillibles.—Je m'en tiens à quelques remarques dignes d'une attention spéciale.

1º L'initiative *utrolibétaire* de certaines Passions, qui por-tent le même nom, peut vous paraître une nouveauté, et par conséquent un paradoxe qui a besoin de l'épreuve du temps. Si l'idée n'est pas dans l'Enseignement Médical hors de notre Faculté, la faute en est à l'oubli des Dogmes Hip-pocratiques relatifs à la Constitution de l'Homme, et au besoin qu'ont la plupart des Écoles d'une *Renaissance* au point de vue de la Doctrine du Dynamisme Humain, et de la différence qui existe entre ce Dynamisme et celui des Bêtes.

Pour que vous ne pensiez pas être obligés de vous tenir en garde contre une innovation, veuillez entendre ce qu'en-seignait sur la nature de la *Colère*, il y a plus de dix-huit siècles, une des grandes intelligences dont l'Antiquité Ro-

maine a eu le droit de s'enorgueillir le plus : je veux parler
de Sénèque le Philosophe (1). Au commencement du Second
Livre de son Traité, c'est-à-dire après avoir longuement
exposé les caractères de la Colère, il énonce ainsi les recherches ultérieures auxquelles il va se livrer. « Mainte-
» nant il faut entrer dans des discussions plus subtiles ; je
» me propose d'examiner si la Colère commence par la ré-
» flexion,... ou par l'Instinct ; c'est-à-dire si c'est un mou-
» vement volontaire, ou si elle ressemble à la plupart de
» nos Affections Intérieures, qui naissent à notre insu. Il
» est nécessaire de descendre dans ces détails pour pouvoir
» de là remonter à des considérations plus relevées..........
.......... « Que la Colère soit excitée par l'apparence d'une
» injure, cela est incontestable ; mais suit-elle aveuglé-
» ment cette impulsion ? S'élance-t-elle sans la participa-
» tion de l'Intelligence, ou ne s'emporte-t-elle que de son
» aveu ? C'est la question que je vais examiner. Nous pen-
» sons que la Colère n'ose rien par elle-même, mais qu'elle
» attend le consentement de l'Ame. Pour avoir la percep-
» tion d'une injure reçue, pour en désirer la vengeance,
» pour lier ces deux choses, qu'on ne devait pas nous of-
» fenser et que nous devons nous venger, il faut plus qu'un
» Instinct indépendant de la volonté. L'Instinct est simple ;
» la Colère est composée et renferme plusieurs éléments. On
» sent, on s'indigne, on condamne, on se venge : tant
» d'opérations ne peuvent se faire si l'Ame ne consent aux
» diverses impressions qu'elle éprouve. »
Ce passage nous montre que l'Auteur conçoit la Colère
conformément à l'analyse que nous avons faite de toutes les

_____

(1) Traité de la Colère.

Passions. Nous n'avons aucune raison pour croire qu'il considérât les autres d'une manière philosophique différente. — Colère d'origine instinctive ; Colère d'origine mentale : voilà l'idée essentielle. S'il l'a suivie dans l'observation des faits, il aura pu saisir les indications.

2º Puisque la Passion est formée de la complication d'une Idée Affective de l'Ame Pensante, et d'un État Pathétique vital de l'Instinct,.... si l'on nous demande ce que sont les Passions chez les Bêtes, nous sommes obligés de répondre que les Bêtes n'ont point des Passions entières, mais seulement des Passions avortées, qui naissent de l'Instinct, mais qui ne peuvent pas se compléter, faute d'une Affection Mentale.

Sénèque nous a prévenus. Dans le Chapitre III du Iᵉʳ Livre du *Traité de la Colère*, il dit : « Aristote enseigne que la
» *Colère est le désir de rendre le mal qu'on nous a fait*. Les
» différences imperceptibles qui se trouvent entre cette
» définition et la nôtre seraient trop longues à détailler.
» On objecte contre l'une et l'autre que les bêtes se mettent
» en colère sans pourtant avoir été provoquées par aucune
» injure, et sans désirer le mal d'autrui, qui souvent est
» l'effet sans être jamais le but de leur Colère. Il faut
» répondre que les bêtes sont dépourvues de colère, ainsi
» que tous les animaux, à l'exception de l'Homme. Quoique
» contraire à la raison, la Colère ne naît pourtant que dans
» les Ames susceptibles de raison. Les bêtes ont de l'im-
» pétuosité, de la rage, de la férocité, de la fougue. Elles
» ne connaissent pas plus la Colère que l'Amour, quoique
» souvent elles se livrent à la volupté avec moins de re-
» tenue que l'Homme... Cette prétendue Colère n'est qu'une
» fougue, un élan. Les bêtes ne savent pas plus se mettre
» en colère que pardonner. »

On peut ajouter que les Animaux sont susceptibles de Sympathie et d'Antipathie, soit avec leurs semblables, soit avec d'autres espèces, soit avec l'Homme : mais il n'est pas possible de donner à ces Instincts les noms d'Amitié, ni de Haine, parce que ces sentiments ne naissent que d'*Ame Pensante à Ame Pensante*. — Nous trouvons dans notre conscience une grande différence entre les penchants sympathiques instinctifs que nous avons pour certains Animaux, et même pour certaines choses inanimées, d'une part,.... et la véritable Amitié, de l'autre.... Nous éprouvons une différence pareille entre notre répugnance, aversion ou horreur pour certaines Bêtes, et notre haine pour notre Ennemi.

Nous nous tenons donc en garde contre les panégyriques en faveur des Animaux, qui, acceptés au pied de la lettre, nous obligeraient à voir dans les Bêtes des Passions aussi morales, et souvent plus nobles que celles de l'Homme. Les récits ont l'inconvénient de raffermir dans leur préjugé les Physiologistes qui s'obstinent à considérer l'Homme comme un genre du même règne que ceux des Bêtes. Les Historiens ornent leurs Narrations de Poésies; on ne peut pas disputer avec eux, parce qu'ils ne sont pas sérieux; et cependant il est des Naturalistes qui, sans oser les citer, en adoptent en général d'une manière tacite l'esprit organicien.

Je voudrais bien savoir comment M. Lesson, Auteur des *Mœurs, instinct et singularités de la Vie des animaux mammifères*, apprécierait l'observation que j'ai lue, il y a six ans, dans un Journal grave (1).

« Naguères, au Jardin des Plantes, deux Grues s'aimaient

(1) Le *Constitutionnel* : Vendredi 23 Mai 1845.

» d'amour tendre. *Le* Grue vint à mourir. Dans le Malabar,
» la veuve se fût brûlée sur son tombeau ; au Jardin des
» Plantes, elle se laissait mourir de chagrin. Quand elle se
» vit seule, privée de l'ami qui ne l'avait jamais quittée,
» elle devint si triste, qu'elle faisait peine à voir. Elle ne
» mangeait plus, elle ne dormait plus ; elle *craquait* plain-
» tivement ; Eurydice ne pouvait vivre sans Orphée. Le
» Gardien s'inquiéta d'une douleur si profonde, et il eut
» pour sa pensionnaire mille petites attentions ; les déjeuners
» de la pauvre bête furent plus délicats, ses soupers plus
» fins. Le matin c'était de l'eau plus limpide, le soir du
» lait moins frelaté. Rien n'y faisait : la Grue était lasse de
» la vie, elle dépérissait à vue d'œil, elle allait mourir à
» son tour. Le docte Aréopage du Jardin des Plantes conçut
» des inquiétudes ; il s'assembla pour aviser aux moyens de
» conserver les jours de l'intéressante veuve. Bien des pro-
» cédés furent proposés, adoptés et employés sans succès.
» Enfin, le Gardien vint à leur secours ; le brave homme
» avait plus de cœur que de science, et son heureuse in-
» spiration réussit complètement. Dans l'habitation de la
» Grue on fit mettre une glace ; en se voyant elle-même,
» elle crut voir celui qu'elle avait perdu. Elle ne s'étonna
» nullement de la complète identité de leurs mouvements.
» Ils avaient toujours vécu si unis, que l'un ne pouvait
» faire un geste, un pas sans que l'autre ne le fît à l'instant
» même. Grâce à cette ingénieuse divination du cœur et de
» l'intelligence des Grues, la veuve revint à la santé et à la
» gaîté. Elle se croit encore aux temps heureux où une
» tendresse mutuelle ne lui laissait rien à désirer. Elle doit
» son bonheur à un mirage trompeur et bienfaisant ; il
» durera autant que sa vie ; et quand le moment sera venu,

» elle s'éteindra sans regret et sans douleur, heureuse de
» mourir la première. »

Qu'y a-t-il d'incontestable dans cette ingénieuse observation? — Une maladie caractérisée par anorexie et asthénie après la mort du mâle,... et la coïncidence d'un retour de la santé et de la présence d'un miroir. — Qu'est-ce qui s'est passé dans le Dynamisme de l'animal à l'occasion de ces deux circonstances? Il est impossible d'en rien savoir. S'il était de mon espèce, j'aurais fait en sorte de savoir, par un langage ou phonétique ou muet, quel était l'état de son Ame; mais quand il s'agit d'une Grue, il faut tout deviner, ou inventer. — Supposons que la maladie n'a pas eu la même cause qui a fait mourir le premier oiseau; que réellement la disparition d'un compagnon d'esclavage a amené une absence d'une sensation habituelle; que cette privation a occasionné une maladie de langueur; qu'enfin l'image du mort a retracé dans la rétine de la malade des impressions sensoriales pareilles à celles qui depuis long-temps étaient habituelles : en faudra-t-il conclure que cette veuve est la victime d'un deuil conjugal pareil au suicide de PAULINE qui veut suivre SÉNÈQUE? — Tout bien considéré, en ne changeant que d'organe, la substitution d'une image réfléchie à la réalité, au profit de la souffrante, ne doit-elle pas être comparée à la substitution de la poudre d'arnica que M. POURCHÉ, M. ESPAGNE et moi donnons aux détenues, qui se meurent d'envie du tabac, auquel elles sont accoutumées, et dont elles sont privées? Ce sont deux duperies, l'une contre la rétine, l'autre contre l'organe olfactif, au bénéfice d'appétits instinctifs, étrangers à l'affectibilité morale. — C'est là ce que ferait le miroir, s'il était pour quelque chose dans cette guérison. Voilà à quoi peuvent se réduire bien des prétendues Passions que les

Naturalistes ont vues dans la vie de beaucoup d'animaux, et qu'ils voudraient rendre plus touchantes que celles de l'espèce humaine.

# 10ᵐᵉ LEÇON.

CONTINUATION DES RÈGLES DE LA THÉRAPEUTIQUE DES PAS-
SIONS. — LA MORALE A DIT TOUT CE QUI NOUS CONVIENT
POUR LES PASSIONS D'ORIGINE MENTALE. — RECHERCHE
DES INDICATIONS DÉDUITES DE L'INITIATIVE INSTINCTIVE.
— EXEMPLES PRIS DES PASSIONS MOROSOPHIQUES. — INSTINCT
HOMICIDE SANS DÉLIRE. — CRUAUTÉ HOMICIDE CACHÉE SOUS
LA FORCE D'UN DEVOIR PROFESSIONNEL. — DAMIENS. —
RAVAILLAC. — TIMOLÉON DE COSSÉ. — CNEIUS PISON. — CES
CONSIDÉRATIONS DOIVENT ENTRER ASSEZ SOUVENT DANS LES
JUGEMENTS DE MATIÈRES CRIMINELLES. — ELLES NOUS IM-
POSENT L'OBLIGATION D'AVERTIR LES HOMMES QUI PAR
ÉTAT SONT OBLIGÉS DE PUNIR. — INFLUENCE DE L'INSTINCT
DANS LES PASSIONS DU MÊME GENRE OBSERVÉES DANS DI-
VERS INDIVIDUS DE DIFFÉRENTS TEMPÉRAMENTS. — COM-
BIEN LE MÉDECIN DOIT S'OBSERVER LUI-MÊME DANS SA
PRATIQUE, POUR RESPECTER L'HUMANITÉ, SANS BLESSER LA
VÉRITÉ.

MESSIEURS,

Je continue mes remarques sur les indications thérapeutiques que présentent les Passions : je vais porter votre
attention sur la difficulté d'en déterminer la véritable
initiative.

Le public s'occupe tant des Passions qui partent de
l'Intelligence,.... que nous sommes presque dispensés de
vous entretenir de cette initiative, et qu'il convient surtout
de diriger votre esprit sur les origines instinctives.

3⁰ Nous avons eu occasion de voir que la détermination de la nature des Passions avait de grandes difficultés, quand ces Passions sont illicites, et que les patients ont assez de Force d'Ame pour en dissimuler les caractères instinctifs. — Les exemples que nous avons cités étaient de l'Ordre Naturel, et n'étaient condamnables que suivant l'Ordre Social : tels étaient les Amours de Phèdre, d'Antiochus. — Mais les penchants passionnés dont il est le plus difficile de rechercher la source, ce sont ceux qui naissent d'un Instinct Morosophique impérieux, baroque, hideux, attentatoire au Droit Naturel ; car les individus atteints de ces inclinations les cachent avec le plus grand soin, ou sont ingénieux à les associer avec des habitudes dignes d'éloge.

Les Instincts Morosophiques auxquels l'Homme est sujet sont très-variés. Je ne crois pas être obligé de vous en faire une Nosologie spéciale complète : cette liste contient trop de turpitudes. Les Livres de Médecine Légale, et les Gazettes des Tribunaux peuvent vous instruire de ce qu'il faut que vous sachiez, et je dois me contenter de citer pour exemple des faits qui n'exigent pas le huis clos.

Le plus horrible des Instincts Morosophiques est celui qui suggère au Malade un appétit homicide, sans motif raisonné, même sans Haine pour l'objet. L'accomplissement de l'action est la source d'une Volupté, et l'individu n'en attend pas d'autre profit.

Il ne paraît pas que les Anciens aient connu cette tendance instinctive. Elle n'a été démontrée, je crois, que depuis la publication des *Observations Médicinales* de Félix Plater, Professeur et Praticien distingué de Bâle, qui avait fait ses études et pris ses degrés à Montpellier ; et qui a écrit durant la seconde moitié du XVIᵉ Siècle. C'est dans le

Premier Livre de cette collection qu'on lit l'Histoire d'une Femme qui, jouissant de la Raison, était tourmentée par une impulsion aveugle de tuer son Mari qu'elle aimait tendrement et uniquement;.... elle attribuait cet Instinct à une tentation du Diable, et elle ne fit cet aveu à son Médecin qu'en versant un torrent de larmes. Après cette Histoire, on en lit une autre qui est de la même nature. Une Femme, épouse d'un Aubergiste, fut tourmentée, pendant toute sa grossesse, du désir de faire périr son Fœtus; et, après son accouchement, de tuer son fruit. Cet Instinct la mit au désespoir; elle se crut aliénée, et elle voulut se précipiter pour terminer une vie si affreuse.

Dans l'un et dans l'autre cas, des saignées abondantes et des purgations dissipèrent ces horribles Penchants.

Il y a soixante ans que PINEL, Médecin de Bicêtre, eut occasion de voir quelques Hommes qui, sans motif et avec une répugnance des plus fortes, sentaient un Penchant Instinctif extrêmement violent à se jeter sur leurs semblables, même sur ceux qu'ils aimaient, et à leur ôter la vie ou directement ou indirectement. Des malheureux atteints de cette Maladie s'adressaient à leurs amis pour qu'on les renfermât ou qu'on employât des moyens capables de les préserver des effets de cette horrible propension.

Ce fait pathologique bien constaté a pris rang dans la Nosologie. PINEL lui a donné le nom de *Manie sans Délire*. Cette expression, dont l'invention sembla décéler une affectation de faire un *alliage de mots* hardi, n'a pas plu à tout le monde: le nom de *Penchant homicide instinctif* désigne le fait exactement et peut suffire.

Cette Morosophie dans un honnête Homme, d'un rang inférieur et d'une éducation commune, est assez promptement avouée et manifestée. — Un Homme bien élevé et probe s'afflige de cette propension, la regarde comme de la Folie, et cache long-temps son mal, surtout s'il est naturellement humain et aimant. Mais quelques actes de brutalité ou de férocité à l'occasion ou d'une contestation ou d'une contrariété, apprennent aux témoins et à lui-même qu'il doit avoir recours à la Médecine.

Dans les cas de ce genre, on ne peut pas se tromper sur la nature de cette Passion, sur son origine, sur son Caractère Instinctif, ni par conséquent sur l'Indication Vitale du cas.

Mais nous concevrons aisément qu'un certain degré d'un pareil Instinct peut exister, ou héréditairement, ou accidentellement, de bonne heure chez un individu; qu'il peut y affaiblir progressivement la Sympathie humanitaire de l'Ame Pensante, et donner à son caractère une teinte de cruauté capable de faire contraste avec les relations sociales, surtout dans les circonstances où la Charité devrait se mettre le plus en jeu. — On pense bien qu'un Homme ainsi constitué, et assez bien élevé pour raisonner sur lui-même, ne se mettra pas en butte continuellement contre ses Penchants : il aimera mieux embrasser un état, une profession, un parti où cet Instinct sera un principe de Vertu relative.

Ce que nous disons *à priori* se trouve réalisé dans un grand nombre de cas où des actions passionnées dignes de remarque n'ont pu être expliquées qu'en reconnaissant comme initiative un État Pathétique Instinctif.

On se souvient que DAMIENS, l'assassin de LOUIS XV, meurtrier sans profit, et même sans motif raisonné, déclara plusieurs fois que si, avant son attentat, on l'eût saigné aussi abondamment qu'il l'avait demandé, il n'aurait pas commis ce crime. Son Penchant à mal faire s'était montré de bonne heure : dès son enfance, il était surnommé *Robert-le-Diable*, nom composé de son prénom et de ses mauvaises habitudes. — Je trouve dans sa Vie une circonstance qui justifie l'emploi de deux dénominations médicales que j'ai cherché à remettre en usage : « Tour à tour » dévot et scélérat, dit un Historien, passant du crime au » remords, continuellement agité par les fougues du sang » le plus bouillant. » — Les remords ne sont que le témoignage de deux Puissances présentes dont l'une veut le bien, et dont l'autre pousse toujours son associée au mal. Voilà la Morosophie. — L'alternative des crimes et des regrets a dû rendre cet Homme malheureux, et les combats de la Raison et de l'Instinct peuvent vous donner une idée de cette forme de Psychomachie dont je vous ai donné la première définition.

RAVAILLAC, dernier assassin d'HENRI IV, se venta d'avoir été porté à son action dans l'intérêt de la Religion Catholique à laquelle il prétendait que le Roi n'était pas sincèrement attaché. Je ne puis croire à la réalité de ce motif. Trois raisons m'obligent à chercher une autre source. Le motif religieux n'était pas vrai : si l'assassin avait été sincère, il aurait pensé que son supplice devait lui valoir tout le mérite du martyre, et équivaloir pour lui aux bénéfices d'un baptême de sang capable d'effacer tous les péchés antérieurs. Mais il n'eut garde de rester dans cette confiance : il supplia le Prêtre qui l'assistait de lui donner l'absolution de ce crime. Le Confesseur refusa de l'absoudre s'il ne faisait pas connaître ses complices. Le criminel persista à soutenir qu'il n'avait eu ni complice ni conseiller. Cependant, comme son remords l'épouvantait, il demanda l'absolution sous condition. Le prêtre y consentit, en lui disant que s'il cachait les noms des com-

plices, cette absolution serait une imprécation terrible
contre celui qui l'avait demandée. RAVAILLAC demanda
cette absolution avec toutes ses conditions.

Il est donc évident que l'assassinat avait eu son principe
dans un penchant qui n'était pas religieux. Où pouvait
donc en être l'initiative ? Nous en trouverons l'origine dans
un instinct vicieux, manifesté d'abord dans sa mauvaise
conduite qui l'avait rendu suspect au sein d'un Corps
Religieux où il avait pris l'habit ; ensuite dans le meurtre
dont il s'était rendu coupable, et au procès duquel il
avait échappé à cause d'un défaut de preuves suffisantes.
Une autre preuve de cette origine, à mes yeux, c'est
que, suivant les recherches d'Étienne PASQUIER, RAVAILLAC
était de la famille d'où était sorti long-temps auparavant
cet autre assassin appelé POLTROT qui avait tué d'un coup
de pistolet le Duc DE GUISE le *Balafré*, père du second
*Balafré*. Ce scélérat avait prétendu aussi que son crime
avait été fait par un sentiment religieux. Il avait été
Catholique ; il était ensuite devenu Protestant caché, et,
en cette qualité, il était devenu l'ennemi secret du Duc
de GUISE, qui était le principal soutien du catholicisme.
Il est aisé de voir que ce motif n'était qu'un prétexte.
Dans un premier interrogatoire, il avait accusé Théodore
DE BÈZE de lui avoir suggéré ce dessein ;...... mais il
paraît, d'après SÉNEBIER (1), que, lorsqu'il subit le supplice, et qu'il n'eut plus d'espérance, il rétracta ce
qu'il avait dit contre cet illustre personnage. Je vous
le demande, de pareilles palinodies peuvent-elles entrer
dans des motifs dont le but est aussi sacré ? Non ; le

(1) Hist. de Genève.

désir de ces actions n'est point venu d'une Ame réellement pieuse. Quels que puissent être les rites d'une religion, je ne puis pas croire que leurs préceptes soient le mensonge et la perfidie.

L'action de cet infâme n'a pu venir que d'un Instinct vicieux, semblable à celui du tigre. Ce penchant a pu être une maladie de famille, et par conséquent héréditaire. C'est dire, à mon sens, qu'elle est vitale, attendu que les transmissions héréditaires ne sont prouvées que dans l'Ordre Vital.

Défions-nous donc des Passions haineuses et meurtrières, colorées d'un zèle religieux : Dieu peut en être le prétexte; quand il n'y a pas un intérêt matériel, le principe en est un Instinct pernicieux.

Nous avons des raisons pour penser que l'Amour de la Gloire Militaire n'est chez quelques individus qu'un moyen de satisfaire ce même Instinct féroce. C'est une idée qui me venait en lisant des notes biographiques sur le jeune Timoléon de Cossé, fils du Maréchal de Brissac, héros précoce qui avait été *enfant d'honneur* du Roi Charles IX, et qui fut tué dans le siége de Mussidan, en Périgord, lorsqu'il n'avait que 26 ans. Sa valeur avait été prodigieuse; mais ce que je trouve dans Brantôme et dans Millin affaiblit beaucoup mon admiration. Le premier dit de lui : « Il faut dire que c'estait le jeune homme qui
» aymait autant à mener son espée qu'à en tirer du sang;
» et un peu trop certes, ainsi que je l'ay veu et aucuns
» de nous autres ses amys, qui le luy disions; car il estoit
» trop cruel au combat, et prompt à y aller et à tuer, et
» aymait cela jusques là qu'avec sa dague il se plaisait de
» s'acharner sur une personne, à lui en donner des coups,
» jusques là que le sang lui en rejaillissait sur le visage.

» Cas étrange pourtant, que ce brave Brissac se monstrait
» doux par son visage beau, délicat et féminin, et estait
» dans le cœur si cruel et si altéré de sang. »

Millin dit dans la description du tombeau de Timoléon
de Cossé, qui se voyait à l'église des Célestins (1) : « Dans
» son enfance ses jeunes amis l'appelaient *Pigeon*, à cause
» de son air doux : voilà sans doute pourquoi cet oiseau se
» trouve parmi les ornements de ce tombeau. » — Il se
montrait extrêmement ambitieux : cet excès d'orgueil
n'était-il pas une justification de son inhumanité ?

Dans la Guerre, dans la Magistrature, dans l'Administration, un Général, un Juge, un Administrateur peuvent être
obligés de faire des actes qui blessent l'humanité ; mais avec
une attention suffisante, on déterminera si la sévérité naît
de la raison, de la fermeté et de la prudence, ou si elle
dérive d'un Instinct cruel. — Dans quelque circonstance
que ce soit, l'homme humain s'attache à ne faire que le
moins de mal qu'il le peut. Quand, dans l'exercice d'une
Passion malfaisante, l'action dépasse le but raisonnable,
vous devez considérer le surcroît comme une addition
instinctive que la simple Philautie n'aurait pas suggérée.
Lorsque Achille a tué Hector, il a pu rendre passionné-
ment son devoir de soldat ; — s'il a trouvé du plaisir à ce
meurtre, cela est encore légitime, puisqu'il était en droit
de se venger du vainqueur de Patrocle. La colère seule
suggère tout cela : extermination de celui qui nous a fait
tant de mal. Mais annoncer à l'ennemi abattu que son
corps ne sera pas donné au père, mais qu'il sera déchiré
par les chiens ; — traîner trois fois autour de la ville le

(1) Antiquités Nationales, t. I : Les Célestins, p. 110.

cadavre du vaincu ; — pour faire les funérailles de son ami, égorger douze jeunes guerriers Troyens, devenus prisonniers, appartenant aux familles de la ville les plus distinguées : ce n'est plus de la colère, c'est une rage instinctive qui n'a ni but raisonné, ni profit.

Sénèque raconte un fait qu'il condamne avec beaucoup de ménagement, et qui me révolte, parce que je crois y apercevoir ce penchant homicide qu'un Officier Général voulait assouvir, et qui pour cela ne trouvait que des prétextes dérisoires. Voyons si vous le jugerez comme moi. C'est Sénèque lui-même qui va parler.

« Nous avons vu de notre temps Cneius Pison, homme » irréprochable à bien des égards, mais esprit faux, qui » prenait l'obstination pour de la fermeté. Dans un accès » de colère, il fit conduire au supplice un soldat, pour être » revenu du fourrage sans son camarade, comme coupable » de la mort de celui qu'il ne pouvait représenter ; il lui » refusa même le temps qu'il demandait pour en faire la » recherche : le condamné fut donc conduit hors du re- » tranchement, et déjà il présentait la gorge, lorsque tout » à coup parut le compagnon qu'on croyait tué. Alors le » Centurion chargé de présider au supplice, ordonne à » l'Exécuteur de remettre son épée dans le fourreau, et » ramène le condamné à Pison, voulant rendre au Général » son innocence, comme la fortune l'avait rendue au soldat. » Les deux camarades sont reconduits, en s'embrassant l'un » l'autre, au milieu des acclamations de tout le camp qui les » accompagne. Pison monte en fureur sur son tribunal, et » fait mener au supplice et le soldat qui n'avait pas tué » son camarade, et le camarade qui n'avait pas été tué. » Est-ce rien de plus affreux ! Parce qu'il découvre l'inno- » cence d'un homme, il en fait périr deux : il en ajouta

» même un troisième ; il porta peine de mort contre le
» Centurion qui lui avait ramené le condamné. On les con-
» duisit tous trois dans le même lieu, pour expier par leur
» mort l'innocence de l'un d'entre eux. Que la colère est
» ingénieuse à trouver des motifs ! Tu mourras, —dit-il—,
» toi, parce que tu as été condamné;.... toi, parce que tu as
» été cause de la condamnation de ton camarade ;.... et toi
» parce que tu n'as pas exécuté les ordres de ton Général.
» De cette manière il trouva le moyen de faire trois cou-
» pables, parce qu'il n'en trouvait pas un (1). »

Pensez-vous, Messieurs, que de pareils jugements soient
sincères et découlent, comme le disait l'Historien, d'une
*fausseté d'esprit*? N'est-il pas évident que celui-ci provenait
d'un Instinct homicide que l'Ame pensante aurait dû réprimer, et dont elle est responsable ?

On ne sait pas si ce Pison était le même que celui qui
fut accusé de l'empoisonnement de Germanicus, en Syrie :
mais s'il n'y a pas identité, il est permis de croire que,
dans une même famille, deux individus avaient été atteints
d'une Morosophie horrible.

4° On pourra dire : punir un criminel parce que la volonté a été directement perverse ; ..... ou bien parce que
l'Ame pensante n'a pas résisté aux suggestions d'un Instinct
vicieux, le résultat est le même. Donc la distinction n'est
qu'une subtilité spéculative. — Je nie cela. Dans la pratique judiciaire, une Ame directement et primitivement
auteur d'un crime, est plus coupable qu'une Ame faible
qui n'a pas résisté aux sollicitations d'un Instinct dépravé.
La considération des circonstances atténuantes s'étend à
cette distinction, qui est un des motifs de l'indulgence. De

---

(1) Traité de la Colère : Liv. I, Chap. XVI.

plus, la Thérapeutique de la Passion d'origine mentale est spécialement de l'Ordre Moral; la Thérapeutique d'une Passion d'origine instinctive est de l'Ordre Vital. — Ainsi, ce point de Doctrine est du plus grand intérêt en Médecine. L'application pratique en est très-difficile par rapport à l'obscurité du Diagnostic; mais cette difficulté est une raison de l'étudier avec plus de soin, et non de l'abandonner.

LACTANCE, Orateur ancien, que le grand CONSTANTIN avait chargé de l'éducation de son fils CRISPE, et qui a été surnommé le *Cicéron des Chrétiens*, a fait un livre pour faire remarquer que la plupart des Empereurs qui ont persécuté les Chrétiens sont morts *misérablement* (1). Son intention était de faire penser que ces événements étaient l'effet immédiat de la justice divine. — Mais sans faire intervenir la Providence dans les cas où elle n'est pas évidente, on ne risque rien de dire que les hommes malfaisants ont quelque chose d'insolite et de stigmatique dans leur mort. Indépendamment des punitions qu'ils encourent de la part de la Société ou de la part de leurs victimes, le penchant à nuire décèle souvent une disposition morbide, surtout une grande aptitude à former des états pathétiques qui minent les organes et amènent des maladies chroniques, opiniâtres, extraordinaires, mortelles.

MARIUS, mort de varices imprudemment guéries, et de remords que des ivresses vineuses n'ont pu assoupir; ... SYLLA, mort de la maladie pédiculaire; .... TIBÈRE, mort d'une maladie ulcéreuse générale de la peau avec consomption; ... LOUIS XI, mort d'une maladie de langueur; ... HENRI VIII, Roi d'Angleterre, mort d'une obésité acca-

---

(1) *De morte persecutorum.* C'est un des derniers ouvrages qui ont été trouvés depuis la Renaissance.

blante, d'une mélancolie soupçonneuse et cruelle, accompagnée d'une maladie des voies urinaires ; — Marie et Élisabeth, Reines, ses filles, dont la première est morte de chagrins, et spécialement de la nouvelle de la prise de Calais par les Français ;... et dont la seconde est morte du chagrin d'avoir fait mourir le Comte d'Essex qu'elle avait tendrement aimé ;... Sixte-Quint, mort d'une maladie assez inaccoutumée pour qu'il se soit cru empoisonné, quoique les Médecins ne l'aient point pensé ;... le Cardinal de Richelieu, mort à 57 ans d'une maladie qui le minait sans lui permettre d'interrompre les affaires les plus graves, ni d'oublier le danger de son état:... voilà des individus, presque tous d'une intelligence supérieure, qui ont fait un grand nombre d'actions contraires à la sympathie humanitaire. On ne peut pas douter que la plupart de ces actions n'aient été commandées par la raison, par la loi, par la politique: mais n'y en a-t-il pas beaucoup qui étaient des crimes non nécessaires? Quand ces crimes ont été multipliés, n'ont-ils pas été accompagnés d'une sorte de volupté? Et alors ne peut-on pas croire qu'ils dérivaient d'une propension instinctive? — Pour confirmer cette idée, nous n'avons qu'à réfléchir sur la mort de ces individus. Presque tous ont péri avant l'âge. Tibère approchait, je crois, de la quatre-vingtième année ; mais sa maladie fait voir que sa Force Vitale était fort extraordinaire par rapport à son affectibilité. Il ne faut pas être surpris qu'une Puissance où a existé une diathèse ulcéreuse générale ait montré, dans le cours de la vie, des Habitudes, des Instincts, des Morosophies si éloignées des tendances humainement normales.

La conclusion de cette remarque est que, dans les postes éminents où se trouvent les hommes de ces caractères, on

ne doit pas trouver mauvais que les actions justes se fassent avec le zèle, la fermeté, l'intensité que prescrit le
Psalmiste : *Irascimini et nolite peccare* ; ... mais que dans
toutes il y a une indication à remplir , savoir : de modifier
en eux la Force Vitale , de telle sorte que ( pour employer
une expression d'Homère) *le cœur ne soit pas de fer* ; qu'à
la vue des souffrances que ces hommes infligent, ils éprouvent une sympathie pour l'Humanité, comme paraissent
l'avoir éprouvée Marc-Aurèle , Charlemagne , Louis IX ,
dans les actes de leur plus grande sévérité. L'Hygiène et la
Diététique peuvent-elles nous ramollir ? — C'est ce qu'il
faut chercher.

5° Quand je loue cette sympathie humanitaire qui est
un des liens les plus puissants de la Société , je ne veux pas
que mon éloge de cette qualité soit sans limites. Les vertus
humaines sont assez nombreuses; aucune d'elles ne doit
être vantée au mépris d'une autre. Nous avons souvent
besoin de Force , de Prudence , de Tempérance, de Justice :
si notre aversion pour toute souffrance devenait excessive,
elle deviendrait une faiblesse qui nous rendrait incapables
de servir la Société.

Qu'est-ce que la tendresse amicale d'Achille pour
Patrocle ? Voyez-en les effets. Il devient furieux contre
la famille royale et contre Troie , parce que Patrocle a
été tué par Hector. — La justice la plus ordinaire nous
dit que les événements de la guerre sont fortuits. Quelles
que fussent les pertes qu'Alexandre et Napoléon ont dû
déplorer, ils n'ont pas manqué de montrer du respect pour
le malheur des ennemis captifs, et de la commisération pour
leurs blessures. — Loin de là, Achille, dans un combat
acharné, après avoir choisi douze jeunes hommes des familles les plus distinguées, dans le dessein de les égorger

sur le tombeau de PATROCLE,... rencontre un jeune Prince,
fils de PRIAM, appelé LYCAON, qui était sans armes, et
qu'il reconnaît pour l'avoir pris et vendu long-temps auparavant. Le malheureux lui demande la vie de la manière
la plus touchante. ACHILLE lui répond : « Avant que PA-
» TROCLE eût été tué sur ce rivage, je prenais plaisir à
» pardonner.... Mais présentement, de tous les Troyens,....
» aucun n'évitera la mort. Tes pleurs sont inutiles, il faut
» mourir. PATROCLE, qui était infiniment plus vaillant que
» toi, est bien mort (1). » — Et il le tua....! — Que peut-
on penser d'une telle amitié ?

A côté de cette perte cruelle, j'en trouve une aussi
profonde; mais quelle différence dans les déterminations
de l'Ame désolée! Lisez, dans le beau *Voyage Pittoresque
en Espagne*, de M. DE LA BORDE, la partie qui se rapporte
à la Catalogne : vous y rencontrerez une gravure qui représente un torrent sur lequel a été bâti un pont très-solide
en pierre. Cette représentation ne peut nous intéresser ni
par le paysage, ni par les fabriques ; la seule chose qui
a piqué ma curiosité, c'est le titre de la figure : *El puente
de la Viuda*. Qu'est-ce donc que ce *Pont de la Veuve* ?
L'Historien nous le dit. Une Femme qui avait perdu son
Mari, ne vivait que pour un Fils unique qui lui restait.
Après un orage, le jeune homme éloigné de sa Mère, et
voulant se rendre auprès d'elle malgré le danger, ne
craignit pas de traverser le torrent que vous voyez, où à
cette époque il n'y avait pas de pont, et que la pluie avait
considérablement grossi : le malheureux se noya. La pauvre
Mère inconsolable avait besoin aussi d'exprimer la douleur
de sa perte. Comment le manifesta-t-elle? En employant

(1) Iliad. : Liv. XXI.

une grande partie de son bien à construire un pont dans le lieu où avait péri son Fils, afin que dorénavant les habitants, qui n'avaient pas songé ou qui n'avaient pas consenti à la dépense d'une telle construction d'utilité publique, ne fussent plus exposés à un sort aussi funeste.

Voyez comment des Passions, identiques par l'idée dominante, amènent des effets différents suivant la diversité des caractères et des Instincts.

Pour l'exercice de la Médecine, il faut une dose de Sympathie humanitaire: sans cette qualité, il n'y a ni zèle, ni régularité.—Mais il ne faut pas que cette Sympathie aille jusqu'à une tendresse filiale ou paternelle : car un sentiment affectueux trop vif nuit à la justesse indispensable des opérations mentales, du Diagnostic, du Pronostic, et à la recherche des Indications. — CELSE veut que le Chirurgien soit *immisericors*, parce qu'il ne doit pas faiblir par les cris du patient..... Le Médecin a besoin aussi d'un certain degré d'indifférence, pour tout calculer avec sang-froid. Mais l'un et l'autre doivent cacher cette Force d'Ame sous les apparences d'un intérêt bienveillant, d'une espérance tranquille, et d'une résignation amicale pour les souffrances qu'ils vont causer. — L'absence de ces précautions rend un Homme incapable d'exercer la Médecine Clinique.

Un Médecin de l'Antiquité a laissé un nom immortel par la privation de cette aménité discrète et bienveillante : ce nom ne se prononce que pour vous recommander de ne pas l'imiter. Voici l'article de cet Homme que je trouve dans l'*Histoire de la Médecine* de Dan. LE CLERC (1). « CALLIANAX » n'est connu que par ce qu'en rapportent GALIEN et PAL- » LADIUS, qui disent que ce sectateur d'HÉROPHILE n'avait

---

(1) Seconde partie : Liv. I , Chap. VII.

» point de douceur pour ses malades, et qu'un certain per-
» sonnage qu'il traitait d'une maladie dangereuse, lui ayant
» un jour demandé s'il mourrait de cette maladie, il lui
» répondit fort crûment par ce vers d'HOMÈRE : PATROCLE
» *est bien mort, lui qui valait plus que vous.* »

A cette grossière et brutale réponse, il est bon d'opposer
celles que firent les Médecins du Cardinal DE RICHELIEU à
leur illustre client qui leur faisait une question pareille.
Je transcris le récit que je trouve dans une Biographie.
« Lorsqu'enfin le Cardinal vit son dernier moment arrivé,
» il parut attendre la mort avec beaucoup de fermeté et de
» courage. Il pressa ses Médecins de lui dire ce qu'ils pen-
» saient de son état, et combien il avait encore à vivre.
» Tous lui répondirent qu'une vie si précieuse et si néces-
» saire au monde intéressait le Ciel, et que DIEU ferait un
» miracle pour le guérir. Peu satisfait d'être flatté même
» au bord du tombeau, RICHELIEU appelle CHICOT, Mé-
» decin du Roi, et le conjure de lui dire en ami s'il doit
» espérer de vivre, ou se préparer à la mort. *Dans vingt-*
» *quatre heures*, lui répond ce Médecin en homme d'esprit,
» vous serez mort ou guéri. Le Cardinal parut très-satisfait
» de cette sincérité. Il remercia CHICOT, et lui dit, sans se
» montrer ému, qu'il entendait bien ce que cela voulait dire.
» Dès ce moment RICHELIEU ne s'occupa plus que de sa fin
» prochaine. »

Je ne vois guère de différence entre ces deux sortes de
sentences. La première n'est pas plus rassurante que la
seconde.

Cette gaze jetée sur un Pronostic désespérant n'est point
un mensonge ; c'est une lueur d'espoir autorisée par une
je ne sais quelle incertitude qui est dans tous les événements vitaux ; incertitude qu'on ne peut pas appeler une

probabilité appréciable , mais une simple possibilité qui tempère la rigueur du désespoir.

Somme toute , voilà notre règle. — Ce n'est point un sentiment affectif qu'on veuille vous imposer , et que bien des gens appelleraient de la sensiblerie; c'est une conduite charitable que les convenances ont prescrite , et à laquelle un honnête homme doit se conformer,

# 11ᵐᵉ LEÇON.

THÉRAPEUTIQUE DES PASSIONS. PENSÉE CÉLÈBRE DE DES-
CARTES SUR L'UTILITÉ MORALE DE LA MÉDECINE. — POUR
QU'ELLE SOIT VRAIE, IL FAUT QUE LA MÉDECINE SOIT CELLE
D'HIPPOCRATE, ET NON CELLE DE DESCARTES. — VALEUR
DE L'EXPRESSION : TRAITEMENT MÉDICAL, CHEZ LES ORGA-
NICIENS. — VÉRITABLE SENS DE LA SENTENCE D'HIPPOCRATE
SUR LE MINISTÈRE DU MÉDECIN AUPRÈS DE LA NATURE. —
SIX SORTES DE MOYENS EMPLOYÉS, TOUR A TOUR, OU
SIMULTANÉMENT, CONTRE LES ÉTATS PATHÉTIQUES DES
DEUX PUISSANCES DU DYNAMISME HUMAIN. — EXAMEN DE
L'UTILITÉ DE L'ÉTUDE ET DE LA PRATIQUE DES BEAUX-
ARTS DANS LE TRAITEMENT DES PASSIONS.

MESSIEURS,

Je n'ai pas l'intention de vous présenter *ex professo* un
Traité de Thérapeutique des Passions : des Collègues chargés
des parties pratiques de notre Enseignement pourraient la
revendiquer à juste titre. Il convient pour vous et pour
moi que je reste strictement dans les limites de mes obligations.

Mais mon droit, ou, pour mieux dire, mon devoir est
de continuer de vous faire observer les lumières que la
Doctrine de l'Alliance des deux Puissances du Dynamisme
Humain peut répandre sur les parties de la Médecine où
les symptômes les plus saillants sont des altérations des

fonctions de la Vie Sociale. Vous avez reconnu, j'espère, que l'esprit de cette Doctrine a éclairé la théorie des Passions ; vous pouvez bien soupçonner qu'elle peut rendre le même service aux préceptes pratiques, encore incohérents, qui ont été posés pour leur Thérapeutique.

L'Antiquité ne paraît pas avoir cherché à placer le traitement des Passions dans la Médecine : les Moralistes s'en étaient emparés ; la Société ne demandait des secours contre les Passions qu'aux Philosophes et aux Prêtres. Ce que je dis est confirmé par la sensation que produisit dans le monde lettré ce passage fameux qui se lit dans le *Discours de la Méthode* de DESCARTES : « l'esprit dépend si fort du » tempérament et de la disposition des organes du corps, » que s'il est possible de trouver quelque moyen qui rende » communément les hommes plus sages et plus habiles » qu'ils n'ont été jusqu'ici, je crois que c'est dans la Mé- » decine qu'on doit le chercher (1). »

Cette proposition peut avoir une valeur réelle en l'interprétant d'après la connaissance que nous avons d'une Médecine vraie, appuyée sur une Doctrine rigoureuse de la Constitution de l'Homme;... mais elle est fausse et même très-dangereuse si elle est interprétée dans le sens de l'auteur lui-même, et des Organiciens qui marchent dans sa direction.

DESCARTES voulait que la *Médecine fût fondée sur des démonstrations infaillibles* (2), c'est-à-dire *suivant son intention*, sur la théorie mécanique et chimique de la Vie Humaine. D'après cette prétention, il devint l'*adversaire de la Médecine ordinaire* (3), c'est-à-dire de la Médecine

---

(1) Part. 6.
(2) Vie de DESCARTES par BAILLET : T. I, p. 168.
(3) *Ibid.* : Tom. II , p. 417.

Hippocratique ,...... et il s'appliqua à en créer une de sa
façon. En conséquence, il voulut la déduire de l'Anatomie
et des Sciences Physiques. Mais comme il ne trouvait pas
toujours les causes qui tombent sous les sens, il avait recours à des hypothèses de l'Ordre Physique ; et en combinant, par la pensée, les causes imaginées de manière à
ce que les effets présumés pussent ressembler à ce qui se
passe dans la Vie Humaine, il croyait avoir fait une science
physiologique. En effet, s'il n'avait pas *démontré ce qui
s'est passé*, il crut avoir trouvé *ce qui a pu se faire* ; et,
suivant sa Philosophie, cela suffisait pour la Science. D'après
cela, il composa les fragments de Physique anatomique et
d'hypothèses qui furent réunis après sa mort, et publiés
sous le titre de : l'*Homme de René* DESCARTES , *avec la
formation du fœtus.* La lecture de ce livre inspire à tout
Médecin un sentiment si défavorable, qu'il est impossible
d'en formuler un juste jugement, à cause du respect dû
à l'auteur sous d'autres rapports. La *Méthode*, les *Méditations* et l'*Application de l'Algèbre à la Géométrie* forment
une sorte d'exemption ou d'indulgence compensatrice qui
sauve sa personne du blâme sévère que cet ouvrage méritait. Aussi HALLER se borna-t-il à cette appréciation :
« Ouvrage mémorable qui doit rester dans les fastes de
» l'Esprit Humain, *parce qu'il nous fait voir combien les
» travaux d'une grande Intelligence ont peu d'utilité quand
» l'auteur s'arroge le droit de créer, par de simples conjec-
» tures*, les causes des faits naturels. Or, DESCARTES at-
» tribue exclusivement aux causes mécaniques les fonctions
» de la Vie Humaine, telles que les sensations, la mémoire,
» les mouvements animaux , le sommeil, la veille (1). »
Tout cela est le songe d'un grand Homme.

(1) *Bibl. Anat.* : T. I, p. 387.

Une circonstance peut, jusqu'à un certain point, expier le dédain que DESCARTES a montré pour la Médecine Hippocratique : quand il a été atteint d'une pleurésie, il n'a pas voulu que les Médecins lui donnassent des conseils. Il refusa constamment la saignée, « alléguant que cette opération » abrège nos jours, et qu'il avait vécu quarante ans en » santé sans la faire (1). » — Il est mort. Il est permis de croire que c'est sa faute. Il subit une peine trop sévère ; laissons-le donc en paix. DESCARTES a été constant et conséquent. Nos Organiciens n'imitent leur maître qu'à demi ; ils repoussent l'Hippocratisme, c'est-à-dire la Science du Dynamisme Métaphysique, et ils se contentent de l'Anatomisme. Cependant ils vivent et se portent bien ; ils sont plus heureux que DESCARTES : pourquoi ? Parce qu'ils ne sont ni constants ni conséquents, et que leur pratique médicale n'a pas le moindre rapport logique avec leur Anthropologie. Ils ont recours sans gêne à la saignée, aux purgations, aux épispastiques, aux spécifiques, en dépit des théories qui repoussent ces moyens.

Revenons à l'éloge que DESCARTES a fait de la Médecine, en tant qu'il l'a considérée comme pouvant influer sur la sagesse et sur l'habileté, éloge qui a été accepté avec orgueil dans la République Médicale. Je l'adopte, mais sous condition. La Médecine peut être utile à la Vertu et à l'Intelligence, puisqu'elle peut combattre avantageusement les Passions; mais cela ne se peut d'abord qu'autant que la Médecine ne sera pas celle de DESCARTES, qui est fausse et absurde ; ni celle des Organiciens, qui n'est pas logique, scientifique, mais purement empirique, fragmentaire, incomplète, sans base anthropologique,... mais qu'elle sera

---

(1) BAILLET : T. II, p. 418.

conforme à la Philosophie Inductive Hippocratique, agrandie
et perfectionnée par les Écoles qui l'ont constamment cultivée. En un mot, la Médecine ne renforcera la Vertu et
l'Intelligence que lorsqu'elle s'occupera de l'étude des Puissances du Dynamisme de l'Homme avec autant de zèle et
d'étendue que nous nous occupons tous de son Anatomie.

Quoique M. Descuret ne suive ni l'Organicisme Caba-
nisien ni l'Organicisme Cartésien, nous ne pouvons pas
compter sur sa Médecine, vu que les indications y sont
omises, que les méthodes en sont peu rationnelles, et que
le langage logique en est incorrect. Sa Thérapie consiste en
trois listes de moyens dont les titres manquent d'exactitude.
La première est appelée *traitement* MÉDICAL. C'est le catalogue des moyens qui agissent spécialement sur la Force
Vitale. Donner le titre de *médical* à l'ensemble des moyens
qui se rapportent à la Force Vitale, à l'exclusion de ceux
qui agissent spécialement sur l'Ame, c'est méconnaître
l'esprit de notre science pratique. Soigner l'homme dans
l'intention de le conserver, de lui épargner les souffrances,
de le guérir ou de le soulager, c'est exercer la *Médecine*
sur lui. Quel que soit celui de ses éléments qui a besoin
d'une attention spéciale pour amener à un de ces résultats,
le remède capable de produire cet effet doit, à juste titre,
être appelé *moyen médical*. Ainsi, pour nous tous les moyens
sont *médicaux*; c'est à nous de les distribuer ou d'après
les indications, ou d'après les méthodes.

Essayons une répartition de notre Matière Médicale
d'après la connaissance que nous avons de la théorie des
Passions, de leur initiative, des indications qu'elles présentent, et des méthodes conçues suivant les idées de la
Thérapeutique Barthézienne.

Il est un axiome général de Thérapeutique qui doit vous

être familier, parce qu'il est souvent proféré dans cette Faculté : je veux parler d'une Règle hippocratique, que GALIEN a commèntée de mille manières, et qui est que le Médecin *ne doit pas prétendre à être Maître de la Nature*, et qu'*il doit aspirer à en être l'intelligent Ministre*. La Nature, dans ce cas, est la Puissance de notre Dynamisme appelée *Force Vitale*. Le ministère du Médecin n'est pas un esclavage, une obéissance aveugle : le Médecin sert son Souverain en se pénétrant de ses intentions; mais en même temps il devient son Conseiller, et il n'oublie jamais qu'il contre-signe toutes les Ordonnances, et que c'est lui qui est responsable.

Quand il s'agit de la Thérapeutique des Passions, le Médecin est Ministre de l'autre Puissance Dynamique. Il ne peut pas espérer de guérir le malade sans la participation de l'Ame Pensante : quelle que soit l'origine de la Passion, la raison est indispensable pour ramener la sérénité et le calme. Il arrive assez souvent qu'elle seule ne suffit pas; mais il est bien rare qu'une Passion complète se dissipe sans quelque acte de l'Intelligence. L'habileté du Médecin est de s'entendre avec le Sens Intime du passionné, et de parvenir à prendre un ascendant capable d'être auxiliaire au secours d'une raison opprimée ou par une Philautie, ou par une Force Vitale perverse.

Ce précepte général peut n'avoir pas de sens dans l'École de DESCARTES, mais il n'en est pas moins une loi pratique dont tout Anthropologiste instruit doit sentir la vérité et l'importance.

1º *Officine intellectuelle contre les éventualités des Passions.* — Les Anciens devaient être persuadés de cette règle, puisqu'ils ont mis dans la Morale une sentence que l'on peut regarder comme une Officine intellectuelle contre l'éven-

tualité des Passions. J'en cite pour preuve un passage de
PLUTARQUE, que les Commentateurs ont intitulé par cette
phrase : *Se préparer des armes contre les Passions.* « Il est
» à propos que l'Homme sage s'accoutume de bonne heure
» à réfléchir sérieusement sur les raisons qui peuvent lui
» servir le plus à réprimer ses Passions, afin qu'ayant
» médité ces raisons long-temps, elles lui soient d'un plus
» grand secours dans les circonstances où il sera obligé d'en
» faire usage ; car, comme il est difficile de faire taire les
» aboiements d'un dogue à l'approche d'un étranger, de
» même il est difficile d'apaiser les Passions révoltées, si,
» dans le moment qu'elles se soulèvent, on ne leur oppose
» les raisons dont on s'est servi souvent avec succès pour
» les dompter ou pour les vaincre. »

Je serais tenté de croire que RACINE venait de lire ce
conseil de PLUTARQUE, lorsqu'il composa le Monologue de
TITUS qui va voir BÉRÉNICE pour lui dire qu'il ne peut
pas l'épouser, et qu'ils doivent se séparer :

       « Hé bien, TITUS, que viens-tu faire ?
  » BÉRÉNICE t'attend ; où vas-tu, téméraire ?
  » Tes adieux sont-ils prêts ? T'es-tu bien consulté ?
  » Ton cœur te promet-il assez de cruauté ?
  » Car enfin au combat qui pour toi se prépare,
  » C'est peu d'être constant, il faut être barbare.
  » Soutiendrai-je ces yeux armés de tous leurs charmes,
  » Attachés sur les miens, m'accabler de leurs larmes ?
  » Me souviendrai-je alors de mon triste devoir ?
  » Pourrai-je dire enfin : *je ne veux plus vous voir ?* »

2° *Gymnastique pour la force et l'adresse contre la peur.*
— Ce n'est pas seulement l'Ame Pensante que l'éducation
libérale a voulu renforcer contre les Passions ; elle a songé
à donner au Système Vital une vigueur, une adresse et
une fermeté qui mettent l'Homme en état de se défendre

13

contre les insultes et les accidents, et qui, au milieu des craintes les plus légitimes, l'encouragent et le renforcent. C'est pour cela que les Arts Académiques, l'Escrime, la Chasse, la Course, le Tir, la Nage, etc., ont été inventés. Je sais qu'on peut en abuser comme on abuse de tout; mais la prudence et la raison, qui s'allient parfaitement avec tous ces moyens, se développent en même temps que leurs effets, dans une éducation bien entendue.

3o. *Raison éclairée et fortifiée par le sentiment religieux, principe des méthodes naturelles.* — La raison éclairée par une éducation morale est certainement le moyen médicateur le plus puissant contre les Passions, d'où qu'elles proviennent. Elle peut lutter avec avantage contre celles qui naissent de l'Instinct; et elle peut réduire au néant celles qui viennent de la Philautie. Avec une force vigoureuse, elle refuse l'exercice des opérations condamnables qu'elles demandent, et, avec du temps et de la réflexion, elle devient triomphante.

Cette force morale ainsi préparée constitue cette longanimité qui résiste aux peines les plus destructives. Quand les chagrins sont sans remède, c'est à la patience à les rendre supportables. *Durum,* — dit HORACE — *sed levius fit patientia quidquid corrigere nefas.*

J'ai dit *une raison éclairée par la Morale;*... la raison ne doit avoir des volontés que lorsqu'elle a connu la règle de sa conduite. Cette règle, indépendante de l'égoïsme, est le résultat de la connaissance du juste et de l'injuste. Quand une Ame est pénétrée de cette connaissance, elle associe la Justice aux autres Vertus morales, et, elle se met en état de vaincre ses Passions, au moins par rapport à leurs effets. — A mes yeux, un Homme n'est complet que lorsqu'il est inébranlable dans les convictions de la Justice. Tout sceptique, en Justice est un Pupille qui a besoin d'un Tuteur et d'un Précepteur. Qu'il la soutire de la Raison, du Sentiment Religieux, de la Loi positive, de la Religion Révélée, du fond de sa conscience,.... pourvu qu'elle soit explicite et ferme : il est mon semblable. Mais s'il manque de principes, s'il ne se conduit que d'après les suggestions de ses Instincts et de l'Amour de lui, sans que ses désordres lui aient causé des remords : il n'appartient pas à l'Espèce Humaine. La Législation peut en faire tout ce qu'elle voudra sans que je m'y intéresse.

4° Dans les cas où la raison est nulle, *répression violente des effets attentatoires à son existence ou au droit d'autrui.* PLUTARQUE prétend que, dans l'Ame Humaine, une Passion, quelque violente qu'elle soit, n'est jamais dépourvue de Raison. Cela suppose que les individus auxquels il fait allusion, ont reçu une éducation capable de développer l'Intelligence. Mais si nous portons notre attention sur des hommes profondément ignorants, où n'ont pu s'épanouir ni le Jugement, ni les Raisonnements, ni les Sentiments moraux, ni les Vertus ;.... les fortes Passions deviennent des fureurs aveugles sans frein. Les enfants, les idiots, les phrénétiques, les sauvages, nous en fournissent la preuve. Cela étant ainsi, il convient de penser que les individus mis dans cette condition doivent être souvent portés à des actes attentatoires au bien ou à la vie de leurs semblables, et même à leur propre existence. Alors, un membre quelconque de la Société qui en est témoin doit employer de tout son pouvoir les moyens directs ou indirects d'empêcher physiquement l'exécution de ces forfaits. Les *obstacles physiques qui enchaînent l'individu,* ou qui *arrêtent l'exercice de ses membres,* sont une catégorie de moyens médicaux contre les Passions.

5° *Méthode analytique où l'on combat les instincts pathétiques, soit initiatifs, soit auxiliaires.* — La plupart des moyens que M. DESCURET a mis sous le titre de *Traitement médical*, forment chez nous le catalogue de ceux qui se rapportent à la Force Vitale. Nous ne les employons que pour les Passions d'origine instinctive : ils seraient de toute nullité pour les Passions d'origine mentale qui garderaient leur caractère.

M. DESCURET, qui ne peut pas concevoir cette distinction, nous présente, d'une manière générale, des remèdes qui peuvent être salutaires par rapport à une initiative, mais qui sont inutiles ou nuisibles par rapport à l'autre. Citons un exemple. L'auteur dit :

« Il est des habitudes qu'il faut déraciner avec violence ; » il en est d'autres qu'on ne peut maîtriser qu'à l'aide du » temps et de la douceur. Dans le premier cas, je me suis » toujours félicité d'avoir fait établir un exutoire qui a le » double avantage d'imprimer une nouvelle direction à la » sensibilité, et de remplacer l'excrétion habituelle que j'ai » montrée avoir lieu dans la plupart des Passions. »

Les fonticules, les saignées, les purgatifs, beaucoup d'autres attractions fluxionnaires, sont fréquemment utiles pour détruire les Morosophies qui sont souvent des sources de Passions : telles étaient celles de l'assassin de LOUIS XV ; tels étaient les penchants homicides des femmes dont Félix PLATER a parlé. Mais que pouvez-vous espérer de ces moyens quand il s'agit de guérir la Passion d'un joueur, d'un ambitieux, d'un glorieux, d'un envieux qui maigrit de l'embonpoint d'autrui ? Quelques leçons de Morale, ou philosophique ou religieuse, seraient certainement plus en rapport avec les besoins de ces malades.

Dans la formule générale, j'ai dit que les moyens de

cette catégorie pourraient être applicables à des cas d'origine mentale à laquelle serait venu se joindre un instinct auxiliaire : je dois expliquer ma pensée. Une Passion susceptible des deux initiatives naît chez un individu dans son Âme Pensante. En songeant aux relations qui existent entre les états pathétiques des deux Puissances, il ne faut pas être surpris que l'état mental puisse faire surgir un état instinctif correspondant, en quelque sorte symptomatiquement. Un récit peut vous le faire concevoir ; c'est en pensant à un fait dont j'ai été témoin que j'ai fait l'exception présente. Un Homme de 58 ans, veuf depuis plusieurs années, et père d'enfants adultes, eut occasion de voir une Demoiselle de 22 ans, belle, spirituelle et aimable ; il l'admire, l'aime, en devient sexuellement amoureux, et il veut l'épouser. Il était acceptable ; on le prend au mot ; et l'on s'occupe de la noce. La famille vit tout cela avec peine dans l'intérêt des enfants. Cela se passait en Septembre. Un jour, les raisins étant assez mûrs, notre amoureux en mangea peut-être avec intempérance. Il en résulta ce que l'on appelle un bénéfice de nature, de deux ou trois jours, avec quelques tranchées. L'orgasme sexuel survenu accidentellement s'éteignit ; et il ne resta de la Passion que de l'admiration et une tendre amitié. Mais comme cet homme était assez sage pour penser qu'en mariage l'admiration et l'amitié ne suffisaient pas, il dénoua son engagement avec esprit et probité.

Des instincts de jeunesse qui se reproduisent quelquefois dans un âge avancé peuvent être considérés, par les intéressés, comme un rajeunissement. Mais le Médecin doit savoir qu'ordinairement ce ne sont que des feux-follets que des sédatifs vitaux éteignent facilement.

6° *Méthode mixte, dont nous trouvons un exemple dans*

*la culture des Arts-Libéraux.* — Les moyens présentés par
M. Descuret sont groupés en deux ordres, dont l'un renferme ceux qui modifient la Force Vitale, et dont l'autre
renferme ceux qui modifient l'Ame Pensante. J'en signale
un autre qui est mixte, et qui se rapporte aux deux Puissances : c'est la culture des Arts-Libéraux. J'ose croire
qu'à *priori*, cette proposition vous paraîtra digne de réflexion : mais comme je n'ose guère conseiller un moyen
qu'après qu'il a été employé, je dois vous dire quels sont
les faits d'après lesquels ma confiance s'est formée. Il faut
donc que je m'arrête aujourd'hui sur celui qui appartient
à la catégorie des moyens que je vous propose.

Montaigne ne pensait pas qu'il fût possible d'éteindre
les Passions chez un homme en qui elles étaient nées ; mais
il était persuadé qu'on pourrait les diriger d'une manière
utile et pour lui et pour la Société. Le Livre du Père Sénault,
intitulé : *De l'Usage des Passions*, a pour objet de développer
cette idée, et de présenter des exemples d'exécution.

Dans leur projet, ces auteurs parlent d'affections d'origine mentale, et ils font en sorte que l'Amour, la Haine,
la Colère, l'Ambition, etc........., soient dirigés vers des
sujets louables. De cette manière, l'individu passionné satisfait son penchant sans que la Morale ait à s'en plaindre.

J'ai dit de bonne heure combien je me méfie de l'Art qui
a pour but de convertir les Passions en Vertus. Je crains
bien que l'exécution de ce projet ne soit d'une difficulté extrême. Il arrive souvent que les états pathétiques d'une
Passion sont étroitement liés avec le sujet qui l'a fait naître.
La proposition suppose que les Passions ont leur principe
dans un besoin de l'Ame Pensante, et que l'Hygiène de ces
phénomènes consiste à former une *matière alimentaire pathétique* toute salutaire, sur laquelle l'appétit soit à même

de se satisfaire sans danger. Je ne dis pas qu'il n'y ait des individus ainsi constitués, sur lesquels on puisse agir de cette manière. Les *Visionnaires* de DESMARETS nous en fournissent des exemples qui ne sont pas bien concluants, parce qu'ils sont dans une sphère trop hypothétique. Mais il me semble que la plupart des hommes passionnés ne sont tels qu'en tant qu'ils ont rencontré des objets concrets sur lesquels ils ont pu s'exercer. Quand ils sont ainsi faits, ils ne peuvent guère changer qu'en restant dans la même catégorie. Un Homme vit dans un concubinage scandaleux. On le marie pour satisfaire ses besoins sexuels. Mais une épouse accomplie n'est pas ce qu'il lui faut. Il l'honore, il la respecte; mais, pour jouir, il se tourne vers la crapule.

Cependant, pour que l'on ne regarde pas la proposition de MONTAIGNE et de SÉNAULT comme une pensée tout-à-fait chimérique, je dois vous présenter un fait qui, dans l'Ordre Vital, pourrait vous montrer un exemple d'une Passion incomplète d'origine Instinctive, qui s'est avantageusement développée lorsque l'individu a été à portée de voir l'objet concret le plus propre à compléter le phénomène, et à lui donner le plus d'éclat et de profit.

Ce fait, je le trouve dans les Mémoires que le Poëte ALFIERI a faits sur sa vie, et qui furent publiés après sa mort. Au moment où je les lus, je fis une Note sur un passage relatif à la matière qui nous occupe aujourd'hui: je la transcris pour éclaircir la remarque actuelle.

« Il y a des individus chez qui, à cause du mode de leur tempérament et de leurs infirmités, il se forme ou habituellement, ou fréquemment, des états pathétiques vagues et indéterminés, abortifs. La nature de ces états ne fournit pas une idée explicite et caractérisée; mais nous voyons que ces modes affectifs sont de la catégorie des malfaisants:

c'est un amalgame ou une alternative de systole et d'éré-
thisme morbides ou pénibles.

» Supposons que, chez un homme ainsi constitué, l'Instinct
systaltique ressemble à celui qui engendre la Misanthropie,
ou pire encore, que l'Ame Pensante, sa compagne, soit
honnête, nourrie d'idées de Justice ;... et que le premier
obsède l'autre, ou continuellement, ou de temps en temps:..
que deviendra l'individu ?

» Je pense que cette Ame restera plus ou moins de temps
flottante entre les objets qui pourraient servir d'aliment
à des Passions, mais elle repoussera ceux que la probité
et la conscience condamnent, et elle s'attachera à des objets
sur lesquels elle pourra s'exercer sans blesser la Justice.
— Si un pareil homme n'est retenu ni par son rang social,
ni par des considérations de respect humain, je ne serais
pas surpris qu'il ne voulût être ou bourreau, ou maître
d'école avec droit d'user de la férule et du fouet. S'il est
dans une condition supérieure, que l'état vital reste
le même, et que l'Ame ne soit pas dure, l'individu se
tournera vers les objets imaginaires, et il pourra maltraiter
l'homme en effigie.

» C'est ce que je crois apercevoir dans une circonstance
importante de la vie d'ALFIERI. Ce Poëte très-distingué, dont
la postérité conservera la mémoire, dont le Baron FABRE a
fait un portrait fort ressemblant, et qui a enrichi le Musée de
notre ville, et par ses images, et par ses ouvrages, et par
ses manuscrits autographes,.... raconte, dans les Mémoires
de sa vie, que sa jeunesse fut vouée à la nullité, principalement à cause d'une indisposition continuelle qui redou-
blait de temps en temps, et qui le rendait insupportable
aux autres et à lui-même. « La journée,—dit-il—, étoit bien
» longue ; je la passais ou à dormir ou à rêver, je ne saurois

» dire à quoi, et souvent à pleurer sans aucun motif. J'avois
» perdu ma tranquillité, et je ne pouvois pas même soup-
» çonner ce qui me l'ôtoit. Quelques années après, ayant
» fait de nouvelles observations sur moi, j'ai trouvé que
» c'étoit une maladie qui me prenoit tous les ans au prin-
» temps.... Elle duroit plus ou moins; elle se faisoit sentir
» avec plus ou moins de force, selon que mon cœur et mon
» esprit se trouvoient alors plus ou moins vides et oisifs. »
« — Vous savez comment il a rempli la dernière moitié de
sa vie. Au lieu de se désennuyer à tourmenter, à persé-
cuter les vivants, comme font tant d'autres, il a fait des
Tragédies; il a versé sur les morts de tous les temps la
mauvaise humeur qui le poursuivait; et il a porté sur ses
Héros ce même pathétique qui lui avait fait passer de si
tristes moments. Un livre qu'il a fait contre les Français
(*Misogallo*) n'est guère plus offensif que ses Drames; personne n'a le droit de se plaindre quand tous subissent le
même sort. » — Messieurs, c'est l'étude de la Tragédie qui
a donné une impulsion bienfaisante à un Dynamisme Humain
malfaisant, sans changer son humeur.

La culture des Beaux-Arts me paraît encore utile, non-
seulement pour bonifier les Passions, si cela est possible,
mais encore pour opérer une métasyncrise qui dissipe les
reliquats vitaux d'une Passion mentalement guérie.

# 12ᵐᵉ LEÇON.

MESSIEURS,

En finissant la dernière Leçon, je venais de placer, dans ma *Matière Médicale* des Passions, la culture des Arts-Libéraux. J'examinais si ce moyen pourrait servir à l'exécution d'un projet proposé par MONTAIGNE et par le

Père Sénault. Ces Auteurs, frappés de la difficulté de
guérir les Passions habituelles, ont proposé de chercher à
les rendre ou innocentes, ou vertueuses, en en changeant
simplement les objets, sans prétendre en dénaturer
l'idée affective. Quoique je ne sois pas bien convaincu de
la possibilité de cette métabole pathétique, je vous ai
présenté un fait qui m'a paru favoriser l'opinion de ces
deux Moralistes. Il m'a semblé que la Misanthropie instinctive innée d'Alfieri, malheureuse pour lui et incommode
pour la Société, est devenue un principe de jouissances,
de valeur et d'illustration personnelles, et de progrès pour
la Littérature,.... quand cette énergique intelligence a
porté une forte attention sur la Tragédie, sur la Satire, et
sur la Morale politique.

Après l'exposition de cette conjecture, dont je vous
soumettais la probabilité, je vous ai dit que la culture des
Beaux-Arts était d'une grande utilité pour le traitement des
Passions, sous un point de vue que je ne vous avais pas
encore fait apercevoir :.... pour la résolution d'un état
pathétique instinctif qui dure encore lorsque l'état pathétique mental est totalement dissipé. J'allais expliquer ma
pensée à cet égard, quand la pendule m'a arrêté.

Une Passion forte et de longue durée ne se dissipe pas
toujours complètement dans un même temps : des deux
éléments qui la composent, l'un peut se résoudre,....
et l'autre rester ou temporairement ou indéfiniment, comme
un reliquat de cette maladie. — Ne nous occupons que des
cas où, dans le jugement d'une Passion, la Force Vitale est
plus tardive que l'Ame pensante.

Quoique l'Ame soit satisfaite ou par résignation, ou par
le temps, ou par la satisfaction d'un désir long-temps sans
espoir, il peut arriver que la Force Vitale continue de souf-

frir de son état pathétique, et qu'elle a besoin d'une résolution ou par crise ou par lise. Un fils tendrement chéri est
absent. Il y a long-temps que sa mère n'en a pas reçu de
nouvelles. Depuis des mois elle est dans l'alternative
d'espérance et de désespoir, qui compose une Passion
cruelle. Dans un moment de profonde tristesse, elle reçoit
une lettre qui annonce la prochaine arrivée de ce cher fils.
L'Ame passe de la plus profonde affliction à la joie la plus
vive. Elle n'a rien à désirer ; mais l'Instinct ne peut pas
se passer des actes vitaux nécessaires pour dissiper l'orgasme (*Dacryogone*), FLÉDILE. Le pleurer est infaillible,
et presque indispensable pour rétablir la sérénité normale.

Quand nous avions l'avantage d'entendre au Théâtre
l'*Iphigénie en Aulide* de GLUCK, nous remarquions, au
dénouement de ce Drame, un trait qui exprime le fait
que je viens d'énoncer. IPHIGÉNIE qui devait être immolée
sur l'Autel de DIANE, est sauvée par un miracle dans un
temps très-court, et tout-à-fait inattendu. Aussi, après
quelques exclamations d'AGAMEMNON, d'ACHILLE, de CLI-
TEMNESTRE, la victime dit :

> « Ah ! qu'il est doux, *mais qu'il est difficile*
> » De passer, si subitement,
> » Du plus cruel tourment
> » A la félicité suprême ! »

L'idée du malheur et celle du bonheur suivant, sont
venues sans continuité intermédiaire. L'Ame doit sentir ce
contraste, et souvent elle en éprouve une surprise qui
peut aller jusqu'à la stupéfaction. Cependant les extrêmes
peuvent se toucher dans la région mentale. Mais ces
idées mentales sont accompagnées d'états pathétiques
vitaux correspondants. Or, les états vitaux opposés ont

absolument besoin d'un changement temporaire. L'Instinct a son siége dans un agrégat instrumental : il faut du temps pour la mutation de la Scène. Le Poëte a bien senti cela, et s'il ne fait pas couler des larmes, il ne manque pas au moins de faire mention du fait physiologique. De plus, le Musicien qui savait tout cela, a voulu que le Spectateur ne méconnût pas une vérité dont l'oubli aurait nui à l'illusion. Les vers, énoncés en récitatif obligé, sont simples et courts comme ce qui s'est passé dans l'Ame ; mais pendant les huit mesures de ce récit, l'accompagnement vous fait entendre des accords successifs analogues aux changements qui doivent se passer dans l'Instinct , depuis la souffrance *du plus cruel tourment*, jusqu'au délire du bonheur ineffable. Écoutez les violons et la basse , et vous reconnaîtrez le passage successif du progrès vital.

7° *Culture des Arts-Libéraux pour opérer la résolution des états pathétiques instinctifs reliquats de longues Passions.* — C'est dans les Passions de longue durée que l'on doit mieux sentir la *résolution en deux temps* de ces Maladies : le jugement complet de l'état pathétique mental , et la résolution lente et tardive de l'état pathétique instinctif. Rien de plus commun que de voir des personnes long-temps malheureuses, qui, parvenues à une position avantageuse , ne peuvent plus exprimer une plainte , et qui cependant sont incapables de jouir de la vie. L'Ame est raisonnablement tranquille ; elle ne pense plus aux événements dont elle a été autrefois cruellement affectée ; le Temps, la Vieillesse, la Philosophie , la Religion , l'ont rendue exempte d'une Passion explicite ;..... mais la Force Vitale, long-temps tourmentée , n'est plus capable de rentrer dans l'état normal : elle conserve ou

habituellement ou fréquemment les modes qu'elle avait
reçus des chagrins chroniques antérieurs.

Je crois en voir un exemple dans la sensation pénible
que le Prophète-Roi a formulée plusieurs fois parmi ses
Psaumes. Au milieu des Hymnes, dans des moments d'ef-
fusion où il parle à DIEU, il s'arrête, pour se plaindre de
sa Force Vitale : « *Je chanterai vos louanges sur ma Lyre ,*
» *Seigneur, mon Dieu :* POURQUOI ES-TU TRISTE, MON ÂME;
» *pourquoi me troubles-tu?* — *Confitebor tibi in Cithara, Deus,*
» *Deus meus : quare tristis es, anima mea; et quare con-*
» *turbas me?* »

Ne reconnaissons-nous pas, dans cette espèce d'Épi-
phonème, la Mélancolie vague d'un homme qui a été
fort malheureux par sa situation, par la persécution
de ses ennemis, par ses fautes, par des désordres scandaleux de famille ;.... et qui, consolé et tranquille, grâce
à sa prospérité actuelle et à son tendre sentiment religieux,
trouve de temps en temps, dans son Instinct, des retours
de tristesse sans motifs ? En nous fournissant un cas de
*convalescence* vitalement prolongée, il nous fournit aussi
une idée d'un des remèdes proposés : La culture des
Beaux-Arts, dont le patient a laissé de grands modèles ,
et dans la Poésie des Psaumes , et dans la Mélodie des
Chants de Sion. — « *Cantate de canticis Sion,* » disaient les
Babyloniens aux Hébreux captifs.

Quand une tristesse vague, consécutive d'une Passion
mentalement dissipée, se prolonge indéfiniment , l'individu tombe fréquemment dans une Hypochondrie qui
l'oblige à s'adresser à la Médecine. Les Praticiens conseil-
lent alors les *distractions*; mais comme ce précepte est
vague, les amis et les parents engagent le malade à
changer de vie, de lieu , de société , d'habitudes. Si cela

se fait sans ménagement et sans discernement ; si cela
n'est pas dirigé par une Thérapeutique rationnelle, le remède devient pire que le mal : un contraste de conduite
peut révolter l'individu, et lui donner une aversion insur-
montable pour tout ce qui a le moindre rapport avec le
moyen prescrit.

Quand un homme est atteint de ce genre d'indisposition,
et qu'il est accessible aux impressions des Beaux-Arts, il
doit trouver presque infailliblement dans cette catégorie le
moyen qui doit le guérir, pourvu qu'il sache le choisir, ou
qu'il soit dirigé par un Médecin instruit de la Nature Humaine, et non étranger à l'esprit des Arts-Libéraux. S'il est
profondément triste, gardez-vous de chercher à l'égayer :
commencez par le faire pleurer. Mais comme l'Art le plus
systaltique est toujours essentiellement accompagné d'une
Volupté, le malade s'accoutumera progressivement à passer
d'une tristesse amère à une tristesse langoureuse ; de la
langueur à la suavité, et de la volupté au plaisir.

Cette méthode thérapeutique est analogue au procédé
rhétorique appelé *Concession*, que BEAUZÉE définit ainsi :
« Figure de pensée par raisonnement, qui consiste à ac-
» corder quelque chose à celui contre qui on parle, pour
» en tirer ensuite un plus grand avantage. » — Ne heurtez
pas un Dynamisme Humain, qui prend, il est vrai, une
direction vicieuse, mais qui depuis long-temps n'en a pas
suivi une autre. Si vous lui opposez directement un
obstacle, il s'irritera, le détruira, ou le franchira. Mais
si vous vous unissez à lui pour marcher ensemble, un
artifice habile pourra vous rendre le maître de votre compagnon, et vous finirez par l'amener au lieu où vous vouliez
qu'il arrivât.

Voilà, selon moi, le seul point de vue sous lequel on

peut concevoir une Méthode *Homœopathique*. Considérée ainsi, je la trouve légitime, en mettant à part plusieurs autres circonstances de cette pratique dont je n'ai pas pu vérifier les effets.

8° *Moyens d'intimidation pour que les Hommes passionnés soient glacés à la vue des punitions qui attendent les coupables.*—C'est à ce huitième rang que je place une catégorie de moyens que M. Descuret a mis au second rang de sa matière Médicale des Passions; et qu'il a désignée sous le nom de *Traitement législatif.* — Je n'emploie pas sa dénomination, parce que le *Code des Délits et des peines* ne peut pas être considéré comme un moyen de Thérapeutique, quand il est un *Traité de Législation* : de ce Code il n'y a de réellement Médical que l'idée des supplices attachés aux crimes résultats des Passions.

En considérant les peines comme des remèdes contre les Passions, je demande quelle est la manière la plus efficace de produire leur effet : est-ce de présenter abstractivement, comme le fait M. Descuret, les articles de ces lois; ou bien est-ce de mettre sous les yeux les instruments, les signes, les pièces de conviction des supplices prescrits par ces lois ? — Tout est pour moi sujet de question : je n'ai pas assez réfléchi sur les faits, ni assez suivi les discussions des problèmes, pour que je puisse avoir un avis.

*A priori,* tout le monde sait que, quand il s'agit de faire une impression profonde sur le Dynamisme Humain, les impressions des faits par un récit sont bien moins efficaces que les impressions concrètes par les yeux.

Louis XI et Sixte-Quint ont fait des lois sévères contre les malfaiteurs, et ils les ont rigoureusement sanctionnées par l'exécution la plus prompte et la plus ponctuelle des peines prononcées. Mais la notoriété publique de ces drames même fréquents ne leur a point paru suffisante pour épouvanter les assassins et les voleurs. Le Monarque voulait que tout le monde connût et vît les cachots, les cages de fer, les chaînes dont les accusés sont flétris. On ne voyait que gibets autour de son château. Il affichait son amitié et ses fréquentations avec TRISTAN, Prévôt de son Hôtel, qui, dans un procès, était à la fois l'accusateur, le témoin, l'instructeur, le juge, et l'exécuteur de la sentence. « Le » Pape dont je parle montra une rigueur extrême dans » les moyens qu'il employa pour procurer la sûreté pu- » blique. Il arrêta la licence qui était sans bornes sous le » dernier Pontificat. Il faisait dresser des potences pour » punir à l'instant ceux qui commettaient quelque insolence » pendant les divertissements du Carnaval. — Pour effrayer » les scélérats, SIXTE faisait mettre toutes les têtes des » suppliciés sur les portes de la ville et des deux côtés du » pont Sᵗ-ANGE, où quelquefois il allait exprès pour les » voir : elles incommodaient les passants, par leur puan- » teur, et quelques Cardinaux engagèrent les conservateurs » à supplier sa Sainteté de les faire placer ailleurs : — *Vous* » *êtes trop délicats*, — leur répondit SIXTE-QUINT — , *les têtes* » *vivantes de ceux qui volent le public sont d'une odeur plus* » *insupportable.* »

MESSIEURS, veuillez réfléchir *médicalement* sur ce qui conviendrait le mieux comme moyen d'intimidation des malfaiteurs passionnés, savoir ou la lecture du Code des Délits et des Peines, ou les insignes des supplices. Jean-Jacques ROUSSEAU était persuadé que les hommes Passion-nés pour la Reine CLÉOPATRE, et qui ont demandé ses faveurs quoiqu'ils sussent qu'ils les paieraient de leur vie,......auraient reculé, si les instruments de la mort avaient été mis au lieu du rendez-vous.

9° *Protestation contre l'atténuation de la responsabilité d'une Passion coupable.* — Nous sommes tous d'accord sur l'utilité du développement du sentiment religieux, pour fortifier la raison contre les Passions d'origine, soit mentale, soit instinctive. Mais je trouve, dans le livre de M. DESCURET, un passage qui me paraît très-dangereux, et qui détruirait radicalement les modes de traitement qu'il appelle *Législatif et Religieux* (1). « La plupart des meurtriers, comme presque » tous les suicides, sont *dans un état de démence* ou bien » d'aliénation mentale *au temps de l'action*, et ils y sont » poussés *par une* force à *laquelle ils n'ont pu résister :* » cette force est la violence, la tyrannie de la Passion, » qui, arrivée à son plus haut degré, enlève ordinairement » le Libre-Arbitre, et porte l'homme à commettre des actes » DONT IL SE REPENT aussitôt que la raison a repris son » empire. »

J'observe d'abord que le repentir est une preuve démonstrative de la présence du Libre-Arbitre au temps de l'acte. Qui s'est jamais repenti de ce qu'il a fait, voulu ou pensé dans le Somnambulisme, dans un Délire, dans un Songe? Le remords est le sentiment de la culpabilité d'un homme qui a fait ce qu'il pouvait et devait ne pas faire. Il se reproche d'avoir préféré le plaisir présent au plaisir passé et futur de l'innocence.

Cette opinion d'une *force irrésistible*, soutenue par les intéressés, est mise dans l'Enseignement par les hommes qui ne connaissent pas la Dualité du Dynamisme Humain, et qui n'ont pas assez obéi au précepte qu'HIPPOCRATE nous recommande si impérieusement, celui d'étudier la *Nature*

(1) Page 208.

*de l'Homme.* Je serai obligé d'attaquer de nouveau cette croyance pernicieuse, lorsqu'il s'agira de faire remarquer la différence qui existe entre la Morosophie et la Folie; différence qu'un Médecin ne peut ni ignorer ni oublier. En dernier lieu, à quoi bon la *Législation* et la Religion pour des individus qui tombent dans *le Délire*, et chez qui il y a *Irrésistibilité ?*

Ne me parlez donc pas de préceptes thérapeutiques aussi incohérents, et méfions-nous d'un Délire dont la *présence ne viendrait que dans l'acte.*

Beaucoup de Passions partent de la Force Vitale. Le Sens Intime, en vertu de sa raison et de sa prédominance, aurait dû les maintenir dans leur véritable rang, et les considérer comme des penchants analogues à ceux des bêtes : mais la Philautie s'entend trop souvent avec l'Instinct; le Sens Intime s'affecte comme la Force Vitale, et les appétits brutaux sont indignement ennoblis par le nom de *Passions.* L'expérience nous prouve qu'un esprit éclairé peut trouver, dans la Morale, des instructions capables de modifier avantageusement ses états pathétiques. Si l'Ame pensante a le pouvoir de corriger ses propres penchants et d'apprécier ses véritables intérêts, à plus forte raison elle peut comprimer les penchants vicieux instinctifs, et reprendre elle-même son rang hiérarchique, sa dignité, ses devoirs, sa conscience, sa supériorité, sa responsabilité, que je ne sais quel esprit de vertige et d'erreur voulait lui faire oublier. Ainsi, pénétrons-nous bien de l'importance des moyens thérapeutiques moraux qui peuvent faire dominer la Force Psychique au-dessus des suggestions de la Force Vitale.

10° *Protestation conforme à l'épilogue de* DESBILLONS. — Ce point du traitement des Passions me paraît d'autant plus digne d'attention, que les Praticiens croient avoir tout fait quand ils ont agi autant qu'ils le pouvaient sur les Penchants Instinctifs. Un Écrivain aussi ingénieux et philosophe que savant, RÉVEILLÉ-PARISE, en appréciant le livre de M. Paul GAUBERT, intitulé : *Hygiène de la Digestion*, a tellement fait ressortir l'influence que les organes digestifs peuvent exercer sur l'Intelligence, qu'il n'a plus pensé à nous dire ce que l'Intelligence pouvait faire pour n'être pas tout-à-fait enveloppée et réduite à une inaction complète (1) : « Il est certain que l'estomac est pour ainsi dire le point » d'appui, l'hypomochlion de nos affections, de nos senti- » ments, de nos idées, le point central de l'existence physique » et morale. L'Homme, cet *esprit-corps*, est plus qu'il ne » le croit sous l'empire de l'estomac................... » « La conscience et l'estomac sont si voisins, si intimes, si » influents, qu'il existe entre eux une responsabilité mu- » tuelle. Ce qu'il y a de certain, c'est que, dans tout ventre » creux, la conscience est fort au large. J'ajoute que si l'on » comprenait, d'une part, combien les grandes questions » sociales et politiques se rattachent aux grandes questions » gastronomiques; de l'autre, l'énorme différence qui existe » pour les résultats *sociaux* entre une digestion prompte, » facile, et une digestion pénible, laborieuse, je soutiens » qu'on obtiendrait la solution d'une infinité de problèmes » historiques vainement cherchée dans les poudreux et » futiles documents de nos archives. Le DIEU *Ventripotens*, » selon le mot de RABELAIS, manifeste son intervention » dans presque toutes les actions humaines; son poids est » immense dans la balance de la destinée des nations. »

---

(1) Gazette Médic. de Paris, 1845, n° 12

Cet éloge du livre dont il s'agit présente assez d'enjoue-
ment pour qu'il soit aisé de croire que l'exagération en est
ironique. Il me rappelle une lettre que VOLTAIRE écrivait
à DIDEROT en réponse à celle qu'il avait récemment reçue
de lui, et dans laquelle DIDEROT avait fait aussi un Hymne
en faveur de l'*Hygiène de la Digestion.* « Vous avez bien
» raison de dire que nos jugements sont à la merci des
» résultats d'un dîner. Cependant, mon cher Philosophe,
» veuillez me dire à présent pourquoi les meilleurs estomacs
» ne sont pas les plus forts penseurs ? »

La conclusion rigoureuse du Livre ainsi analysé, serait
que ce qu'il y a de mieux à faire pour le progrès de l'Intelligence et de la Morale, serait de perfectionner la Science
de la Gastronomie. Mais nous qui ne savons badiner ni
comme VOLTAIRE, ni comme RÉVEILLÉ-PARISE, nous ne devons pas perdre le sérieux : il convient d'examiner ce Livre
d'Hygiène, et de prendre en considération les faits qui y
sont exprimés. Il n'est pas douteux que les fonctions de
l'estomac ne puissent exercer de l'influence sur certaines
affaires sociales. Mais en acceptant au pied de la lettre ce
que dit RÉVEILLÉ-PARISE, il s'agirait de dire si ce fait
est un droit, ou si c'est un abus qu'il faut corriger. Est-ce
que, pour forcer l'estomac à ne pas s'immiscer dans les
fonctions mentales, il faut se borner à diriger les digestions?
Est-ce que le Sens Intime n'a pas le pouvoir et le devoir
de gouverner les affaires de son ressort, et de se mettre
en garde contre les usurpations de son associé ? Je ne
voudrais pas que les Médecins fussent dispensés d'étudier
l'homme tout entier, et que leurs fonctions thérapeutiques
dussent se borner à travailler sur un de ses éléments, à
l'exclusion des autres. Aussi, dans la cure des Passions,
je veux bien qu'on s'occupe des états pathétiques de la

Force Vitale, quels que soient les organes d'où ils partent ; mais pourquoi le Médecin oublierait-il son rôle, qui est celui, non d'être le Maître du Dynamisme du malade, mais bien celui de son Ministre et de son Conseiller ?

Si vous consentez, Messieurs, à jeter un coup d'œil rétrospectif vers les Leçons que j'ai faites sur les Passions, vous y remarquerez, j'espère, que la Théorie, la Pathologie et la Thérapeutique de ces Phénomènes, déduites de notre Doctrine de la Constitution Humaine, sont en tout conformes et à l'histoire des faits, et aux règles de la Morale. Il s'est présenté plusieurs fois des occasions d'examiner des opinions ou contraires à la règle, ou suspectes, qui auraient pu être des pierres d'achoppement : je n'ai pas craint de les envisager sous tous les points de vue et avec confiance. Le résultat a été constamment que notre Ame a toujours le pouvoir de résister aux Passions qui l'obsèdent, quelles qu'en soient les sources, par conséquent d'y être toujours responsable, et d'y trouver l'occasion ou d'un blâme ou d'un éloge.

La Constitution Humaine est de telle nature, que les sensations et les sentiments survenus dans la Vie peuvent être des *occasions* de faire le bien ou le mal, mais jamais leur *Cause efficiente* et nécessaire. Souvenons-nous de la Fable de Phædre, où l'on voit un père également tendre pour ses deux enfants, trouver pour tous les deux un même moyen de se perfectionner, nonobstant la différence de leurs intérêts. Un garçon d'une rare beauté trouve un miroir dans la toilette de sa mère ; il s'y mire, et il répète d'autant plus cette contemplation que l'image est charmante. Sa sœur, qui est très-laide, veut se mirer à son tour. Elle est si mécontente, qu'elle renonce à renouveler cet exercice. Les répétitions du frère l'irritent : elle les

regarde comme des fautes graves qu'elle dénonce à leur
père. Celui-ci la console en les embrassant tous deux avec
les mêmes caresses, et leur donne un miroir pareil à
chacun d'eux, en leur faisant cette recommandation : « Mon
» fils, mirez-vous souvent afin que vous évitiez des vices
» qui altéreraient la beauté de ces formes. Et vous, ma
» fille, mirez-vous souvent, afin d'acquérir des mœurs et
» des habitudes qui attirent toute l'attention d'un spectateur,
» et lui fassent oublier les traits du visage. » Ainsi, quels
que soient les sentiments affectifs que nous recevons,
travaillons à ce que notre volonté agisse conformément aux
règles du bien.

Ces maximes sont communes ; cela ne m'empêche pas
de les énoncer quand je me sens obligé de faire en sorte
qu'aucun précepte pratique répréhensible ou suspect ne
puisse avoir entrée dans la Science que je suis chargé de
vous enseigner.

La moralité de la Fable de LA MOTTE, *l'Enfant sans
sexe*, est un exemple des propositions qui peuvent nous
séduire même par leur forme paradoxale, mais qui nous
induiraient à des pratiques aussi malsonnantes en Morale
que fausses dans la Science.

Le sujet de l'Apologue est un individu jeune, qui est né
sans sexe, et chez qui l'on trouve une beauté parfaite et
les penchants moraux les plus dignes d'admiration. On
avait de bonne heure consulté l'Oracle sur cette imperfection : APOLLON avait répondu qu'il corrigerait cet oubli de
la Nature, mais qu'il n'exécuterait ce projet que lorsque
l'individu aurait vingt ans ; et qu'il serait en état de choisir
son sexe avec connaissance de cause. Le jeune sujet devint
un être accompli. C'était la raison personnifiée. Il était en
état de donner les conseils les plus sages ; aussi reçut-il

les confidences les plus propres à faire connaître les inconvénients de l'amour.

> « Pendant son exercice, il ne reçoit que plaintes,
> » Ne voit dans les cœurs des amants,
> » Que caprices, qu'emportements,
> » Qu'impatients transports et dévorantes craintes ;
> » Les biens, seulement en désirs ;
> » Chagrins réels sous l'ombre des plaisirs. »

La vingtième année arrive, et *l'Anonyme* est obligé de
faire son vœu. Ce fut une cérémonie aussi solennelle que
curieuse. En allant au Temple, il recevait des conseils
assez égoïstes :

> « Les hommes pour leurs intérêts
> » Le priaient de devenir femme.
> » Il en avait déjà tous les attraits :
> » A quelque bagatelle près,
> » Le Ciel l'avait désigné dame.
> » L'autre sexe de son côté
> » Le suppliait d'être homme, et pourquoi? pour lui plaire ;
> » Et puis encor, de peur que sa beauté
> » Ne leur enlevât tout ; chacun fait son affaire. »

Rendu devant l'Autel, obligé de prononcer :

> « Dieux, laissez-moi, — dit-il — , tel que je vins au jour.
> » L'amitié me suffit. En me donnant un sexe,
> » Ne m'exposez point à l'amour.
> » Cette prière fut sage autant qu'imprévue.
> » Les sexes sont sans doute établis à propos :
> » Mais en cela la nature eût en vue
> » Ses intérêts plus que notre repos. »

Le trait est fort agréable. La fiction est ingénieuse, et
nous rappelle d'une manière piquante les peines et les
tourments d'une Passion si commune.

Il semble hors de propos de critiquer sérieusement un
badinage sans conséquence, qui amuse l'imagination, sans
attaquer les mœurs : mais dans la sphère médicale où
nous vivons, je ne voudrais pas qu'un trait d'esprit,
même innocent, nous amusât aux dépens de la justesse
de la Raison. — La conclusion de la Fable serait qu'on
doit désirer la répudiation d'un sens source de Passions,
de peines et de fautes. Mais comme les cinq autres
sens sont des occasions de pareils maux, puisque
l'Extrême-Onction de l'Église Romaine porte son remède
à chaque appareil organique des sensations externes,
nous devrions former un vœu pareil dans l'intention de
nous défendre des malheurs analogues. — Quelle idée
pourrez-vous vous faire d'une telle conséquence ?

Pour nous présenter un type humain parfait, LA
MOTTE nous offre un Eunuque. De là proviennent,
suivant lui, la bienfaisance, la justice, le repos de la
Vie. — Sur quoi est fondée cette fantaisie ? Sur une
combinaison arbitraire, en opposition avec les faits et
avec la Science.

Une chose qui frappe, est que l'Auteur ne voit pas de
Passion qui puisse venir de l'Ame pensante : il semble
qu'il ne songe qu'à celles qui naissent des organes. On est
tenté de croire que tout mauvais penchant ne serait pas
susceptible d'une autre Thérapeutique qu'une amputation
d'un organe sensorial.

Que de choses on pourrait dire contre l'esprit de ce traitement, si le jeu en valait la chandelle !

1° L'Homme est-il dans l'Univers un Être passif comparable aux fleurs doubles qui ne sont point prolifiques,
qui peuvent varier le spectacle de la Nature, mais qui ne
servent ni à la conservation de l'espèce, ni à la nourriture

des êtres frugivores? Non, il est sur la terre pour y exécuter un Drame. Il n'existe que pour jouer le rôle que sa Constitution lui a donné. Vouloir faire un personnage lorsqu'on est privé des qualités nécessaires pour le remplir, c'est lutter contre la Nature; mais aussi s'imposer l'obligation de ne pas agir, et de rester acteur muet lorsqu'on est capable de bien dire, c'est nuire volontairement aux intérêts de la troupe.

Il y a bien long-temps que l'on prescrit à chaque individu de *s'étudier lui-même*..... : c'est dire que les individus diffèrent entre eux par leurs aptitudes. Il nous importe donc de sentir ce que nous sommes, de chercher à déterminer nos qualités propres, et de prévoir quelles sont les positions dans lesquelles nous pouvons être les plus utiles en compromettant le moins notre bonheur individuel.

Je ne puis pas me défendre d'une comparaison qui se présente à mon esprit, qui vous choquera peut-être par la disparité des sources, mais qui, dans l'Ordre Médical, rapproche tous les termes appartenant à l'Humanité. — LA MOTTE, bel Esprit, Poëte et Philosophe Épicurien, montre pour un Homme Modèle un Être sans Passion, qui passe son temps à faire en sorte que la concorde existe entre ses semblables, sans qu'il ait éprouvé lui-même des maux pareils à ceux qu'il cherche à guérir. On est en peine de savoir d'où viennent tant de soins sans profit, et d'où vient tant de confiance accordée à un homme qui n'a jamais souffert. — Cet aimable conciliateur fait venir les individus brouillés :

« En Juge neutre les entend ;
» Règle au plus juste chaque affaire ;
» Conseille, accommode les gens ;

» Et sans exiger d'honoraire,
» Arbitre entr'eux les frais et les dépens. »

Quand l'Apôtre des Nations a voulu nous présenter un Être devenu volontairement de notre espèce, et nous l'offrir comme un exemple de conduite, et comme le Conseiller le plus expérimenté, il le désigne ainsi : Le Défenseur « que nous avons, n'est point tel » qu'il ne puisse compatir à nos faiblesses; mais il a » éprouvé comme nous toutes sortes de tentations et d'é- » preuves ;..... toutes les Passions ;.... et il n'a jamais » failli. »

Vous voyez par là quelles sont les différences qui existent entre le modèle offert par l'Ingéniosité, la Poésie et la Philosophie profane, et le modèle offert par la Morale Religieuse. — Dans le premier, la vertu dépendra de l'état du système instrumental du corps, de l'intégrité, de l'amputation, de la carence des organes ;..... Dans le second, la vertu dépendra du degré de *lumière* et de *volonté* qu'aura l'*Ame Pensante* de rester fidèle à la règle nonobstant les Passions les plus impérieuses, et de supporter avec courage l'injustice, l'humiliation, le délaissement et la mort.

2º Il est très-vrai que l'amour sexuel est contraire au repos. Mais le repos est-il, dans tout le cours de la Vie humaine, l'élément essentiel du bonheur ? — Non pas au moins à vingt ans, à l'âge de l'individu qui est le héros de l'Apologue actuel. — Je conviens que la dispense de tout mouvement est la récompense due à la vieillesse qui termine une vie laborieuse. C'est tout ce que peut promettre un Gouvernement juste et sage, à ceux qui ne sont plus capables des travaux de la Société. Dans l'Hymne du *Carmen Sœculare*, le Peuple demande aux Dieux, pour la jeunesse, des mœurs et l'amour des Lois, ce qui suppose l'intention de remplir les occupations laborieuses dont les résultats sont le bonheur de la population et la gloire de la Nation ;... et, pour la vieillesse honorable, un doux repos.

> « *Dii, probos mores docili juventœ,*
> » *Dii, senectuti placitœ quietem,*
> » *Romulœ genti date remque, prolemque,*
> » *Et decus omne.* »

Mais ce repos si désirable pour le vieillard, qu'est-il pour l'homme jeune, plein de force et de vigueur ? QUINAULT met dans la bouche du jeune et bouillant RENAUD :

> « Le repos me fait violence ;
> » La seule gloire a pour moi des appas.
> » Je prétends adresser mes pas
> » Où la justice et l'innocence
> » Auront besoin du secours de mon bras. »

Ce n'est pas seulement à vingt ans que l'activité est nécessaire : d'ailleurs, est-il bien vrai que, quand la Nature donna un sexe à l'Homme, elle lui imposa une charge sans compensation ? — Il conviendrait mieux sur cela de consulter ABAILARD que LA MOTTE.

3° Si l'absence de l'amour sexuel contribuait tant à la tranquillité de l'Homme, on devrait la trouver constamment chez les Eunuques. Cependant l'expérience nous prouve que l'immunité de cet impérieux besoin ne rend pas l'Homme plus heureux. Loin d'être une exoine dont on doive se féliciter, c'est une privation pénible. — A s'en rapporter à des Auteurs qui prétendent avoir étudié la matière, le moral des Eunuques serait bien inférieur à celui des hommes qui n'ont point subi la mutilation.

Withof dit qu'ils n'ont ni la force ni le courage ; qu'ils sont plus sujets aux affections de l'Ame ; qu'ils sont timides, faux, disposés à faire du mal, et qu'ils n'ont pas plus de résolution que les femmes pour entreprendre des affaires difficiles (1). A. Paré parle de leur inaptitude aux affaires ; Cardan de leurs mauvaises mœurs ; Suidas prétend que ces individus sont une nation comparable à une éponge, qui est insatiable de richesses, prêts à entreprendre une mauvaise action pour de l'argent ; il a même assuré que les actes tyranniques qui se sont faits dans le Palais de l'Empereur Valens n'ont jamais eu lieu sans leur participation.

Ces remarques très-multipliées et que j'abrége ici, nous font voir que l'absence de l'amour sexuel n'est pas le principe du repos, de la raison et du bonheur ; car la perversion, les mauvaises mœurs, la cupidité, la fausseté, la méchanceté, qu'on assure fréquentes dans les Castrats, ne peuvent être considérées ni comme cause, ni comme effets du bonheur. Il est vraisemblable que la Modification amenée par la mutilation au tempérament, a contribué à des propensions instinctives, et que les stigmates attachés dans la Société à cette imperfection, les rendent les ennemis ou les adversaires des deux sexes. Il est possible que, sous ce rapport, il y ait chez eux un ressentiment vengeur semblable à celui des individus marqués au b. Mais, quoi qu'il en soit, la suppression du sexe ne nous promet pas le repos, si nous nous en rapportons à l'expérience ; et par conséquent la Motte a péché, selon moi, dans la Fable de l'*Enfant sans sexe*, contre la règle du

---

(1) *De Castratis*, Comment., II. § 6.

*caractère des acteurs*; qui est une des plus rigoureuses de la doctrine de l'Apologue.

En convenant, que dis-je? en *professant* que l'Eunuchisme non-seulement change le tempérament, mais encore déprave assez souvent les Instincts, et porte les individus à faire des actions condamnables, il faut bien se garder de considérer cette mutilation comme la cause efficiente, nécessaire, infaillible de la perversité des Eunuques, et de les décharger de leur responsabilité. Rappelons-nous que leur Ame est humaine, douée d'intelligence et de moralité, et ne permettons pas qu'ils oublient les lois, soit naturelles, soit positives, soit sociales. Quelque injuste que soit le préjugé ironique qui les rabaisse, il ne faut pas qu'ils s'en vengent par une conduite qui justifierait un public inhumain et irréfléchi; il dépend d'eux de le faire rougir de sa brutale inconséquence, en agissant comme le Paria de la *Chaumière Indienne* (1).

Quoiqu'on répète que les Eunuques n'ont ni intelligence, ni vertu, des traditions certaines nous apprennent le contraire. WITHOF dit qu'après avoir examiné mille individus de ce genre pour voir s'ils étaient propres à la Littérature, il n'en a pas trouvé un seul. Il assure même que, parmi ceux qui avaient été mutilés comme destinés à la pratique du Chant, on n'en a pas vu un qui fût réellement Musicien. — S'il n'a rien vu de considérable dans cette classe, l'Histoire a conservé des exceptions honorables. Il ne faut pas oublier l'Eunuque NARSÈS, Persan de naissance, « l'un des plus grands Généraux de son siècle, qui com- » manda l'armée Romaine contre les Goths, les défit l'an

(1) De BERNARDIN-DE-St-PIERRE.

« 552 en deux batailles, et donna la mort à leur Totila. »
On ne parle guère de lui que comme d'un habile Capitaine.
S'il a montré quelque ressentiment contre l'Impératrice
Sophie, femme de Justin II, on lui pardonnera de n'avoir
pas pu s'élever au-dessus d'un outrage qui était de plus
un acte d'ingratitude.

Dans des temps modernes, nos pères ont vu un Eunuque
en qui se trouvaient toutes les qualités que Withof
cherchait parmi ces *demi-hommes*, comme les appelait
l'Impératrice que je viens de nommer : je veux parler de
Farinelli, le plus illustre des *Soprani* que l'on ait jamais
entendu; qui s'est élevé, par l'assortiment de ses talents,
jusqu'à la place de Premier Ministre du Roi d'Espagne;
qui l'a gardée pendant dix ans, sous trois Rois successifs;
qui n'a jamais abusé de son pouvoir, et qui en a souvent
usé pour faire du bien; qui a eu le tact, l'esprit et la
modestie de ne jamais s'exposer à une humiliation; qui ne
s'est nullement méconnu, et a si bien respecté la hiérarchie
des rangs, qu'il a inexorablement refusé de monter au-
dessus du sien; qui a si bien fait honorer sa personne,
qu'il a été le seul qui ait rappelé sa naissance, ses imperfections, sa première profession. Quand il quitta l'Espagne,
quoique né à Naples, il préféra la ville d'Italie la plus
savante, c'est-à-dire Bologne. Ce choix est la preuve de son
goût pour les Sciences et pour les Lettres. Il aima et connut
la Musique; il eut recours au jeu des instruments quand
il ne chanta plus. C'est lui qui détermina le célèbre Mar-
tini à faire sa savante Histoire de la Musique, qui n'a pas
été achevée.......... Connaît-on beaucoup d'hommes entiers
qui vaillent moralement et intellectuellement cette moitié?

Il ne faut pas croire que l'intelligence soit éteinte par la
castration. Un autre *Soprano* célèbre, Bernachi, a eu le

talent de fonder à Bologne une École de Chant qu'on a regardée comme modèle, et d'où sont sortis des Chanteurs d'une grande réputation. Plusieurs virtuoses de ce genre ont été des acteurs excellents.

Le Professeur de Duisbourg nous fait remarquer que lorsqu'un homme est distingué par son esprit, par sa sagacité, il perd ces avantages s'il subit la castration (1). —Il est surprenant que ce savant Auteur ait oublié l'Histoire d'Origène et celle d'Abailard. Le premier n'avait que vingt ans quand il se rendit volontairement Eunuque, afin qu'il pût se livrer à l'enseignement de la Religion en faveur des Catéchumènes des deux sexes, sans que la médisance pût l'attaquer. Or, qui a montré plus de génie, plus de zèle, plus de labeur, plus de constance, plus de vertu, plus de foi, plus de courage contre la mort et la douleur, jusqu'à l'âge d'environ 70 ans, terme de sa vie? — Quant à Abailard dont tout le monde connaît l'Histoire, son esprit resta le même après l'atroce vengeance qu'il eut à subir. Il continua d'être toujours le Professeur le plus éclatant de son siècle. « Abailard, à travers tous » ses malheurs, —dit M. de Rémusat (2)—, a joui autant ou » plus qu'homme au monde des douceurs de la renommée. » Les Philosophes de la Grèce n'obtinrent pas de leur » vivant une aussi lointaine célébrité. Chez les Modernes, » ni les Descartes, ni les Leibnitz n'ont vu leur nom » descendre à ce point dans les rangs du peuple contem- » porain....... Ceux même qui le blâmaient ou ne l'osaient » défendre, l'appelaient *un Philosophe admirable, un Maître* » *des plus célèbres dans la Science.* » «Nos siècles, — dit un

---

(1) Withof, *loc. cit.*, p. 32, not. 59.
(2) Abailard, T. I, p. 270.

» Chroniqueur—, n'ont point vu son pareil ; les premiers
» siècles n'en ont point vu un second......... » « D'autres
» ont dit que la Gaule n'eut *rien de plus grand*, qu'*il était*
» *plus grand que les plus grands*, que *sa capacité était au-*
» *dessus de l'humaine mesure.* »

Ces éloges, certainement exagérés, prouvent qu'un
homme a joui toute sa vie de sa considération toujours
croissante, et que par conséquent l'Eunuchisme n'amène
pas *infailliblement* la dégradation de l'Intelligence. — On
dira peut-être que ces exemples sont des *exceptions*. Mais
les Causes de l'Ordre Physique ne sont pas susceptibles
d'exceptions. Les contingences appartiennent aux Causes de
l'Ordre Métaphysique.

Ces variations les plus communes sont celles qui
s'observent dans les Causes compliquées de l'Ordre Métaphysique. Dans l'Ordre Moral, deux individus, associés
pour une entreprise, coopèrent pour le résultat. Il arrive
souvent que le défaut de l'un rend le résultat incomplet ;
mais souvent aussi le présent double son action, et devient
si bien solidaire qu'il ajoute au résultat tout ce que le
défaillant n'a pas pu y mettre. C'est ce qui se voit quelquefois dans l'Eunuchisme : la Force Vitale a perdu une
portion de son pouvoir par le changement survenu dans son
tempérament, par l'intervention de ses instincts, par un
nouvel assortiment de ses facultés; si l'Ame Pensante ne
se charge pas de suppléer ce qui manque au système, et
de redresser les tendances vicieuses, la Vie n'est plus
normale, et on n'ose plus l'appeler une Vie Humaine, ni
virile, ni féminine. Mais si la Puissance Psychique est
pénétrée du type intellectuel de l'espèce, si elle a des
lumières, de la vertu, et une volonté ferme, l'Individu
devient un NARSÈS, un ORIGÈNE, un FARINELLI, suivant

ses goûts primitifs , et suivant les circonstances où il est placé.

Mes conclusions peuvent contrarier les personnes atta-chées, soit à l'Organicisme, soit au Monothélisme Médical ; mais je crois les déduire rigoureusement de l'ensemble des faits. Elles confirment de plus en plus les Dogmes de la dualité du Dynamisme Humain , et des principes de la Doctrine de l'Alliance. Je me félicite de les voir conformes aux règles empiriques de l'éducation des Eunuques , qui est fondée sur la discipline commune et sur la responsa-bilité.

# 13ᵐᵉ LEÇON.

LA VRAIE MÉDECINE N'EST DEVENUE SCIENCE QUE LORSQU'ELLE A ÉTÉ FONDÉE SUR LE PRINCIPE DE LA DUALITÉ DU DYNAMISME HUMAIN. — QUAND CE PRINCIPE EST OMIS D'UN SYSTÈME DE NOTIONS ANTHROPIQUES, CE N'EST PAS LA MÉDECINE HUMAINE. APPRÉCIATION DU LIVRE DE CABANIS PAR M. DE RÉMUSAT. — LA CENSURE AURAIT ÉTÉ ENCORE PLUS SÉVÈRE ET PLUS JUSTE, SI M. DE RÉMUSAT AVAIT COMPARÉ CABANIS AVEC BARTHEZ, AU LIEU DE LE COMPARER AVEC BICHAT ET HALLER. — RAPPELER LES SERVICES MUTUELS QUE NOTRE DOCTRINE ET LA HAUTE LITTÉRATURE PEUVENT SE RENDRE MUTUELLEMENT. — LA THÉORIE GÉNÉRALE DES ARTS LIBÉRAUX NE PEUT SATISFAIRE L'ESPRIT QUE LORSQU'ELLE EST FONDÉE SUR LA DOCTRINE DE L'ANTHROPOLOGIE HIPPOCRATIQUE. — INSUFFISANCE DE DÉFINITIONS ET D'IDÉES THÉORÉTIQUES RÉPANDUES DANS LA LITTÉRATURE. — INSIGNIFIANCE DU PRINCIPE GÉNÉRAL DE BATTEUX. — IDÉES UTILES, MAIS INSUFFISANTES DE DU BOS, DE LA CASA ET DE MARMONTEL. — DÉFINITION DES ARTS LIBÉRAUX CONSTRUITE D'APRÈS LA DOCTRINE DE L'ALLIANCE DES DEUX PUISSANCES DE L'HOMME. — EXEMPLES TIRÉS D'UN TABLEAU DE POUSSIN, DE PLUSIEURS MONUMENTS D'ARCHITECTURE, ET DU STABAT DE PERGOLÈSE. — CE QUI A MANQUÉ A SULZER POUR COMPLÉTER SA THÉORIE GÉNÉRALE DES BEAUX-ARTS. — LIAISON QUI, D'APRÈS CELA, DOIT EXISTER ENTRE LA THÉORIE DES ARTS LIBÉRAUX ET LA THÉORIE DES PASSIONS.

MESSIEURS,

Dans la Première Leçon du présent Cours, j'ai dit combien je désirais que nos Élèves fussent convaincus des services que l'Enseignement Médical peut retirer d'une étroite liaison entre l'Anthropologie et la haute Littérature.

La Médecine ne peut être conçue comme Science que lorsqu'elle est fondée sur la Doctrine Hippocratique du Dynamisme humain, c'est-à-dire sur le Dogme des deux Puissances métaphysiques qui constituent ce Dynamisme, et sur la théorie de leur Alliance dans l'exécution de la Vie de l'Homme. Elle ne peut se maintenir qu'en tant que ses conservateurs possèdent la connaissance apodictique de cette doctrine fondamentale. Or, l'Enseignement Médical public n'est point pourvu d'une Chaire de Philosophie Naturelle appliquée à l'étude des Puissances Dynamiques de notre être. Il en résulte que l'Anthropologie Hippocratique n'est jamais assez solidement assise pour que les propositions fondamentales en aient été mises au rang des axiomes. La conséquence en est que le premier venu peut la taxer d'*opinion*, la combattre, et même en triompher, s'il a le talent de manier le Sophisme, et si ceux qui devaient être les défenseurs de cette vérité manquent d'une dialectique rigoureuse.

Vous en avez vu une preuve humiliante dans ce qui s'est passé après la publication du Traité des *Rapports du Physique et du Moral*, de CABANIS. L'intention de l'Auteur était non-seulement de faire disparaître le principe de la Dualité du Dynamisme Humain, mais encore d'anéantir toute Puissance métaphysique, et d'établir que l'Homme entier n'est qu'une machine corporelle, et que *son moral n'est que le physique considéré sous un point de vue spécial*. Cette doctrine destructive de la véritable Anthropologie devait être promptement renversée par les Médecins. Mais les Matérialistes en ayant fait trophée, nos Confrères, ceux même dont la pratique est toute conforme à l'École de Cos, n'ont pas osé combattre ce Livre. Bien plus : quelques Docteurs, loin de l'attaquer, en ont été les Panégyristes et les Propagateurs. Je ne sais jusqu'où serait allé ce scandale, si la Philosophie Naturelle ne s'était pas défendue elle-même par l'organe de M. DE RÉMUSAT, un de ses plus dignes champions, et n'avait pas fait justice d'une prétendue Physiologie, aussi contraire au bon sens qu'à la Science Médicale.

Cet illustre Critique, examinant le Livre dont il s'agit dans une édition publiée quarante-quatre ans après la première, s'est piqué de ne parler de l'Auteur que dans des termes pareils à ceux dont il se serait servi pour contredire son Confrère en pleine Académie, c'est-à-dire avec la retenue et la réserve prescrites par l'urbanité la plus exquise. Mais après tous ces ménagements, il arrive à cette appréciation. « Rien de
» moins équivoque que le caractère et la tendance du Livre
» ( c'est-à-dire le *Matérialisme le plus nu* ) ; mais rien de
» moins distinct et de moins saisissable que la Doctrine,
» si l'on veut l'analyser. Point de système, point de mé-
» thode : .... pas plus pour les Naturalistes que pour les
» Philosophes, ce n'est un Traité scientifique; .... et malgré
» l'extrait raisonné qu'en a bien voulu faire M. DE TRACY, il
» serait difficile de le soumettre à une déduction régulière....
» Les propositions générales y sont présentées comme des
» vues plutôt que comme des théorèmes ou des conclusions ;
» les faits plutôt comme des exemples que comme des
» preuves ; et ces faits allégués et non constatés n'offrent
» pas ces caractères de détermination et de certitude qu'exi-
» gent aujourd'hui les Sciences physiques. CABANIS semble
» parler en homme de lettres instruit plutôt qu'en Médecin ;
» et sa manière est celle des Écrivains diserts du dernier
» siècle, non celle des Expérimentateurs sévères du nôtre.

» Il décrit ou raisonne sans rigueur; il paraît *citer* la Science
» plutôt que la faire. Disons-le hardiment, l'ouvrage n'est
» pas philosophique. Est-il du moins sérieusement physio-
» logique ?..... Nous doutons qu'il puisse y prétendre, du
» moins depuis que la Physiologie a reçu en France l'em-
» preinte et la direction que lui imprima le génie de BICHAT ;...
» et si le Livre paraissait aujourd'hui, je ne sais en vérité
» s'il produirait dans le monde savant une sensation égale
» à son mérite. » — Toute cette Dissertation critique est
l'ensemble des considérants de cette appréciation.

Vous vous êtes aperçus, MESSIEURS, que l'honorable
Aristarque, voulant caractériser le Livre de CABANIS au
point de vue de la Physiologie, a mis en doute qu'il pût
mériter une simple mention dans la liste des ouvrages
Physiologiques, en le comparant aux travaux de BICHAT.
Plus tard, son incertitude croît quand il considère ceux
de HALLER. — Puisque la considération de l'*Irritabilité*
Hallérienne et celle des *Propriétés Vitales* de BICHAT lui ont
paru suffisantes, malgré leur gracilité, pour préférer ces
mesquines réactions au Matérialisme de CABANIS,..... *tout
doute* se serait promptement dissipé, et le Livre aurait
été relégué bien loin, si M. DE RÉMUSAT avait fait la même
comparaison avec les productions de BARTHÈZ et de ses
élèves, où la Constitution de l'Homme est autrement dis-
cutée, analysée, stipulée, qu'elle ne l'avait été par les
Physiologistes antérieurs, et qu'elle ne l'a été par les
successeurs étrangers à cette École. Il ne se serait pas
imposé tant de réserve quand il avait envie de dire que
le Livre de CABANIS n'est ni *Scientifique*, ni *Philosophique*,
ni *Physiologique*.

Des événements de ce genre sont propres à nous éclairer
sur les services que notre Science peut espérer de la haute

Littérature. Tant que l'Enseignement Médical ne sera pas
en état de fortifier les Élèves dans l'art de Philosopher sur
les causes des faits naturels, nous ne pourrons pas nous
passer de ce puissant auxiliaire.

Mais comment espérer que la Littérature vienne à notre
secours, si elle n'y trouve aucun profit ? Des aumônes
reçues ne sont pas des garants d'une générosité future.
Quand elles nous ont fait connaître les avantages que
nous pouvons en recevoir, il ne nous reste qu'à chercher
à les convertir en échanges fructueusement réciproques.
Les relations amicales des Nations voisines peuvent se
maintenir sans doute en vertu de penchants sympathiques, mais on est plus sûr de la durée de leur intimité
quand elle a été cimentée par un traité de Commerce.

Quel sujet pourrons-nous présenter comme exemple
d'une idée qu'il importe également à la Médecine et à la
Haute Littérature d'étudier, de renforcer, de mettre en
évidence et de conserver ? Ne balançons pas à dire que
c'est la Doctrine de la Dualité du Dynamisme Humain
et de l'Alliance des deux Puissances. Entre les divers
points de vue sous lesquels les deux Sciences doivent
s'unir pour travailler ensemble, je ne veux aujourd'hui
vous en présenter qu'un : c'est le problème d'établir une
Théorie Générale des Arts Libéraux qui satisfasse l'esprit,
et qui justifie tous les procédés techniques des Artistes.

Messieurs, je ne crains pas d'avancer que quiconque
a réfléchi sur notre *Anthropologie*, sur la Science de la
Constitution de l'Homme, sur les lois réciproques de ses
forces actives, ne peut plus méconnaître, dans les Beaux-
Arts, les modes d'action des deux Puissances. Pour lui,
il ne peut plus exister ni une Théorie rationnelle, ni une
Pratique relative des Arts Libéraux, si elles ne découlent

pas d'une connaissance suffisante des modes de sentir et d'agir de nos deux Puissances Dynamiques ?

Connaissons-nous aujourd'hui une Théorie supportable de ces Arts ? En avons-nous même une définition générale ?..... Je n'en trouve point au moins dans les lieux où j'avais le droit de les chercher, dans les Traités de Haute Littérature, dans les Lexiques de notre Langue, dans les Dissertations sur des questions spéciales d'Æsthétique.

Il faut excepter pourtant un Dictionnaire étranger où l'on voit une idée confuse de la pensée qui va nous occuper, idée qui ne paraît avoir été comprise ni par le public, ni par les Littérateurs les plus distingués de notre Nation : je veux parler de la *Théorie Universelle des Beaux-Arts*, de SULZER. J'aurai bientôt le soin de vous faire remarquer en quoi cet Auteur s'est plus rapproché de la vérité que les autres Écrivains.

Si je consulte le Dictionnaire de RICHELET ou celui de TRÉVOUX, je lis que les Arts Libéraux sont les *Arts nobles et honnêtes*, comme la *Poësie*, la *Musique*, la *Peinture*, l'ART MILITAIRE, l'*Architecture*, la MARINE. En partant, et de ce motif de distinction et de ces exemples, il ne faut pas être surpris de trouver, dans ces Lexiques, certains Arts que nous ne comprenons point aujourd'hui dans la catégorie des Libéraux, par exemple, la *Logique*, la *Grammaire*, la *Géométrie*, comme l'ont fait quelques-uns. Nous ne disons pas, comme les Auteurs du Dictionnaire de TRÉVOUX, qu'il faut ranger parmi les Arts Libéraux « la Médecine » proprement dite en tant qu'elle est distinguée de la » Chirurgie, de la Pharmacie, de la Chimie. »

L'Académie Française ne cave pas plus profondément dans la valeur de l'expression dont il s'agit : « *Arts Libé-* » *raux*, dit-elle, ceux où l'intelligence a le plus de part ;

» *Arts Mécaniques*, ceux qui exigent surtout le travail de
» la main ou l'emploi des machines. »

Dans ce même Dictionnaire, « les *Beaux-Arts* ou simple-
» ment les Arts, par excellence, sont la Peinture, la
» Sculpture, l'Architecture, la Musique et la Danse. On y
» joint quelquefois l'Éloquence et la Poësie. »

Les Littérateurs se sont si peu occupés de l'essence des
Arts Libéraux, qu'ils n'en ont pas encore circonscrit le
nombre. Ainsi Marmontel y met en tête l'Éloquence et
la Poësie; il en retranche la Danse, et y ajoute la Gravure,
comme si elle n'était pas un des modes et des diminutifs
de la Peinture.

Il est bien étonnant que des Écrivains aussi dignes de
considération aient si peu réfléchi sur la valeur de dénominations si généralement employées.

Du Bos et Batteux ont senti la nécessité de rechercher
ce qu'il y a de fondamental dans la nature des Arts Libéraux, et de signaler ce qu'il y a de commun entre des
moyens d'action si différents. Ils n'ont pas assez connu la
Constitution de l'Homme pour arriver du premier coup à
cette essence des opérations, à leur origne, à leur but.

L'Abbé du Bos dit que ces Arts sont nécessaires à la
classe aisée de la Société, pour satisfaire à un besoin
d'émotion inhérent à la Nature Humaine, pour préserver
les hommes oisifs de l'ennui qui les consume, et pour
faire oublier quelques instants les peines réelles de la Vie,
par des affections douces et fictives qui nous distraient et
nous instruisent.

Je remarquerai en passant que cette idée avait été émise,
deux cents ans auparavant, par le célèbre la Casa, Ar-
chevêque de Bénévent. « J'ai ouï dire à un fort habile
» homme, que l'on a aussi souvent besoin de pleurer que

» de rire. Il prétendoit que c'étoit pour cette raison qu'on
» avoit inventé ces fables tristes auxquelles on a donné le
» nom de Tragédies, afin qu'étant racontées sur le Théâtre,
» elles tirassent des larmes de ceux qui avoient besoin de
» cette sorte de remède (1). »

Cette idée est d'une autre valeur que celles exprimées
par les Lexicographes. Vous commencez à voir que les
Arts Libéraux peuvent avoir leur cause finale dans la
satisfaction d'un besoin d'affections mentales. Ne confondons
pas le besoin *d'une Affection* avec les besoins que la raison
nous fait connaître, et qui se rapportent à des convenances
sociales, morales ou officielles. La Logique, la Médecine,
la Géométrie, la Marine, l'Art de la Guerre, ne sont pas
plus des Arts Libéraux que la Chirurgie, la Pharmacie et
la Chimie : ce sont des obligations que la raison nous impose, et qu'il faut subir, soit que l'Ame y trouve un soulagement, soit qu'elle n'y trouve que du dégoût.

Vous savez tous que l'Abbé BATTEUX ou le BATTEUX a
fait consister l'essence des Arts Libéraux dans l'imitation
d'une nature choisie. « On définira, —dit-il—, la Peinture,
» la Sculpture, la Danse, une imitation de la belle Nature
» exprimée par les couleurs, par le relief, par les attitudes ;
» et la Musique, et la Poésie, l'imitation de la belle Na-
» ture exprimée par les sons, ou par le discours mesuré. »
—Cette opinion a eu de la célébrité : elle a été prônée,
contestée, réfutée ; aujourd'hui on s'en entretient peu,
parce qu'elle est peu susceptible d'emploi, et qu'elle se
réduit à une idée spéculative.

MARMONTEL a soupçonné que les Arts Libéraux sont des
exercices agréables des deux Puissances ; mais, faute de

---

(1) *Dei costumi.*

connaître la Dualité de notre Dynamisme, il a énoncé sa pensée d'une manière fort incorrecte, et il n'a tiré aucun parti de cette distinction. Voici tout ce qu'il en dit :

« En étudiant les Arts, » — dit-il (et il ne parle ici que des Libéraux) —, « il faut se bien remplir de cette idée ; » qu'indépendamment des plaisirs réfléchis que nous » causent la ressemblance et le prestige de l'imitation, » chacun des sens a ses plaisirs purement physiques, » comme le goût et l'odorat : l'oreille surtout a les » siens. »

Ce passage est une vue fugitive, inaperçue, qui a pu paraître sans portée. Un Médecin anthropologue peut y voir pourtant deux propositions fécondes : dans l'impression produite par un Art Libéral, il y a deux modifications faites sur le Dynamisme : 1° une affection de plaisir ou de peine attachée à la présence d'une *idée,* ce que l'Auteur appelle un *plaisir réfléchi* ;... 2° une volupté attachée à une *sensation* qui est l'avis rendu par la Force Vitale à l'Ame d'un ébranlement survenu dans un organe sensorial. Mais pour sentir le prix de ces deux faits connexes, il fallait une connaissance claire et certaine de la Dualité du Dynamisme Humain, et de l'Alliance qui existe entre les deux Puissances.

Les Littérateurs Français manquaient d'une intelligence suffisante de la distinction entre la *sensation* et l'*idée* ; et par conséquent de la différence qui sépare la *Volupté* d'avec le *Plaisir,* la Douleur d'avec la Peine. — Les Allemands ont porté, dans l'analyse de l'Art Libéral, une attention spéciale à la Volupté et à la Douleur. Il en est arrivé que la Philosophie des Arts Libéraux s'est appelée chez eux l'*Æsthétique,* mot que Diderot a transporté en France, et qui s'y est naturalisé. Cette expression n'est pas néanmoins exempte de tout reproche, puisqu'il semble nous inviter à ne voir dans l'Art Libéral que la sensation voluptueuse, et à nous dispenser d'en étudier le *sentiment intellectuel*, moral, affectif.

Bacon n'avait pas manqué de séparer, par la nomenclature, des *Arts* purement *voluptuaires* d'avec les Beaux-Arts. Il ne nous avait rien appris dans le système de nos idées, puisque personne n'a confondu le Bariolage avec la Peinture, ni l'Art voluptuaire de la Cuisine avec le Banquet des Savants ou des Sages; mais il a eu le soin de caractériser ces catégories mentales par des termes convenables.

Si, mémoratif de ce que les Littérateurs ont dit sur les Arts Libéraux, un Médecin instruit de l'Anthropologie enseignée à Montpellier est interrogé touchant la nature, l'essence et en général la théorie de ces Arts, quelle pourra être sa réponse? J'essaie la mienne : veuillez en suivre les idées essentielles.

*Un Art Libéral est un ensemble de moyens industrieusement choisis, capables d'agir d'une manière insolite sur le Dynamisme Humain;* ensemble *dont le but final est d'amener dans l'individu soumis à l'influence un sentiment affectif qui peut aller jusqu'à un certain degré de Passion artificielle, en l'absence des causes qui produisent naturellement la Passion réelle; avec ces deux conditions, 1° qu'un organe sensorial relatif au sentiment pathétique y causera une sensation voluptueuse; et 2° que l'esprit qui se prête à l'illusion pourra s'y soustraire à volonté.* — Exemples pour éclaircir cette définition.

Poussin a voulu me causer une profonde tristesse capable de m'arracher des larmes, et néanmoins me retenir dans cet état par la volupté. Pour cela, il a peint sur la toile une famille nombreuse réunie autour de son chef qui rend le dernier soupir, *terme naturel* d'une maladie. Le sujet est grave. Le moment est solennel : le mourant reçoit l'Extrême-Onction. Sa mère, sa femme, ses enfants de divers âges et de divers sexes, une sœur, des frères, des domestiques, le Médecin, le Prêtre qui administre le Sacrement, son acolyte, expriment parfaitement leurs sentiments respectifs, qui doivent dériver d'une affliction, mais qui varient merveilleusement par la différence de la parenté, des relations, des fonctions, des âges. Le moribond est un homme précieux, le père d'une famille nombreuse qui est dans la désolation. Il a été militaire : il a servi sous CONSTANTIN-LE-GRAND, comme on le reconnaît par le chiffre de son bouclier suspendu. Voilà pour l'affection mentale à laquelle je m'associe. — Mais l'Artiste ne s'est pas borné à me montrer la représentation du fait ; il a voulu qu'à l'affection mentale qui en résulte, vînt se joindre un état systaltique instinctif. Pour cela, il a fait en sorte que l'action se fît dans l'obscurité, pendant la nuit, et à la faible lueur d'un flambeau. Ces ténèbres mystérieuses sont généralement mélancoliques : ce n'est pas la raison qui le dit, mais c'est l'expérience qui nous l'apprend. En vertu de la sensation de l'obscurité, sans avoir besoin d'une idée, je me sens resserré et triste. — L'Artiste qui voulait attacher long-temps mes regards sur un sujet foncièrement pénible, a trouvé le moyen de fasciner mes yeux par la vue de tous les personnages. Il n'y a pas une figure qui par ses formes, et indépendamment de l'expression affective, ne nous cause une attraction sympathique. Je ne me rends pas compte de cette espèce de volupté. M. LAURENS (1) dira peut-être que le principe se trouve

(1) Essai sur la Théorie du Beau Pittoresque.

dans la variété des figures; mais, MESSIEURS, la jouissance visuelle de la variété des objets de la même espèce, est-ce un plaisir raisonné;.... ou n'est-elle pas plutôt une volupté sensoriale? Les assortiments des couleurs sont une partie essentielle de cet attrait. — Quoi qu'il en soit, si la Passion qui naît de ce spectacle devient pénible nonobstant les jouissances que j'y trouve, il m'est aisé de m'y dérober en pensant que ce n'est point un fait réel, ou en cessant de le regarder.

Un Palais destiné à servir d'emblème à la représentation unitaire d'une Nation, tel que la résidence d'un Monarque, le lieu de réunion d'une autorité collective souveraine, est ordinairement un édifice construit d'après les règles de l'Art appelé *Architecture*, lequel a été fait pour que tous ceux qui le voient rappellent le sentiment dû au chef d'une Nation, et éprouvent dans leur Ame Pensante la considération, le respect et l'amour que commande la dignité de ce pouvoir central. L'Artiste n'a pas manqué de mettre dans ce monument tous les éléments qui font naître dans l'esprit les idées de grandeur, de puissance, de richesse, d'intelligence, de supériorité. Toutes ces idées constituent bien une sorte d'admiration abstraite; mais elle ne suffit pas pour que l'Art qui l'a produite puisse être appelé Libéral. Le Château du Pape d'Avignon peut bien exciter un sentiment de réflexion admirative; mais celui que font naître l'Alhambra de Grenade et le Louvre de Paris, est d'une autre nature : le premier est tout pour l'intelligence et n'invite jamais les sens à renouveler la contemplation; l'autre est accompagné de volupté visuelle, et il est insatiable du désir d'en répéter l'inspection. — D'où vient cette sensualité ? Des *ornementations* architecturales. Mais les lignes, les saillies, les enfoncements, les colonnes, les chapitaux variés, les moulures, les cavets, les triglyphes, les métopes décorées, etc. ,.... et tant d'autres membres ou parties du tout, forment-ils des assortiments que l'intelligence puisse analyser, assembler et justifier ? Je doute que tout cela puisse plus s'expliquer que l'agrément des rayures à carreaux des écossaises, ou des mouchetures des indiennes communes.

Ce n'est pas seulement par les yeux que les Arts Libéraux nous procurent des jouissances : l'ouïe est la source de plaisirs variés. La Musique nous offre des productions nombreuses dont les plus avancées nous présentent les caractères de ma définition générale des Beaux-Arts. Après les Drames de nos Théâtres, les pièces musicales les plus étudiées sont les Oratorio. Citons-en une pour exemple : le *Stabat* de PERGOLÈSE. Tous les Chrétiens romains savent que le Stabat est une Complainte latine, dans laquelle on rappelle les peines profondes que la Vierge MARIE a dû éprouver, lorsqu'elle fut témoin du crucifiement et de la mort de son Fils. Cette espèce d'Hymne en strophes rimées est ordinairement une Cantilène courte qui s'applique à tous les couplets. PERGOLÈSE trouva à propos de lui donner la forme d'un Oratorio. Il divisa le Poëme en deux parties dont la première renferme le récit des tourments subis par le SAUVEUR, jusqu'au moment où il a rendu l'esprit, avec l'expression orale de l'état pathétique double du Dynamisme de la Mère ;..... et dont la seconde est une prière où le Chrétien pieux témoigne à la Vierge combien il s'associe aux souffrances qu'elle a dû ressentir pendant cet événement, et où il la supplie de devenir son appui dans le cours de sa vie, et son intercesseur au moment de la Mort.

Telles sont les idées affectives qui absorbent l'Artiste

17

et le *Dilettante*, et les soustraient au monde réel, pour les
maintenir dans une relation mystique. Les paroles qui
expriment ces idées sont entretenues, renforcées, retentis-
santes, prolongées, par la Mélodie qui est ici un redou-
blement de la déclamation, et un développement de l'accent
oratoire. — Pour accroître l'état pathétique mental, l'Art
nous offre deux modes d'être instinctifs qui sont très-
propres à modifier l'affectibilité de l'Ame Pensante : ces
modes instinctifs sont la Systole et la Diastole. Les moyens
musicaux de les faire naître sont, pour la Systole, une
grande dominance, dans la Mélodie, des intervalles mineurs
entre les sons consécutifs ;..... et pour la Diastole, une
dominance des intervalles majeurs. — Vous voyez une
démonstration de ce fait en comparant les diverses parties
de l'Oratorio que je cite. Dans l'exposition du fait et dans
la peinture de la douleur maternelle,..... dominance presque
perpétuelle du mode mineur, et expression profondément
triste chez l'Auditeur. J.-J. Rousseau ne connaissait rien
d'aussi expressif que la première strophe du Stabat de
Pergolèse : il l'appelait le « Duo le plus parfait et le plus
» touchant qui soit sorti de la plume d'aucun Musicien. » —
Dans la seconde partie de l'Oratorio, alternative de prière
avec espérance, et de besoins avec misère ;..... alternative
semblable de la dominance du mode majeur et du mode
mineur, d'après ces dispositions de notre affectibilité dis-
tribuée avec la plus grande Intelligence.

...... Quant à la sensation voluptueuse qui doit retenir
l'Ame, elle est continue dans l'exercice de ce bel Art,
puisque la Mélodie et l'Harmonie qui en sont l'essence sont
inséparables de ce genre de jouissance.

Ces trois exemples suffiront, j'espère, pour comprendre
ma définition générale des Arts Libéraux ou des Beaux-

Arts. La jouissance d'un de ces Arts a des relations et
des différences avec une Passion. L'Art absorbe l'Ame
et la place dans un monde imaginaire qui lui fait perdre
de vue le monde réel, comme une Passion; dans l'un et
dans l'autre cas, un rappel suffisant la ramène à la réalité,
avantage que n'ont ni la folie, ni le rêve, ni le somnambulisme. L'idée capitale est affective, à divers degrés,
depuis le simple sentiment moral jusqu'à l'état réellement
pathétique;.... il n'y a de différence entre les deux états
sous ce rapport que par leurs degrés. L'état pathétique de
la Passion est infiniment plus intense; l'état pathétique
*artiel* a d'autant moins de violence que d'abord la volupté
en amortit la pointe acérée, et qu'ensuite l'Artiste et le
*Dilettante* ne peuvent pas oublier entièrement qu'ici tout
est imaginaire. A cela près, la Passion réelle et l'état
pathétique fictif se font également ressentir, comme dit
QUINTILIEN, *in pectore*, dans la région précordiale.

Dans la Passion, la sensation organique est une douleur;
dans l'Art Libéral, la sensation organique est toujours
voluptueuse.

Vous venez de voir le but des Beaux-Arts. Mais vous
ne serez pas surpris que beaucoup d'Artistes n'arrivent pas
jusqu'au terme, et que leurs productions s'arrêtent à des
essais rudimentaires qui cependant ne sont pas sans utilité
quand ces essais nous font voir la tendance et les allures
de l'Auteur. Comme nous avons reconnu des Passions avortées, reconnaissons que, dans des esquisses informes, et
dans les jouissances qu'un *Dilettante* en retire, il y a réellement une pensée artielle.

Maintenant que vous connaissez la manière dont nous
pouvons concevoir la théorie des Beaux-Arts d'après nos
études sur le Dynamisme Humain, sur la Dualité, sur la

Doctrine de l'Alliance, et spécialement sur la Théorie des Passions, hâtons-nous de voir les idées fondamentales que Sulzer a formulées dans sa Théorie *générale des Beaux-Arts*; ouvrage qui a paru il y a bientôt cent ans, et qui mérita à l'Auteur, de la part de ses contemporains, le titre de profond penseur et de bon citoyen. — « L'essence des Beaux-Arts, — » dit-il —, est d'imprimer aux objets un caractère qui agisse » sur les sens; leur but est de communiquer à l'Ame une » émotion vive, et, dans leur application, ils doivent se pro- » poser d'élever le Cœur et l'Esprit. »

J'ose croire, Messieurs, que cette définition ne peut pas équivaloir à la nôtre. A travers le vague de ce langage, on peut soupçonner que l'Auteur, en distinguant le cœur et l'Esprit, sentait la nécessité de reconnaître deux Puissances; mais il y a loin de ce soupçon obscur à des propositions doctrinales didactiquement formulées.

Parmi les divisions de la Musique que Millin a faites dans son *Dictionnaire des Beaux-Arts,* et que M. Fétis dit avoir été tirées du Dictionnaire de Sulzer, je remarque un passage qui paraît renforcer cette conjecture, mais en des termes toujours ambigus et mal définis. Veuillez l'entendre, et ensuite l'apprécier. « On pourrait, et même » l'on devrait peut-être diviser encore la Musique en » *naturelle* et *imitative.* La première, bornée au seul phy- » sique des sens et n'agissant que sur les sens, ne porte » point ses impressions jusqu'au cœur, et ne peut donner » que des sensations plus ou moins agréables. Telle est la » Musique des chansons, des hymnes, des cantiques, de » tous les chants qui ne sont que des combinaisons de » sons mélodieux, et en général de toute Musique qui n'est » qu'harmonieuse. — La seconde, par des inflexions vives, » accentuées, et pour ainsi dire parlantes, exprime toutes

» les Passions, peint tous les tableaux, rend tous les
» objets, soumet la Nature entière à ses savantes imita-
» tions, et porte ainsi jusqu'au cœur de l'Homme des
» sentiments propres à l'émouvoir. »

La distinction d'une Musique purement voluptueuse
d'avec celle qui gagne jusqu'à l'Ame pensante, qui y fixe
une idée affective, qui la commente, la revêt successive-
ment des diverses formes pathétiques dont elle est susceptible,..... cette distinction, dis-je, aurait presque suffi
pour donner de la clarté et de la solidité à la théorie
universelle des Beaux-Arts, si l'Auteur avait eu une connaissance explicite de la dualité du Dynamisme Humain,....
et de l'analyse des Passions. Faute de ce point doctrinal,
les travaux de Sulzer ne fructifient pas. Néanmoins les
pas qu'il a faits ne sont pas perdus. Ils n'ont pas été in-
aperçus dans la Haute Littérature. Ce qui le manifeste, c'est
la mention honorable que l'Auteur a reçue de *profond
penseur*. A mes yeux, c'en est assez pour que je sois convaincu de l'estime que notre Anthropologie obtiendra des
mêmes Juges, quand vous leur aurez fait comprendre les
notions radicales de la Constitution de l'Homme.

Si j'ai été assez clair pour que ma pensée soit bien comprise, je puis dire que la jouissance des Arts Libéraux est
le talent de se donner artificiellement un degré d'une Passion
accompagnée d'une volupté relative à sa nature, Passion
dont on se dégage à volonté. Cela étant ainsi, il doit y
avoir quelque ressemblance entre étudier la Théorie des
Passions,.... et étudier la théorie de Beaux-Arts ou étudier
l'Æsthétique.

Un point important de la théorie des Passions, c'est
l'étude des initiatives. Puisque la Passion æsthétique est

la complication volontaire des états affectifs des deux
Puissances, il doit être aussi intéressant de chercher tout
ce qu'on peut savoir sur l'initiative de l'état œsthétique du
Dynamisme Humain, soit chez l'Artiste, soit chez le Dilettante. Voilà donc la première question qui se présente dans
la recherche de la Théorie générale des Arts Libéraux.

# 14me LEÇON.

QUE LA THÉORIE DES ARTS LIBÉRAUX NE PEUT ÊTRE VRAIE
ET SUFFISAMMENT PROFONDE, QU'EN L'ÉCLAIRANT PAR LA
CONNAISSANCE DE LA DUALITÉ DU DYNAMISME HUMAIN, ET
DES LOIS DE L'ALLIANCE QUI EXISTE ENTRE LES DEUX PUIS-
SANCES DE CE DYNAMISME.

MESSIEURS,

Veuillez vous en souvenir : tout Art Libéral a été créé et
est recherché pour deux besoins, dont l'un est mental, et
l'autre instinctif et voluptueux. Il faut toujours, dans une
production de ce genre, une satisfaction pour les deux
Puissances de notre Dynamisme, pour l'Ame Pensante et
pour la Force Vitale.

Lequel des deux besoins a été le plus pressé pour la
formation de ces Arts? Voilà un problème.

Le Poëte DELILE paraît croire que l'institution de ces Arts
est venue de l'Intelligence. Il exprime cette opinion par
une fiction poétique.

> « Il est entre la terre et la voûte des Cieux
> » Un sanctuaire auguste où le MAITRE DES DIEUX

» A déposé les plans de *ces vastes* ouvrages,
» Des mondes qu'il médite immortelles images.
» L'IMAGINATION, avec une clef d'or,
» Seule a le droit d'ouvrir ce céleste trésor.
» C'est là que, sur un trône éclatant de lumière,
» Réside la beauté dans sa source première;
» Non point avec ces traits faibles, décolorés,
» Que lui prêtent ici nos sens dégénérés,
» Que le temps affaiblit, que l'ignorance altère,
» Ou qu'enfin dénature un mélange adultère;
» Mais vierge, mais gardant toute sa pureté,
» Et tout empreinte encor de la Divinité:
» C'est là qu'il faut la voir, c'est là qu'est son empire (1). »

A considérer les noms des divers Arts Libéraux, je serais disposé à croire que la dénomination de chacun assigne la puissance qui a été la plus hâtive, la plus avide de jouissance dans la formation.

D'après cette idée, on peut distinguer les Beaux-Arts en Deux Ordres, dont le Premier renferme ceux qui sont désignés par des noms capables de rappeler les sensations, ou les opérations vitales, causes d'une jouissance voluptueuse,.... et dont le Second renferme les Arts desquels les noms rappellent un besoin mental.

Nous allons donner un coup d'œil sur les Arts du Premier Ordre, dont le nombre n'est pas encore bien déterminé. Quant à ceux du Second, ils se réduiront, dans ce moment, à deux, qui sont l'Éloquence et la Poésie.

Avant d'aller plus loin, faisons une réflexion propre à montrer un caractère qui sépare l'Anthropologie de la Physiologie Bestiale. Quoique les noms des Arts du Premier Ordre rappellent des sensations, ou des opérations corpo-

---

(1) L'Imagination; Chant V.

relles, vous savez bien que l'Ame Pensante y a ses droits.
Quel que soit l'attrait de la volupté, le Sens intime n'a pas
tardé à en tirer le plus grand parti possible en faveur de
l'Intelligence. Les animaux reçoivent d'une manière, ou
voluptueuse, ou ingrate, les impressions qui les instruisent
du monde extérieur. Mais quel usage font-ils de ces sensations affectives ? Ils recherchent les causes externes
agréables, et en savourent la sensation jusqu'à satiété ;
ou ils fuient les impressions désagréables. Quelle que soit
l'affection, le phénomène est fini quand l'impression a
cessé; tout au plus l'animal cherche à la répéter s'il y a
trouvé une volupté. La sensation, l'affection, une réaction
attractive ou une répulsion de l'instinct, voilà tout ce que
nous observons dans la bête, et voilà les limites de son
Dynamisme.

Il n'en est pas de même chez l'Homme : la Volupté ne
lui suffit pas. Il sait bien la sentir, mais souvent il en
rougit, si elle n'est pas accompagnée ou suivie de plaisirs
intellectuels. L'Ame Humaine, élevée et instruite, sans
dédaigner des plaisirs attachés à la satisfaction des besoins
organico-sensoriaux, est convaincue que leur plus grande
valeur est qu'ils sont l'occasion de mettre en jeu l'imagination, l'entendement, l'affectibilité mentale, et toutes les
autres facultés, d'où naissent de nouvelles idées, des
créations, des mondes fictifs, et de là des délices nobles,
dignes, bien autrement désirables que les jouissances
purement sensoriales.

La préférence des jouissances intellectuelles aux plaisirs
sensuels me paraît être bien énergiquement exprimée
dans une Lecture liturgique de l'Église Romaine. En
chantant l'*Exultet* du Samedi-Saint, un Diacre rappelle
le souvenir de la Résurrection du Sauveur, laquelle eut

lieu dans la nuit ; et il fait remarquer combien les avantages
de l'événement, qui sont entièrement spirituels, sont bien
supérieurs à tous ceux que l'Homme avait reçus dans le
Paradis terrestre. En faisant mention de la désobéissance
d'ADAM , l'Église s'écrie :

*« O felix culpa quæ talem ac tantum meruit habere
Redemptorem ! O verè beata nox de quâ scriptum est : et
nox sicut dies illuminabitur ; et nox illuminatio mea in
deliciis meis.*

» O faute heureuse qui nous a valu un tel et si auguste
» Rédempteur ! Oh ! bien heureuse nuit de laquelle il
» est écrit : cette nuit est aussi éclatante que le jour, et
» cette illumination est la source de mes délices. »

Cependant, quand l'Ame a pris son essor, et qu'elle
s'est enrichie de tant d'idées dont elle est glorieuse, elle
sent l'utilité de renouveler les sensations voluptueuses qui
avaient été l'initiative de ces illusions æsthétiques. Parcourons les divers Arts Libéraux d'un coup d'œil rapide, pour
y apercevoir la confirmation de ces vérités principales,
savoir : de la Dualité de leur Nature , de leur initiative
*utrobiquétaire* , de l'importance d'en revisiter les sources,....
et partant de rendre hommage à la Doctrine de l'Alliance.

1º Que vous rappelle le nom de la *Peinture*? Ce sont des
couleurs disposées de diverses manières, soit comme celles
d'un paysage, soit comme celles de tous les objets animés
ou inanimés que la lumière peut nous faire connaître.
Quand les couleurs seraient réduites à deux, le blanc et
le noir, le résultat serait toujours de la Peinture, c'est-à-
dire une combinaison de rayons lumineux capables de
déterminer une sensation affective dans la rétine. Les
idées qui nous viennent de la vision composent un système

de connaissances capables de nous fournir un monde
fictif, dont l'hypotypose peut nous retracer, pour un temps,
toute la partie mentale. Mais cette remémoration ne nous
dispense pas des avantages sensuels de la rétine. Le
bienfait de la volupté visuelle est tel que sa perte est
toujours un grand malheur pour tout Homme qui jouit
de la raison. DELILE, après un salut à la Beauté de la
Lumière, se plaint ainsi de son amblyopie avancée :

> « Hélas ! d'épais nuages
> » A mes yeux presqu'éteints dérobent tes ouvrages !
> » Voilà que le PRINTEMPS reverdit les coteaux,
> » Des chaînes de l'HIVER dégage les ruisseaux,
> » Rend leur feuillage aux bois, ses rayons à l'AURORE;
> » Tout renaît; pour moi seul rien ne renaît encore;
> » Et mes yeux, à travers de confuses vapeurs,
> » A peine ont entrevu tes tableaux enchanteurs. »

Les Arts du Dessin ont beau vouloir nous faire jouir par
le souvenir et l'imagination : l'organe sensorial qui s'y
rapporte réclame sans cesse instinctivement la part de la
jouissance qu'il en avait primitivement éprouvée.

2º Que signifient les mots Sculpture, Plastique, modeler,
mouler ? Ils n'expriment que l'acte de donner une construction solide à des idées concrètes reçues ou créées, de
manière à ce que ces idées corporifiées puissent nous causer
une sensation voluptueuse par la vue ou par le toucher.
Ces noms ne font point mention de ce qu'il y a de plus relevé dans l'Art. La partie transcendante est du ressort de
l'esprit qui a pu en être l'Auteur, et qui peut toujours la
reproduire en lui : mais les Sens sont toujours avides d'impressions. Quelque meublé que soit l'Entendement, le tact
demande ce que la vue n'apporte plus. MICHEL-ANGE, devenu aveugle, se consolait en palpant le Torse antique :

et il faudra se souvenir du Sculpteur devenu aussi malheureux, et dont le nom m'échappe aujourd'hui, qui continua d'exercer sa profession, à l'aide du tact, de composer,
de faire des bustes ressemblants, et qui mérita pour cela
la confiance d'un Pape.

3° L'*Architecture* n'est pas seulement l'art de bâtir des
constructions pour les besoins nécessaires de l'Homme : les
deux premières syllabes du nom annoncent une intention
plus élevée. Elles expriment le projet d'arrêter les regards
du passant, de lui causer une sensation insolite qui lui fait
désirer de savoir l'usage de cette production, et d'y trouver
les idées æsthétiques que l'Artiste y a concentrées. Ce n'est
pas une simple demeure d'un particulier : c'est un monument,
un temple, un Palais, un Édifice public, une Prison, une
Bourse, un Collége.......: il faut qu'au premier coup d'œil je
reconnaisse l'emploi, et même que je ressente en moi non-
seulement les idées caractéristiques de ces destinations, mais
encore les sensations pathétiques de diastole, de systole,
d'élévation de l'Amè, de magnificence, de sentiment religieux. L'Artiste n'en reste pas là : outre les beautés motivées,
il cherche à capter et à séduire les instincts, par des moyens
empiriques, contre lesquels les classiques tonnent ; aujour-
d'hui plus que jamais, il ne cherche pas à se justifier ;
mais, sans rien dire, il imite le Borromini, et il fascine les
yeux.

4° La *Musique* a évidemment son origine dans la sensation
des sons appréciables, qui de leur nature sont des sensations
agréables. Notre Instinct est au moins aussi fécond en mé-
lodies que ceux du serin des Canaries, et du rossignol.
*Il en crée indéfiniment* de volontaires, sans autre but que
de chanter. Mais l'Homme ne se contente pas de cette sensation délectable; il s'est hâté de bonne heure d'en faire

un Art Libéral qui est devenu, non-seulement une Science très-compliquée, difficile et profonde, mais encore la langue la plus voluptueuse d'un nombre prodigieux d'idées, de sentiments et d'états pathétiques moraux et instinctifs.

Une question se présente : la connaissance de la Musique peut-elle être entière dans l'Entendement, de manière à ce que l'Artiste puisse prévoir tous les effets d'une composition, sans avoir besoin lui-même d'une épreuve sensoriale? Si un Musicien tombe dans un état de surdité complète, est-il capable de composer? — On a pu en douter long-temps. La plupart des Compositeurs se servent d'un instrument. Le plus grand Musicien du XVe Siècle, Josquin DEPREZ ou DESPREZ, ne pouvait pas se passer d'examiner plusieurs fois ses œuvres par son oreille. M. FÉTIS dit de lui : « Bien » que Josquin DEPREZ écrivît avec facilité, il employait » beaucoup de temps à polir ses ouvrages. GLARÉAN dit » qu'il ne livrait au public ses productions qu'après les » avoir revues pendant plusieurs années. Dès qu'un morceau » était composé, il le faisait chanter par ses Élèves; *pen-* » *dant l'exécution, il se promenait dans la chambre,* écoutant » avec attention, et s'arrêtant dès qu'il entendait quelque » passage qui lui déplaisait pour le corriger à l'instant (1). » — D'après ces faits, on pourrait croire que l'exercice de l'ouïe est indispensable au Compositeur; mais la surdité absolue survenue à BEETHOVEN nous a prouvé le contraire, puisque ses meilleurs ouvrages ont été faits depuis l'apparition de cette maladie incurable. Un pareil Artiste doit être plus malheureux que des Savants atteints d'une telle infirmité. Kaau BOËRHAAVE, RAMAZZINI et bien d'autres,

(1) FÉTIS : *Biographie universelle des Musiciens :* T. III, p. 285.

ont pensé, écrit, publié dans leur retraite, et nous concevons qu'ils pouvaient oublier leur malheur en combinant
leurs idées scientifiques. Mais la condition d'un Compositeur entièrement sourd doit être bien plus à plaindre.
Il doit être au désespoir quand il lui est impossible de
*vérifier* ses inventions. S'il est loué, il doit être jaloux en
pensant qu'il lui est interdit de jouir de productions que
le public entend avec transport. La vie bizarre, les accès
de désolation, le penchant au suicide de BEETHOVEN, sont
la démonstration de ce que nous avons avancé sur l'*utilité*
et non la *nécessité* , de l'alliance de la volupté instinctive
avec le plaisir mental, dans la culture de l'Art Libéral dont
je vous entretiens.

5° Quand on dit seulement : *La Danse est un mouvement
du corps en mesure au son d'instruments ou de la voix,*
on ne parle pas de la Danse qui est inscrite dans le Catalogue des Beaux-Arts. Cette définition ne rappelle que les
mouvements instinctifs et voluptueux du premier âge, qui
ont continué d'être nécessaires pour l'adolescence des deux
sexes, et qui sont un exercice automatique presque in-
coercible, joint ordinairement au désir de plaire.

Ces instincts seuls ne sont pas des Arts Libéraux ; ils
n'en sont que des germes. Pour les féconder, il faut une
vivification de la part de l'Ame Pensante. Il faut que l'imagination fournisse les idées capables de s'unir à ces propensions vitales, que la raison autorise ce lien, et que le
goût général y applaudisse. Souvenons-nous surtout que
le résultat doit être, dans le Dynamisme Humain, un sentiment moral affectif, de plaisir ou de peine, joint à une
volupté relative. C'est quand un assortiment de principes
et de préceptes produit un tel effet, qu'il acquiert la dignité
d'un Art Libéral, d'un Bel-Art ; c'est alors qu'il inspire de

l'admiration, et qu'il obtient considération et gloire. Sachez
donc bien ce qu'est la Danse dont s'agit ici : c'est celle qui
est étroitement liée avec la Pantomime, et qui fait cette
recommandation à ses Élèves :

« Dans vos pas, s'il se peut, enchaînez des pensées (1). »

C'est celle dont DELILE parle ainsi en la comparant à la
Danse de Société : .

« Sans elle à nos regards vainement elle étale
» De ses pas sans dessin l'insipide dédale ;
» Tel jadis l'acrostiche, admiré par les sots,
» Tourmentait le langage et se jouait des mots.
» Que la Danse toujours, ou gaie ou sérieuse,
» Soit de nos sentiments l'image ingénieuse ;
» Que tous ses mouvements du cœur soient les échos,
» Ses gestes un langage, et ses pas des tableaux. »

Il faut donc que les pas de danse soient raisonnés : mais
les motifs ne les dispensent pas d'être voluptueux, c'est-
à-dire de produire chez les spectateurs un agrément qui
charme. Quant à la nature de cette suavité, ni PÉCOURT,
ni GUIMART, ni NOVERRE, ni GARDEL, ne l'ont expliquée,
quoiqu'ils en aient montré l'exemple : elle est instinctive.

6° L'Art *mimique* appartient à la Force Vitale humaine
presque autant qu'à celle des singes. Mais, chez l'animal, il
ne va pas plus loin, tandis que notre intelligence se sert
de cette aptitude pour former l'Art du Comédien qui est
un des Arts les plus dignes de considération.

L'amour instinctif de la Chasse est aussi voluptuaire que
les autres instincts qui ont servi d'initiative pour des Arts
Libéraux. Un Poëte a fait quelques efforts pour ériger ces

---

(1) DORAT, La Déclamation théâtrale, Chap. IV.

exercices en un Art de cette catégorie ; *les Dons des Enfants de* Latone, et Diane *ou les Lois de la Chasse du Cerf*, sont des Poëmes composés dans cette intention. Si l'Auteur n'a pas réussi, c'est que jusqu'à présent la Chasse ne nous a pas suggéré des idées pathétiques capables d'intéresser l'affectibilité de notre Ame Pensante. Cet instinct est dans la condition de l'instinct du jeu.

7° Marmontel déclare, peut-être trop généralement, que « les Arts d'agrément qui ne portent à l'Ame que des » sensations, comme celui du parfumeur, ne seront jamais » comptés parmi les Arts Libéraux. » On pense bien que, d'après ce principe, l'Auteur mettait l'Art du Cuisinier dans la même proscription. Mais est-il bien vrai que la volupté de l'odorat et celle du goût ne s'attachent jamais, pas même par association, à des idées élevées et affectives ? J.-J. Rousseau semble avoir eu l'intention de combattre cette opinion quand il a dit (1) : « L'odorat est le sens de » l'imagination. Donnant aux nerfs un ton plus fort, il doit » beaucoup agiter le cerveau ; c'est pour cela qu'il ranime » un moment le tempérament, et l'épuise à la longue. Il a » dans l'amour des effets assez connus : le doux parfum » d'un cabinet de toilette n'est pas un piége aussi faible » qu'on pense ; et je ne sais s'il faut féliciter ou plaindre » l'Homme sage et peu sensible que l'odeur des fleurs que » sa maîtresse a sur le sein ne fit jamais palpiter. »

Cette remarque nous rappelle tout le pouvoir de l'*association* des idées. Si une odeur a pu reproduire dans l'Ame un sentiment érotique, dans la condition voulue, je ne serais pas surpris que la vue de la fleur connue et autrefois

---

(1) Émile, Liv. II.

sentie, amenât le même effet chez celui qui n'éprouverait
plus la volupté olfactive.

En continuant cette réflexion, une question se présente :
d'où peut provenir l'Art antique si exercé dans la Grèce
et dans l'Étrurie, dont les monuments sont les vases de
terre richement sculptés et peints, et dont l'étude fait une
brillante partie de l'Archéologie? — Cet Art, appelé par les
modernes l'*Art Céramique*, a été l'objet d'une émulation
imitatrice, et il a trouvé parmi nous des Artistes qui
veulent le continuer. Le Livre que feu Broṅgniart a publié
sur cette matière suffirait pour nous faire apercevoir la
dignité, l'élégance et l'élévation de cet Art.

Les formes, les matières, les dimensions, nous ont fait
connaître les premiers usages. Les substances molles ou
liquides pour notre alimentation, pour la boisson ou pour
des parfums, nous ont rappelé des moyens propres à
satisfaire nos besoins. Les embellissements recherchés par
les configurations, par la Sculpture, par la beauté des
peintures, nous ont fait penser que les matières contenues
étaient les plus précieuses comme moyens de donner de la
volupté au goût ou à l'odorat. N'est-il donc pas permis de
compter, entre les Arts Libéraux, les Arts Céramiques dont
l'initiative aurait été dans la volupté de ces sens externes?
Si vous êtes en peine d'y chercher des idées abstraites,
et des sentiments affectifs qui répondent à leur titre et à
leur valeur artistique, songez à leur emploi. Les vases ser-
vaient à la magnificence et à la munificence des Rois; à
l'usage des cérémonies religieuses et aux sacrifices; au culte
des morts, à leur embaumement; à l'histoire, soit réelle,
soit emblématique, soit analogique de leur vie. D'après
cela, pensez-vous, Messieurs, que ces Arts aient manqué

.18

de matériaux æsthétiques, de sujets capables d'imprimer à l'Ame Pensante des sentiments dignes d'elle ?

8° Les voluptés que le goût réclame peuvent être la source d'un Art Libéral au même titre que celles de l'odorat, c'est-à-dire que les appétits instinctifs relatifs à cette jouissance peuvent être l'occasion de plaisirs intellectuels et d'affections spirituelles susceptibles d'être artificiellement assemblés dans notre Ame. J'ai dit *peuvent être*, j'aurais dû dire *sont*, quoique cet Art n'ait pas été inscrit dans le Programme d'un Cours de Belles-Lettres.

Je ne cherche pas à savoir si la gustation d'un mets peut être un principe d'Æsthétique : mais ce qui n'est pas une question, c'est de savoir s'il vaut mieux manger seul, ou manger en compagnie. Or, pourquoi excluriez-vous de la liste des Arts Libéraux les banquets, les symposies, qui ont tant de célébrité, et dont il a été fait mention dans votre éducation classique ? Je veux parler du Banquet de Xénophon, de celui de Platon, de celui d'Athénée ; des Propos de table de Plutarque; des Satires d'un repas d'Horace et de Despréaux. Que de banquets historiques d'où nous avons pu retirer du plaisir, des leçons, des pensées affectives, et que les plus grands Peintres ont décrits avec tout leur génie ! Ne craignons donc pas de reconnaître un Art Libéral *symposiaque*, que nous nous garderons bien de confondre avec la Gastronomie.

Considérons ces institutions comme il nous convient, c'est-à-dire sous le point de vue Physiologique. L'initiative est la volupté *gustative*. La première idée qui survient à l'Homme quand il savoure cette sensation, c'est de la faire partager à un semblable. Le plaisir amical double la jouissance, et le *convivium* est le commencement d'une affection morale. Dès que le besoin de la société se joint à l'instinct du goût, nous entrons dans une carrière de moyens qui n'a point de terme : tous les plaisirs de la vie se greffent sur cette tige. Aussi, à l'occasion d'un banquet entre des Savants, des Philosophes, des Littérateurs, au nombre d'une dizaine, un érudit a trouvé le moyen d'accumuler dans son récit presque une *Encyclopédie*. Lefebvre de Villebrune, Médecin, et Helléniste consommé, parle ainsi de l'histoire de ce banquet dans la traduction qu'il en a faite : « Athénée, nommé avec raison » le Varron et le Pline des Grecs, est une de ces mines » riches, où l'on fouillera toujours avec avantage, quoique » son ouvrage ne soit composé que de fragments d'Auteurs » que nous avons perdus en grande partie. Histoire, usages » anciens, civils ou religieux ; cultes, fêtes, pompes » publiques; Philosophie, Éloquence, Poésie; Physique, » Botanique, Médecine; animaux terrestres, aquatiles, » volatiles; coquillages, insectes; repas; parties de plaisir; » Musique, Danse, instruments; armes; vases; Marine, » Architecture, monuments; femmes galantes: voilà en » bref les principaux objets que présente son volume. »

Il semble qu'à Sèvres on a cherché à réaliser, par la Sculpture et par la Peinture, tout ce qu'Athénée a mis dans la bouche de ses convives. Vous en serez convaincus si vous étudiez avec attention la *Description méthodique du Musée Céramique de la manufacture de porcelaine de Sèvres*, par MM. Brongniart et Riocreux.

Une des choses les plus remarquables des produits de Sèvres est un magnifique vitrail dont le sujet pittoresque est de M. Chenavard. C'est la représentation encyclopédique de l'événement appelé la Renaissance. C'est, en quelque sorte, la peinture de l'Esprit Humain à cette époque ; plus les inventions, les découvertes et les travaux les plus remarquables entre 1540 et 1550.

Convenez, MESSIEURS, qu'un tel vitrail, placé à la fenêtre d'une salle à Manger, suffirait pour inspirer heureusement un Institut entier dans un Banquet.

Disons-le donc, MESSIEURS, chacune des sensations voluptueuses dont nous sommes susceptibles peut être l'origine et l'occasion d'un Art Libéral, à cette condition que l'Ame Humaine trouvera, à cette occasion, des idées relatives, élevées, nobles, morales, affectives. Si la sensation était renfermée dans la contemplation d'une jouissance égoïste, et en deçà de toute idée abstraite, l'Art dont elle serait le sujet ne pourrait s'appeler ni Beau ni Libéral ; il devrait être inscrit dans la classe subalterne et suspecte de ceux que BACON appelait *Arts Voluptuaires*.

A ce sujet on peut nous demander si la Volupté sexuelle peut être la source d'un Art Libéral. Il n'est pas difficile de répondre, puisque la solution est renfermée dans ce que je viens de dire.

Si l'Art dont vous parlez s'arrête à la recherche des moyens de perfectionner la Volupté, comme l'ont fait OVIDE, BERNARD, dans ce qu'ils ont indignement appelé l'*Art d'aimer* : cet Art est au dernier rang des Arts Voluptuaires, parce qu'ils ne sont pas très-loin de ceux de la turpitude.

Mais ne craignons pas de nommer un Art Libéral, un Bel Art, la représentation de l'Amour légitime, accompagné de toutes les belles affections qui le rendent admirable. Nous en voyons des exemples célèbres dans l'Histoire, dans les Romans, dans l'Épopée, au Théâtre. ABÉLARD et HÉLOÏSE, BÉRÉNICE, ZAÏRE, sont des tableaux capables de nous affecter profondément et de nous instruire.

L'Abbé Delile, parlant du pouvoir de la versification, et s'adressant à l'Auteur de l'Énéïde, s'écrie :

« Et quel miel, ô Virgile, est plus doux que tes vers ?
» Si d'un accent moins fier ta voix chanta les armes,
» Ah ! combien ta Didon m'a fait verser des larmes ! »

Des auteurs d'Épopées ont mis en parallèle des Amours purement sensuels avec un Amour d'origine vertueuse. Fénélon nous présente Télémaque atteint d'une Passion de la première espèce dans l'île de Calypso, et il nous le fait voir ensuite, à Salente, affecté d'un Amour de la seconde espèce pour la fille d'Idoménée. Chateaubriant a fait un parallèle semblable dans les Martyrs. Eudore a éprouvé ces deux Amours : l'un dans l'Armorique, pour la Druidesse Velléda ; l'autre pour Cymodocée, en Grèce. Ainsi l'Amour humain est un beau sujet d'Æsthétique ; mais il n'y a plus moyen d'en signaler la peinture et les effets, par le nom d'*Art d'aimer*, trop abusivement profané.

Hâtons-nous d'examiner si, dans les Arts Libéraux d'initiative mentale, nous pouvons reconnaître l'élément instinctif.

Vous avez pu remarquer que la Poésie et l'Éloquence entrent dans le Catalogue des Arts Libéraux, mais que l'Académie Française ne leur assigne cette place que *quelquefois*. Est-ce que ces deux emplois de notre Intelligence ne sont pas constamment des Arts Libéraux ? Sous quels points de vue nous est-il permis de les admettre ou de les exclure ? — La véritable réponse ne peut se concevoir qu'au moyen de la connaissance de la Dualité de notre Dynamisme.

L'Éloquence et la Poésie ne peuvent commencer que par la pensée. L'idée de l'Artiste doit être primitivement en-

tière, claire, circonscrite. Le fait et l'argumentation de
la première, la fiction de l'autre forment tout le dessin et
le schématisme du produit de la conception. Cette portion
radicale du produit peut être énoncée et transmise par le
langage le plus naturel, de manière que tout le monde en
acquiert ce qu'il y a d'instructif, et peut en apprécier
mentalement la valeur. Mais l'Ame attend encore ce que
l'Art lui a promis : une émotion affective, plus un ébranlement sensorial voluptueux des organes relatifs.

Les moyens employés pour amener ces effets sont de
deux sortes : 1º les uns sont rationnels ; 2º les autres sont
vitaux, empiriquement connus et inexplicables.

I. Les principaux moyens rationnels sont a) l'*Image*,
et b) l'*Hypotypose*. Ces deux actions logiques dont vous avez
appris la valeur dans la Rhétorique, s'adressent à l'Esprit,
pour l'inviter à évoquer la Mémoire Vitale des idées concrètes qui ont pu l'affecter vivement, lorsqu'il en a reçu la
sensation primitive. Elles forment ce qu'un Prédicateur
éloquent, le Père Dom Sensaric, a nommé l'*Art de peindre
à l'Esprit*.

a) Rappelez-vous la fameuse image du bombardement
d'Alger, par ordre de Louis XIV, image employée par le
grand Artiste en Éloquence Bossuet, dans son *Oraison
Funèbre* de la Reine Marie-Thérèse d'Autriche. « Tu cé-
» deras, ou tu tomberas sous ce vainqueur, Alger riche
» des dépouilles de la Chrétienté. Tu disais en ton cœur
» avare : je tiens la mer sous mes lois, et les nations sont
» ma proie. La légèreté de tes vaisseaux te donnait de
» la confiance ; mais tu te verras attaquée dans tes mu-
» railles, comme un oiseau ravissant qu'on irait chercher
» parmi ses rochers et dans son nid, où il partage son
» butin à ses petits. » Comparer une horde de forbans à

un oiseau de proie, c'est présenter une image d'autant plus agréable, que la guerre qui leur fut faite méritait d'être appelée une vraie Chasse.

*b*) Les Hypotyposes doivent vous être familières : ce sont des descriptions d'événements dont la vue nous a antérieurement affectés. Les Rhéteurs vous les font remarquer dans· les morceaux d'Éloquence ou de Poésie considérés comme classiques.

Ce qu'il nous importe de considérer dans ces moyens artistiques, c'est de vous rappeler la différence de la mémoire mentale et de la mémoire vitale. Dans un récit historique, les faits sont racontés dans des termes abstraits, pour que les événements restent ou se renouvellent dans la première de ces mémoires. Mais dans les discours oratoires et dans la Poésie, il ne s'agit pas de mentionner ce qui s'est passé, mais bien de le reproduire dans les organes par lesquels cela était primitivement entré dans l'Ame; et de les ébranler de manière à ce qu'ils renouvellent un degré de l'affection locale ancienne. Or, c'est dans la Force Vitale que doit se passer la remémoration qui constitue l'Hypotypose.

II. Les moyens empiriques employés dans l'Éloquence et dans la Poésie sont des impressions faites au moment de l'exercice de l'Art, et dont l'effet sensorial produit ou une Volupté, ou un accroissement de l'affection mentale. Je prends pour exemples : 1º le *nombre* oratoire ; 2º le rhythme métrique des vers ; 3º le son de la parole et les modifications qu'il en reçoit par la phonation, et par l'articulation des syllabes et des mots ; 4º l'ensemble de la déclamation et du débit.

Entre les effets avantageux de ces moyens, il en est sans doute qui s'expliquent par la raison ; mais je ne dois vous

entretenir ici que de ceux dont l'expérience a constaté la
réalité, sans qu'il soit plus aisé d'en chercher l'origine,
qu'il ne l'est d'expliquer la volupté amenée par le sucre, le
rhum, l'ananas,... ou la sensation ingrate causée par l'assa-
fœtida.

1º Le *nombre* oratoire a été recherché dans tous les temps
chez les nations civilisées. Les Discours affectifs qui abon-
dent dans le Vieux Testament présentent souvent des périodes dont les membres font sentir une symétrie qui se
rapproche du *rhythme*. LOWTH, dans ses excellentes *Leçons
sur la Poésie Sacrée des Hébreux* (1), s'est trouvé en contradiction avec St-JÉRÔME, et avec de très-savants Juifs
modernes, qui ne reconnaissent pas des vers proprement
dits dans des passages de Prophéties, de Cantiques et d'autres
compositions bibliques considérées par plusieurs Auteurs
comme de vraies Poésies. Il est vraisemblable que la dis-
sidence ne provient que d'un défaut de distinction entre le
rhythme *rigoureusement* métrique, attaché à la prosodie
des syllabes, ou aux périodes de la rime,... et le parallé-
lisme libre qui met une sorte de cadence instinctive analogue entre les membres d'une phrase longue renfermant
un sens complet : ISOCRATE, CICÉRON, FLÉCHIER, MAS-
SILLON, sont les Maîtres chez qui l'on trouve le plus
d'exemples de ce moyen artistique.

2º Le rhythme poétique est la mesure rigoureuse des
vers. Il se fait sentir par la quantité des syllabes dans les
langues douées d'une vraie prosodie ; mais, dans la nôtre,
qui est presque privée de ce martellement, il se fait apercevoir par la rime combinée avec les repos logiques.

---

(1) Traduites en Français par feu SICARD, Conseiller de notre Cour
d'appel. Voir les Leçons 18e et 19e.

La jouissance provenant du rhythme n'est pas toujours
attachée à des idées, ou à des sons appréciables : ce n'est
pas seulement dans l'Éloquence, dans la Poésie, dans la
Musique que nous le recherchons ; le bruit du galop des
chevaux, celui des fléaux multiples sur les gerbes, celui
d'une armée en marche, celui du tambour, sont des causes
d'agrément. A-t-on quelque raison pour expliquer des faits
pareils par des motifs dialectiques? Je ne le pense pas ;
mais l'étude des modes d'agir de la Force Vitale dans ses
mouvements nous apprend que cette Puissance affecte
fréquemment le rhythme et la périodicité dans ses Fonctions naturelles.—La respiration instinctive, les pulsations
du cœur et des artères, les retours des besoins du sommeil,
de l'alimentation ; les périodes de certaines fièvres et de
certains symptômes nerveux, .... s'exécutent suivant des
intervalles semblables. Si la Force Vitale agit ainsi d'après
sa nature, il ne faut pas être surpris qu'elle éprouve un
bien-être quand nos moyens artificiels se soumettent à un
ordre pareil. La jouissance par le rhythme n'est donc pas
un plaisir intellectuel, mais seulement une volupté d'origine
instinctive.

3° *Les sons de la parole par la phonation, et par l'articulation des mots.* — Ces sons contribuent puissamment aux
effets de l'Éloquence et de la Poésie. D'où cela vient-il?
Est-ce seulement lorsque ces sons spécifient la pensée et
instruisent l'auditeur de sa valeur mentale? — Nullement.
J'ose soutenir que, dans certains cas, il y a des sons ver-
baux qui modifient l'*affectibilité* de l'auditeur sans changer
l'instruction, mais seulement en établissant une communication *contagieuse* entre l'Affection actuelle de l'Orateur et
l'Instinct de l'Auditeur ; mais cette contagion est un Phénomène Vital, et non une instruction intellectuelle.

Prenons un exemple. Pour que mon assertion soit bien
comprise, ayons présentes à notre esprit quelques idées
incontestables. Vous avez remarqué le son que produit un
chien qui menace celui qu'il veut mordre : l'Affection dont
il est atteint est exprimée instinctivement par un bruit de
scie qui s'opère dans le larynx. C'est le prélude de l'exécution.

Ce bruit de râpe a un rapport physique avec le son de
l'R articulée non avec la pointe de la langue, mais avec la
base de cet organe, telle qu'elle se fait entendre dans la
Basse-Provence.

Une chose digne de remarque, c'est que, dans la Colère,
l'Homme trouve un soulagement à exécuter divers mouvements violents, et spécialement à prononcer avec charge
les syllabes où l'R est consonne. Les interjections blasphé-
matoires des hommes du peuple dans l'indignation, dans
la fureur, font relief par la réduplication de cette articulation.

Vous ne penserez pas, sans doute, que cette manière
d'exprimer une forte Passion ait été le résultat d'un projet;
ni que la raison ait trouvé un rapport motivé entre l'Affection et sa manifestation. Non; ce rapport est purement
instinctif, établi primitivement par la Nature, comprimé
par l'éducation dans la Société, proportionnellement à son
degré de civilisation.

Des Poëtes ont senti le parti qu'ils pouvaient tirer de
ce son de la parole, pour qu'un auditoire se mît en sympathie avec le personnage chargé d'un rôle où l'indignation
et la colère sont au plus haut degré. RACINE est celui qui
se présente le premier à ma pensée. Rappelez-vous la
Scène de la PHÈDRE où THÉSÉE, persuadé qu'HIPPOLYTE a
voulu attenter à la fidélité de sa belle-mère, reçoit ce fils

prétendu dénaturé qui, se condamnant à l'exil, cherchait
à lui faire ses adieux. Ce père irrité n'ouvrit la bouche que
pour exprimer l'horreur qu'il avait pour son crime et pour
sa personne;.... il aurait pu lui dire : « Impudique et in-
» cestueux ! tu es un fils dénué de tout sentiment affec-
» tueux pour celui qui t'a donné la vie; tu es digne du
» gibet. » Mais ces mots expriment un jugement motivé,
sans que l'auditeur puisse, d'après cela, connaître l'état
actuel de l'affectibilité de Thésée ; tandis qu'on ne peut
avoir aucun doute quand on entend ces deux vers :

> « Monstre qu'a trop long-temps épargné le tonnerre,
> » Resté impur des brigands dont j'ai purgé la terre !..... »

Cette multitude d'RR pressées ne sont-elles pas une longue
onomatopée du *grondement* d'un dogue qui va mettre son
ennemi en pièces ?

4º Mais sans aller jusqu'à des sons aussi imitatifs, la
succession des mots, l'enchaînement des articulations des
consonnes, l'assortiment des voyelles, sont capables de
produire dans notre instinct une systole ou une diastole,
un resserrement ou un épanouissement qui, lorsqu'ils coïn-
cident avec les affections exprimées par le langage, ac-
croissent les heureux effets de la *déclamation*.

L'effet purement vital que le mécanisme de la versification produit sur l'instinct des auditeurs, peut être pour
moi plus évident que pour d'autres, parce que j'ai été
témoin d'un fait qui ne doit pas être commun. J'ai connu
un jeune homme de 24 ans qui ne cessait de lire et de
déclamer les *Méditations* de M. DE LAMARTINE. Ce goût
excessif me surprit, parce que l'éducation qu'il avait reçue
n'avait pas dirigé son intelligence vers cet ordre d'idées,
et que je n'avais pas des raisons pour penser que son esprit

pût se dispenser d'études métaphysiques. Je voulus connaître la vraie cause de cette préférence sur toute autre lecture. Le jeune homme m'épargna les soins de délicatesse que je voulais mettre en usage pour chercher à savoir en quoi consistaient ses acquisitions : il se hâta de me dire, avec une naïveté sans exemple , qu'il ne comprenait pas une phrase de ces Poëmes; qu'il n'avait pas la moindre notion de la nature de ce travail mental; mais que la récitation de ces mots enchaînés , mesurés , rimés , avait pour lui un charme supérieur à tout autre.

On lit, dans un ouvrage de LÉMONTEY, ces mots : « On » rapporte qu'un Poëte moderne fit fondre en larmes une » assemblée de femmes en lisant une tragédie grecque. » Quoique cette assertion ait l'air d'une plaisanterie, je ne la trouve guère plus incroyable que la passion de mon observateur pour la déclamation de vers qu'il ne comprend pas.

Vous voyez d'après cela que les sons de la parole dans le discours forment une sorte de mélodie susceptible d'être appliquée à l'expression des passions peintes par l'Éloquence et par la Poésie. Cette réalité a été le sujet d'une partie de la Rhétorique que les Maîtres de tous les temps ont cultivée, et dont ils ont recommandé l'étude. Mais comme ils ont ignoré la source des sentiments observés , ils en ont mal dirigé l'usage. Quelques-uns n'ont voulu en faire qu'un moyen voluptuaire, sans songer que la volupté grammaticale peut affadir un discours qui avait besoin d'énergie, de dignité, de résolution. D'autres, ne considérant que cet inconvénient, ont mieux aimé renoncer aux avantages de cet Art , et l'ont regardé comme sans conséquence. Mes fonctions me dispensent d'avoir un avis sur la question de savoir si cette étude littéraire est d'une véritable utilité. Mais il n'est pas douteux que son histoire nous est fort utile sous le rapport de la Physiologie Humaine ; elle est du plus grand intérêt pour la *Doctrine de l'Alliance*, puisqu'il nous importe de connaître toutes les influences que les affections instinctives exercent sur la fonction de transmettre les idées par la loquèle.

MESSIEURS,

Je me suis donné beaucoup de peine pour concentrer, dans cette dernière séance, un grand nombre d'objets qui devaient fournir la matière de plusieurs Leçons.

Je crains que, faute de développements, ma pensée sur la Théorie Générale Physiologique des Arts Æsthétiques ne vous paraisse incertaine ou obscure. Si j'ai des raisons suffisantes pour le croire, je travaillerai à la rendre assez claire pour qu'elle vous semble au moins susceptible d'une sérieuse discussion.

La cessation des Leçons ne nous interdit pas toute communication réciproque : je me plais à penser qu'il me sera toujours permis de m'adresser à vous, MESSIEURS, par l'intermédiaire de la Presse Médicale périodique, tant que les Rédacteurs continueront d'avoir pour moi la bienveillance dont ils m'ont donné les uns des protestations, les autres des preuves répétées.

Ce seront des occasions de me rappeler à votre souvenir, et de vous dire combien je suis touché de l'assiduité et de l'attention dont vous m'avez honoré dans le Cours que je termine.

# TABLE DES MATIÈRES.

7me LEÇON.

8me LEÇON.

### 9me LEÇON.

### 10me LEÇON.

## 14me LEÇON.

FIN DE LA TABLE.

www.ingramcontent.com/pod-product-compliance
Lightning Source LLC
Chambersburg PA
CBHW070758270326
41927CB00010B/2195